MINZU SHIJIAO DE
JINGJI FAZHAN YANJIU

民族视角的经济发展研究

王文长 / 著

中国经济出版社
CHINA ECONOMIC PUBLISHING HOUSE
北 京

图书在版编目（CIP）数据

民族视角的经济发展研究 / 王文长著. -- 北京：中国经济出版社，2023.11

ISBN 978-7-5136-7552-9

Ⅰ.①民… Ⅱ.①王… Ⅲ.①民族经济-经济发展-研究-中国 Ⅳ.①F127.8

中国国家版本馆 CIP 数据核字（2023）第 215445 号

责任编辑　耿　园
责任印制　马小宾
封面设计　华子图文

出版发行　中国经济出版社
印 刷 者　北京科信印刷有限公司
经 销 者　各地新华书店
开　　本　710mm×1000mm　1/16
印　　张　17.5
字　　数　249 千字
版　　次　2023 年 11 月第 1 版
印　　次　2023 年 11 月第 1 次
定　　价　78.00 元
广告经营许可证　京西工商广字第 8179 号

中国经济出版社 **网址** www.economyph.com **社址** 北京市东城区安定门外大街 58 号 **邮编** 100011
本版图书如存在印装质量问题，请与本社销售中心联系调换（联系电话：010-57512564）

前言

PREFACE

俗话说，温故而知新。民族地区经济发展取得的辉煌成绩也非一蹴而就。本书选编的论文跨越三十多年，从一个侧面反映了民族经济发展的过程及理论脉络，当然也不可避免地反映了时代及作者的认知局限性，当年的时代印记显而易见。但总体看，也还算是跟得上时代潮流，顺应了发展趋势。

文集的内容涉及五个主要方面：

一是经济发展的方式方法。这是改革开放初期讨论得比较多的话题，反映了民族地区加快经济发展的迫切愿望。

二是资源配置和利益实现涉及的关系。这是从理论到现实都比较重视的问题。

三是经济发展与生态环境保护的关系。本书中的一组文章提出了生态保护及利益补偿的思路，实践证明这一思路是有前瞻性的。

四是经济发展与教育发展的关系。如何协调这一关系曾经困惑地方的决策者。实际上，可以从发展的过程中争取教育与经济发展的衔接。

五是边疆地区的开发开放方式。这一领域事实上随着“一带一路”建设的推进已日益呈现出其重要性。

从我国经济发展的总体状态看，民族地区的经济发展仍是相对薄弱的环节，需要从理论到政策给予更多的支持。本书出版的初衷也是基于此，希望能为民族地区的现实发展提供助力。希望在实现中华民族伟大复兴之路上，有更多的有识之士关注民族地区的经济发展。

王文长

2021 年 9 月

目 录
CONTENTS

第一部分　经济发展的类型与方式

第二部分　经济发展与民族利益的实现

第三部分　环境与发展的思考

第四部分　民族教育与经济发展的衔接

第五部分　双向开放与兴边富民

第一部分

经济发展的类型与方式

论少数民族地区经济发展的近期目标模式①

笔者认为，在广大经济不发达的少数民族地区，经济发展的近期目标模式应该选择以中间技术为主的小规模经济。这种经济的特点可以概括为三个主要方面：一是经济技术、组织管理比较简单的适用技术，介于传统工场手工业技术与现代化大工业技术之间；二是以小型企业、小规模经营为主，在各项经济活动中实现普遍的社会分工，但还不是高度专业化；三是发展劳动密集型行业，商品生产以占有当地市场为基础，受外界经济活动、市场竞争的冲击较小。

选择这一目标模式的依据，是少数民族地区经济发展过程中资金、人、环境所构成的客观限定性。

一、经济发展目标模式总是建立在具体的资金基础上——少数民族地区经济发展资金分析

笔者在《少数民族地区第三产业的发展问题》② 一文中曾描述了经济不发达的恶性循环状态，其中资金短缺便是构成这一恶性循环的重要环节：在供给系统中，资金短缺—低生产率—生产不足—经济不发达—资金短缺，构成了供给短缺的循环；在需求系统中，经济不发达—低收入—低消费—投资引诱不足—经济不发达，构成了需求短缺的循环。这两个系统互相制约，使相当多的少数民族地区经济陷入不发达的困境之

---

① 本文原载于《民族研究》1987 年第 6 期。

② 见《甘肃民族研究》1986 年第 4 期。

中。要摆脱这种困境，仅靠其中某一环节的突破是很难的。俗话说，“巧妇难为无米之炊”。在地方的经济建设中，很多可行的建设项目因资金短缺而难于上马，即便上马也多数因资金不足、设施不配套，而降低了整个工程的经济效益。笔者目睹了广东省连山壮族自治县三江水电站因为资金不足，水库大坝长期不能封顶，电机无法大修，各项欠款无力还清，银行的贷款利息成了沉重的包袱。此类情况在少数民族地区实为常见。连南瑶族自治县“七五”期间设想开发10个扶贫项目，共需投资6000多万元，而该县每年的地方财政收入只有400万元左右。如此巨大的资金缺口由何处填补呢？一幅美好的扶贫蓝图看来又要被断送在资金短缺之手。由此看来，资金是一个带有全局意义的因素。

进一步分析少数民族地区的资金问题就会发现，简单地说资金短缺是不科学的。以往所作出的关于少数民族地区资金不足的判断，仅仅以地方财政的收支为依据，这显然不够准确。正确地表述少数民族地区资金不足的概念，应包括三个方面的内容。一是地方财政收入不足。这主要表现在与地方财政支出及投资需求相比的不足。如连南县1986年地方财政收入为400万元，而地方财政支出达1200万元，计划上马的10个扶贫项目的投资还需6000万元。又如五大自治区，1984年地方财政收入共32.19亿元，而地方财政支出却达96.08亿元，收入只占支出的1/3。二是社会闲散资金利用不足。据统计，1984年少数民族自治地方的城乡居民储蓄年底余额为105.73亿元，1985年增加到151.00亿元。面对如此巨大的存款余额，谁又能说少数民族地区资金短缺呢？就以连山、连南两县为例，1985年底农村存款余额，连山县为504.6万元，连南县为550.8万元，数目比两县当年的地方财政收入都多。然而，这些资金都没能得到较好的利用。三是各项投资使用效益不足。由于工程设施不配套和管理不善，投资不能形成预期的经济效益，资金运动缓滞。如宁夏回族自治区1984年工业企业定额流动资金周转天数达 147 天。这也是一种“马太效应”，资金越不足，其使用效益越低。

可见，少数民族地区目前存在一定的资金潜力。解决其经济发展过程中资金短缺的矛盾，除国家继续增加部分投资和提高资金使用效益外，还必须注重对社会闲散资金的挖掘、筹集和利用。

笔者认为，根据少数民族地区目前的资金使用状态及国家投资情况和商品经济发展的形势要求，应尽快建立少数民族地区的资金市场。按照市场规律组织金融活动，改变中央银行的“大一统”局面，实行信用的多形式、多渠道，融通各专业银行、城乡信用合作社之间的横向联系，逐步开展拆借、证券、债券、股票等业务。通过建立资金市场，衔接少数民族地区资金的供求关系，调动资金流通的积极性，加强对资金运用的约束，便可提高资金的利用率，并在一定程度上减轻资金短缺的压力。这是解决少数民族地区经济发展资金短缺问题的一条重要途径。1986 年，中国建设银行昆明市支行和中国工商银行昆明市支行营业部，帮助昆明房地产经营公司发行债券并举办建房有奖储蓄，仅在两个月的时间内便筹集了 3000 万元。这充分说明只要采取可行的措施，积极筹集社会闲散资金，效果就是很可观的。

从以上对少数民族地区资金的分析中可以得出一个推论：少数民族地区经济发展资金的来源存在两个层次。第一层次为地方财政收入和国家投资。这部分资金的特点是比较集中，但其绝对量目前还不能承受地方经济全面开发和大规模建设的压力。第二层次为地方闲散资金。这部分资金的特点是比较分散、灵活，流动性大。通过资金市场虽然可以筹集到可观的款额，但是就各具体地区而言，其资金规模仍然较小。

这两个层次在近期实际上还未能形成大规模的资金运动，不足以全面展开大规模经济建设的集约投资。这些便是少数民族地区经济发展近期目标模式的资金基础。建立在这种资金基础上的目标模式，首先，应该立足充分利用小资金，因资金制宜地发展小规模经济，使少数民族地区的商品经济在短时期内能以较灵活、合适的小形式发展起来；其次，必须通过增加国家投资，扶持重点建设项目，强化少数民族地区的经济发展能力，促进其结构更新和技术进步，为少数民族地区经济的进一步发展和传统产业的技术改造奠定必要的经济技术基础。

二、经济发展模式是由人展开的——少数民族地区人口素质的分析

如果细心分析上文论及的经济不发达的恶性循环，就会发现这一循环缺乏“活性”，是一种物的简单的因果关系，其中缺少富有弹性的人的行为参与。实际上，在整个经济运行过程中，人的行为始终起着至关重要的作用。同样的政策、等量的资金对不同的人来说，就会产生不同的效应。如同样的放权松绑、开放搞活政策，在温州农村就推动了商品经济的迅猛发展，而在有些少数民族地区却反应微弱，自然经济向商品经济的转变没能迈出实质性的步伐。可见，人的行为存在着质量的差别。决定这种行为质量的就是人的素质。人的素质主要是由其知识水平及所处经济社会的发育程度决定的。

从经济社会的发育状态来看，少数民族地区虽然经过了 30 多年社会主义建设的洗礼，但是由于原来的社会起点低，社会形态的超越发展没能使经济社会发育到与之相适应的成熟程度，因此大部分少数民族地区的经济形态至今基本还维持着自然经济或半自然经济的性质。在此种经济社会中，期望人们普遍树立商品经济的观念、自觉遵循商品经济的规律去组织经济生活是不可能的。人们在自然经济或半自然经济基础上所形成的社会观念，只会与此种经济社会的准则、规范相一致。这些社会观念的基本特征是守旧、缺乏进取精神。它们与商品经济观念、改革开放观念是对立的。这些广泛存在的滋生于自然经济或半自然经济基础上的守旧、缺乏进取精神的社会观念，正是少数民族地区人口素质不高的

重要标志。

文化水平低、缺少知识，是少数民族地区人口素质不高的另一个重要标志。五大自治区加上云、贵、川、甘、青 5 个多民族省区共十省区与中国其他地区人口文化密度的比较见表 1，12 周岁以上人口文盲率见表 2。

表 1　民族十省区与中国其他地区人口文化密度的比较

文化程度	其他地区		十省区		
	人口数量/万人	每千人文化密度/人	人口数量/万人	每千人文化密度/人	密度为其他地区的百分比/%
大学毕业	355.0	4.74	86.4	3.34	70.46
高中	5445.8	72.68	1202.0	46.44	63.90
初中	14092.2	188.07	3735.5	144.31	76.73
小学	26346.0	315.60	9170.0	354.26	112.25

资料来源：第三次全国人口普查。

表 2　民族十省区 12 周岁以上人口文盲率　　（%）

地区	内蒙古	广西	四川	贵州	云南	西藏	甘肃	青海	宁夏	新疆
全部	31.11	25.00	31.97	47.93	49.17	74.72	48.02	47.43	43.27	31.06
县乡	34.54	25.97	33.61	49.88	51.68	77.03	52.01	55.55	49.07	34.89

资料来源：第三次全国人口普查。

不难看出，十省区的人口文化密度比其他地区要低得多。而且十省区中实际还包括了成都、重庆、昆明、贵阳、兰州、西宁等人口文化密度较高的汉族聚居城市，如果具体到纯粹的少数民族地区，人口文化密度就更低了。人口文化密度低和文盲率高表明少数民族地区社会成员的文化水平较低。人口的文化水平低不仅直接影响劳动生产率，还不利于新观念和新知识的接收。可见，经济社会发育越不成熟，人的文化知识水平越低，社会成员的素质就越差。在少数民族地区经济发展过程中，人口低素质状态构成的障碍，近年来已逐渐引起人们的重视。人是整个经济发展过程中最基本、最活跃的因素，从上层决策到基层操作，各种经济发展因素结合的质量都直接受到人口素质状态的限制。人口素质越差，资金投入、政策应用的效应就越小。这正是少数民族地区与东部沿海地区相比经济发展滞后、效益较差的重要原因。

改变少数民族地区人口素质低的状态有两条基本途径。

第一，发展系统教育，普遍提高社会成员的文化知识水平。系统教育一般周期较长，按现行的学制，从小学到高中毕业需要 12 年，若再经过一段时间的专业训练，时间就更长了。在人才产出之前还要进行一系列的人才投资。这一层次的教育对社会成员素质改变所产生的影响虽然是基础性的，但是对少数民族地区来说，却会在短期的经济发展目标中增大社会资金压力，很难形成经济效益。显然，这一途径只服从于国民经济发展的长期目标。

第二，开阔人的眼界，增长见识，进行观念更新。这包括各种短期的职前、职后培训，工作过程中的轮训、进修、参观访问，日常的科普、时事、政策学习及新观念的倡导，等等。这类学习一般针对性强、周期短，同近期经济发展有较密切的联系，属于近期目标。

以上分析表明，要想在近期收到改善少数民族地区人口素质的功效，只能选择近期目标，通过短期的专业培训、观念更新逐步提高他们的业务素质。但近期目标主要着眼于提高少数民族地区人民对现代商品社会的适应性和基本的职业常识，不可能形成雄厚的科学技术力量和广泛的文化知识基础。这就决定了现阶段劳动者素质的提高有很大的局限性，他们不可能离现实和传统太远。他们基本属于低端的劳动力。这种低端劳动力在劳动过程中难以掌握和运用现代化的科学技术，缺乏精密仪器的操作知识和视图、软件处理等能力，期望他们去完成复杂的技术处理和大规模的现代管理是不现实的。他们只有与较简单的技术和管理相结合，才能形成比较和谐的劳动氛围；只有在生产技术比较简单的小企业、劳动密集型行业中，才有用武之地，才能更充分地调动其劳动积极性，提高劳动生产率。这是近期难以改变的。

由于在近期为少数民族地区经济发展提供的只有低端的社会劳动

力，因此建立在这种劳动力基础上的经济发展目标模式，就只能是利用较低端的社会劳动力，发展以中间技术为主的小规模经济。

三、经济发展目标模式总是在特定的环境中形成的——少数民族地区经济发展的社会环境分析

我们普遍认为少数民族地区自然资源丰富，那么为什么不尽快开发利用这些资源呢？如果少数民族地区自身缺乏开发的经济技术能力，那么东部沿海地区为什么不带着雄厚的经济技术能力去开发呢？目前大部分资金、人才为什么不流向少数民族地区而流向东部沿海地区呢？这实际涉及的是环境问题。

少数民族地区多属于边远地区，而且大部分是山区，远离我国主要的经济中心，中部、东部的少数民族地区也都远离各地的中心城市，如广东省的粤北民族地区远离广州市；湖南、湖北、贵州、四川四省交界的武陵山区远离长沙、武汉、贵阳、成都等；陕西的少数民族地区远离西安市；贵州、四川、甘肃等多民族省的少数民族地区也多分布于各省的边缘地带和山区。这些地区交通十分不便，运输很困难。民族十省区与全国其他地区铁路、公路密度的比较见表3。

表3　民族十省区与全国其他地区铁路、公路密度比较

项目	其他地区	民族十省区	民族十省区与其他地区的比例
土地面积/万平方千米	297.30	662.70	2.23
铁路营业里程/千米	34290.60	17450.30	0.51
铁路密度/（千米/万平方千米）	115.34	26.33	0.23
公路营业里程/千米	596332.00	330414.00	0.55
公路密度/（千米/万平方千米）	2005.80	498.60	0.25

资料来源：国家计委计经所农村经济室。

特殊的地理环境给少数民族地区构筑了一道天然屏障，阻隔了少数民族地区与周围地区的社会联系，导致了少数民族地区的封闭状态，造

成了闭塞的环境、闭塞的社会、闭塞的人。这种闭塞使得外地的资金、人才望而却步。环境闭塞给少数民族地区的经济社会打上了深深的烙印，其经济发展是在自身所构成的封闭系统内进行和完成的。这种环境下的经济发展模式必然呈现出一系列相应的特点。如经济发展过程不能借助外界的经济技术力量，各种经济发展因素的组合、作用的发挥只能在一种自我发展、自我循环的封闭系统中自我调节、自我平衡。虽然这种经济发展模式也具有自组织、自发展机能，但是它与开放系统的自组织、自发展机能是截然不同的，它只在封闭系统中完成，属于低层次的，是一种原始的自然形态。从经济形态的性质来看，它是自给自足的自然经济。自然经济在现代商品社会中已经被抛弃，环境闭塞对少数民族地区经济增长的严重影响已经开始引起人们的重视。自然环境闭塞引起的整个经济社会发育的滞后，在少数民族地区社会中已经形成了综合性的反应，从社会经济生活的各个细节到人们的观念，都被一只无形而又强有力的“手”紧紧抓住。环境闭塞犹如魔鬼困扰着少数民族地区经济的发展，近期目标模式的选择也面临这一挑战。

少数民族地区环境闭塞的状态必须改变，但改变绝非一日之功。环境作为一个时空概念本身就是一种时空的结合和积累，要改变这种长期形成的时空状态，从时间来看需要一个过程，从空间来看需要少数民族地区内部和外部两个方面的结合。因此，少数民族地区的环境改善应该包括以下两个层次。

其一，内部社会环境的改善。这主要包括调整经济的基础结构、发展“适生经济”和调整经济关系、建立“适时体制”两个方面。所谓调整经济的基础结构、发展“适生经济”，就是说建立因环境制宜的经济结构，这一结构中所发生的经济运行能在少数民族地区逐步形成新的生态平衡系统；现有的经济发展因素能体现出与科学的结合，经济活动带有强烈的区域性，与具体环境特点相吻合，富有地方活力；与此相适应地逐步完善经济发展的各项基础设施，建立一个良好的社会经济基础结构。调整经济关系、建立“适时体制”，是对经济体制和政治体制进行与经济基础结构调整相适应的改革，理顺经济社会的各种关系，形成一个开放的、宽松的、活跃的社会经济发展环境，充分调动少数民族地区内部经济发展的积极性，形成一种和谐的经济发展气氛。

其二，外部社会环境的改善。这主要是指少数民族地区与外界交通运输条件、航空电信条件的改善和整个社会改革所形成的一种良好的社会经济发展环境。外部社会环境的改善会在少数民族地区形成一股经济发展的积极力量，为少数民族地区与外界的经济交流开辟通道，扩大商品流通空间，增强经济发展的承受力。

从以上环境改善包括的两个层次的内容来看，不仅对经济发展产生的影响不同，而且在改善的现实可能性上其时序也是不一致的。它们分别属于不同层次的经济发展目标。外部社会环境的改善不是少数民族地区自身所能把握的。它主要取决于全社会的体制改革和经济发展进程，需要与其他地区的交通条件改善相衔接，要看全国的基础设施能否承受。如云南省若每年调入 10 亿斤粮食，就意味着每天要有一班粮食专列到达昆明。而且，少数民族地区交通环境的改善也需要较大规模的投资。如云南省尚有 80% 的县不通火车，40% 的乡不通汽车。这种状态在短期内是难以改变的。可见，外部社会环境的改善在近期对少数民族地区的经济发展还难以产生现实的作用，属于长期目标，是与少数民族地区更深一层的经济发展目标相衔接的。内部社会环境的改善立足区内经济发展机能的调整，不需要较大规模的投资，这是少数民族地区自身的经济发展力量在短期内能够完成的。由此可以推断，少数民族地区在近期只能实现内部社会环境的改善。

由于在近期少数民族地区只能实现内部社会环境的调整和完善，因此经济运行的空间就只能维持原来的基本状态，而不会有大的突破，少数民族地区与外界的经济联系仍然受到环境的阻隔。从生产的投入系统来看，由于环境闭塞，不能充分利用外地市场的信息、资金、人才；

从生产的产出系统来看，由于环境闭塞，经济信息和商品不能及时与外地市场联系，处于滞后状态。在这种环境条件下，少数民族地区近期的经济发展就只能通过发展“适生经济”、建立“适时体制”，充分利用当地较廉价的低端劳动力资源和闲散资金，发展具有本地区相对优势的经济；商品生产以占有当地市场为主，经济经营形式体现出小而活和浓厚的地区色彩。在广大农牧区采取家庭包干和家庭组合的经营形式，加强家庭的经济生活职能；在城镇大力发展各种合作经济和个体工商业。这些家庭经营经济、合作经济、个体工商业在本质上就属于以中间技术为主的小规模经济。

对制约少数民族地区经济发展近期目标模式因素的分析表明，现阶段少数民族地区的资金、人、环境状态对其经济发展的近期目标模式已构成了客观的限定性，是不能超越的。只有根据这些限定性建立的目标模式，才能更好地体现各经济发展因素之间的合理组合和有机衔接，体现经济发展的内在规律，减少经济发展过程中的摩擦和内耗，形成更大的效应和更持久的积极影响。从中可以得出以下两点启示。

第一，经济发展目标模式的选择不可能随心所欲。经济发展目标模式的形成是一个客观过程，它以相应的经济发展力量为基础，并随着这股力量的运动发展而演化。模式的选择是一个人们认识经济发展实践的从自然到必然的过程。

第二，由于经济发展的目标模式是在经济发展的客观过程中形成的，因此该目标模式必然体现出经济发展的阶段性。具体的目标模式只在与其相适应的经济发展阶段中体现出其合理性，一旦超越这个阶段，旧的目标模式就会被新的目标模式所取代。一个长远的经济发展目标模式，必定由一系列短期的目标模式的演化所构成。

社会主义初级阶段少数民族地区生产力考察①

在社会主义初级阶段，如何确定少数民族地区经济发展的速度、结构、方式以及管理体制等正日益引起人们的关注。无疑，对这些问题展开讨论是十分必要的，但这仅仅涉及了少数民族地区经济发展的表面形式。这些表面形式是以另一客观实体为依据的，那就是生产力。制定社会主义初级阶段少数民族地区经济发展的方针政策，必须立足该阶段、该地区的生产力基础之上。

一、对少数民族地区生产力现状的分析

企图用一句话概括或描述现阶段500多万平方千米少数民族地区社会生产力的全貌，显然是难以做到的。本文的论述也只能择其主要方面加以抽象化。少数民族地区的生产力现状有如下四个特点。

1. 不平衡状态

第一，少数民族地区生产力的不平衡状态表现为生产力空间布局的不平衡。生产力主要集中于少数大中城市及主要的工程项目所在和交通方便的平原地区。1987年，民族自治地方年末工业企业总数达46435个，其中大部分企业集中在寥若晨星的少数城市中，主要的基建投资和设施以及较高素质的劳动力也集结在这些城市，从而形成了攀枝花、包头、南宁、乌鲁木齐、银川、呼和浩特等一批拥有现代工业技术的经济中心。相比之下，广大农村、牧区、边远山区的生产力则很薄弱，工业

① 本文原载于《民族研究》1988年第6期。

企业极少，农业也很不发达。

从表1中可以看出，少数民族地区农业的机械化程度还很低，生产工具仍以手工工具为主。生产力在空间布局上的不平衡状态还表现在区域之间的不平衡，如新疆机耕面积占耕地面积的60.8%，而贵州仅占0.1%。新疆有南疆与北疆的不平衡，内蒙古有东部与西部的不平衡，广西有桂东与桂西的不平衡，云南有滇东与滇西的不平衡，西藏有藏南与藏北的不平衡，等等。

表1　1985年主要农业机械平均每万亩耕地拥有量

项目	内蒙古	广西	贵州	云南	西藏	甘肃	青海	宁夏	新疆	全国
农业机械总动力/马力	831.3	1672.6	888.3	1439.9	1327.2	1140.1	1412.2	1413.6	1131.8	1957.3
大中型拖拉机/台	5.1	5.0	3.6	4.3	8.0	3.6	5.9	4.9	8.9	5.9
小型（手扶）拖拉机/台	10.8	34.5	5.0	17.8	17.9	19.9	34.2	35.2	8.9	26.3
农用排灌动力机械/马力	160.4	186.7	214.6	183.2	167.0	287.8	125.1	126.6	122.0	538.6
农用汽车/辆	1.1	2.3	1.9	2.5	5.1	1.9	3.7	2.1	2.5	3.0
机耕面积占耕地面积比例/%	16.4	18.2	0.1	5.9	9.7	16.0	22.8	22.2	60.8	35.6

资料来源：我国西部地区农村经济发展研究报告［M］. 北京：中国计划出版社，1998.

第二，少数民族地区生产力的不平衡状态表现为区域生产力系统发展的不平衡。这主要体现在区域内部产业之间生产力分布的不协调上，从而产生了经济结构不合理、经济发展过程存在“卡脖子”环节、教育和管理跟不上、信息不灵通、流通渠道堵塞等现象。

第三，少数民族地区生产力的不平衡状态表现为生产力结构配置的不平衡。设施与设施之间不配套、人的管理能力与技术设施不协调等状况屡见不鲜。有些地方虽建了很豪华的宾馆，却没有配套的管理和辅助设施，导致供水供电没有保证、室内设备过早毁坏、空调机成了噪声污染源、抽水马桶不通、墙壁脱落等。有些地方好不容易购进较为先进的机器设备，却由于其他设施不配套，而只能被长期闲置。

少数民族地区生产力的不平衡状态是普遍存在的现象。这些现象可分为两类：一类是合理的，即在经济发展过程中具有规律性的，如生产力布局相对集中以形成一定的经济规模、提高经济效益；另一类是不合理的，即在布局上缺少内在联系、互不协调，往往导致生产力的浪费和内耗。因此，对少数民族地区生产力的不平衡状态切不可一概否定，而是应该逐渐消除其不合理的方面，调整和优化其合理的方面。

2. 分散状态

少数民族地区生产力的分散状态以西南三线建设的布局最为典型。从 20 世纪 60 年代中期至 70 年代末期，西南三线工业累计投资 300 余亿元，形成固定资产约 240 亿元，形成的主要工业生产能力除军用品外，还有各类机床 1. 2 万台、刀具 300 万件、量具 60 万件、水电设备 150 万千瓦、火电设备 100 万千瓦、仪器仪表 167 万台，原煤 2188 万吨、生铁 267 万吨、钢 160 万吨、钢材 118 万吨、有色金属冶炼 17. 61 万吨、磷矿石 300 万吨、天然气 55 亿立方米。1985 年，有各类科技专业人员 65 万人。如此雄厚的技术能力，实乃西南少数民族地区经济发展的重要生产力基础。可惜的是，其中相当一部分企业的布局过于分散，盲目设点，钻山太深，一个厂绵延数十里甚至上百里，形成了所谓的“羊拉屎”布局。环境十分闭塞，交通十分不便，信息十分不通，加上管理上互相分割封锁，建设项目上互不配套，结果大量生产能力被闲置，利用率很低。据估计，三线企业的军工生产能力大约只发挥了 30%，民用机械的设备利用率也只达 50% 左右。由于布局分散，三线企业的技术优势不仅没能得到很好的发挥，反而成为包袱，民用品生产情况较好的 1985 年也仍亏损 1102 万元之巨。[①]

---

① 资料来源：体制改革探索编辑部《西南三线工业调整改造战略研究》。

诚然，西南三线建设是在特殊的历史背景下形成的，但其他少数民族地区的工业布局又何尝不存在此类状况。如青海省1982年的38个大中型工业企业中，有27个企业的生产原料需靠外省运进。青海省交通较不发达，信息不灵通，管理不善，原料、产品都靠长距离调运，生产成本必然要超出一般水平，如机电产品的生产成本便高出一般地区同类产品30%～40%，结果导致近一半的企业长年亏损。又如西藏的工业企业长期亏损，也与其布局的分散和孤立于市场之外有关系。

3. 潜在状态

与现实的生产力相比，少数民族地区的生产力更多地表现为潜在状态。所谓潜在状态，就是，生产力要素还没有构成有机联系的运动整体，它们的客观存在仅仅表现为潜在的能力，而不是直接、现实的生产力。少数民族地区生产力的潜在状态基本包括两种类型。一种是客观存在的、现实可利用但还没有被利用的自然资源。少数民族地区自然资源的丰富程度已人所共知。以能源资源为例，民族自治地方水能蕴藏量占全国的52.5%，内蒙古、贵州的煤炭储量居全国第二、第三位，新疆煤炭的远景储量约占全国的25%，据推测，新疆两大盆地的石油蕴藏量也极为可观。其他自然资源如黑色金属、有色金属，大面积未利用的草山草坡、宜牧草地，经营十分粗放的土地资源，野生资源以及自然景观等也极为丰富。目前这些自然资源的利用率都很低，仅仅作为潜在力量存在，未能被纳入现实的生产力系统中。另一种是由于生产布局、管理体制以及教育等方面的原因，虽客观存在但没有发挥应有作用的人力、物力资源。如上文所提及的三线建设，虽然形成了雄厚的经济技术能力，但是最终一半以上的设施没能发挥作用，严重开工不足，也必然导致大批的工人和科技人才无用武之地。这些设施和人力事实上并没有构成现实的生产力，仅仅作为一种潜在的生产力因素而存在。

少数民族地区生产力的这种潜在状态，既造成了少数民族地区经济发展落后的现实，又预示着美好的前景。这二者之间如此矛盾，却又如此相关。

4. 静止状态

静止状态是相对而言的。所谓静止状态，是指生产力在质量上长期没有提高，生产力结构没有变化，生产力系统缺少与外界的交流。少数民族地区生产力的这种静止状态也是很突出的。从农牧业生产力系统来看，大部分农牧区仍然维持着传统的农耕和放牧方式，经营粗放，劳动工具简陋，劳动者缺少必要的文化素质。随着时间流逝，生产力依然如故，时代的脉动在这里停滞，真可谓几十年如一日。从工业生产力系统来看，大多数企业设施陈旧，几十年来没有得到更新和改造。如新疆的棉纺织业，纺织设施多数是 20 世纪 50 年代末出厂的，至于制革、织毯、加工肠衣等行业，其设施就更陈旧了，是名副其实的“传统工艺”。西藏、青海、内蒙古、云南、广西、贵州等省区的大部分中小型企业也是如此，其中的民族手工业堪称“古老”，与这种设施状态相适应的劳动者的生产技能也就可想而知。劳动者的技能多是祖传的，一代接一代，没有更新，也没有觉得不合适。这种生产力状态表现出明显的封闭性，只与对应的封闭市场交换有限的物质，生产力内部结构没有多少变化。从历史发展的角度来看，这是一种静止状态。少数民族地区生产力的静止状态必然导致经济发展的停滞不前。

上述特点表现在经济发展的形式上，就是经济效益低，产出少（见表2、表3）。

少数民族地区生产力的四种基本状态以及相应形成的实际能力表明，社会主义初级阶段少数民族地区经济发展的生产力基础还十分薄弱，代表着现代生产力的先进工业企业为数不多，大部分中型企业几乎处于以旧式机器为特征的近代生产力水平，而分布广泛的农村及城镇手工业则属于更低的生产力层次。因此，现阶段少数民族地区生产力总体上还很落后，生产力要素的结合缺乏有机联系，生产力作为一个系统明显缺乏实效性和创造性。当我们在考虑少数民族地区的经济发展问题时，不能不正视这一现实。

表 2　1986 年主要农产品单位面积产量及人均收入

项目	内蒙古	广西	贵州	云南	西藏	甘肃	青海	宁夏	新疆	全国
粮食亩产/千克	98	211	197	174	159	133	169	156	202	235
油料亩产/千克	73	76	68	55	83	70	69	44	85	86
麻类亩产/千克	40	260	187	100	—	—	—	—	—	274
农民当年人均纯收入/元	339. 5	316. 1	303. 5	338. 1	343. 6	269. 4	369. 2	374. 5	419. 9	423. 8

资料来源：《中国农村统计年鉴》(1987)。

表 3　1984 年全民所有制独立核算工业企业主要财务成本指标

地区	每百元固定资产原值实现			每百元工业产值实交所得税和利润/元	占用流动资金/元	产值利税率/%	销售成本利税率/%	每百元总成本实现利润/元
	工业产值/元	利润/元	利润率/%					
全国	96. 13	13. 66	22. 30	9. 82	27. 36	23. 19	31. 17	19. 00
民族自治地方	59. 68	6. 33	11. 65	6. 38	35. 16	19. 52	24. 05	13. 00

注：根据有关统计资料整理核算。

二、改善少数民族地区生产力结构的机能，建立高效率的生产力系统

少数民族地区生产力的运动和增长是一个渐进的累积过程。正如马克思所说，“人们不能自由选择自己的生产力——这是他们的全部历史的基础，因为任何生产力都是一种既得的力量，以往的活动的产物”。[①]但这并不意味着可以把人摆在完全被动的位置上。生产力运动在某一横断面上所呈现的状态，实际上很多是人为造成的。人们可以认识生产力运动的规律，按科学合理的原则去调整现状中某些不合理的方面，这也

① 马克思恩格斯选集:第 4 卷[M]. 北京:人民出版社,1972:321.

是遵循生产力运动规律的一种形式。因此，我们可以而且应该对少数民族地区生产力现状中某些不科学的方面加以调整，这也是少数民族地区经济发展的要求，是少数民族地区经济改革和加速发展的基础。

调整改造少数民族地区生产力现状有两种基本方法。一是增加对生产力建设的投资，扩大生产力的规模，提高生产力要素的质量。这是一种靠外力支撑的“硬增长”。这一途径对生产力基础薄弱的少数民族地区来说是很必要的，但毕竟不是高明的方法。而且，我们不要忘记三线建设的教训，也就是说，“硬增长”也要讲求科学化，倘若违背了生产力的运动规律，就不能达到增长的目标。二是通过调整生产力内部结构，使之互相协调、配合默契，从而提高生产能力。这可以说是一种“软增长”。这一途径对于资金不足的少数民族地区而言显然更具现实意义。

根据少数民族地区生产力的现状以及发展生产力两种基本方法的不同含义，我们认为，改善少数民族地区生产力现状的较为科学的途径，必须是“硬增长”与“软增长”互相结合，并统一到一个中近期目标上，即改善生产力结构的机能，建立高效率的生产力系统。这一目标的主要内容如下。

1. 生产力具有结构的整体性

生产力是一个系统，它并不是几个生产力要素的简单集合，而是相关要素相结合的有机整体。单个生产力要素是无所作为的。尽管少数民族地区各种现实可利用的自然资源很丰富，但如果不与其他相关的生产力要素相结合，就不能成为现实的生产能力。红水河的开发若没有一系列配套的工程设施和管理，水力就不可能转化为电力。可见，生产力是一种整体的力量。生产力作为一种整体的力量，就要求构成这一整体的各部分互相协调、互相促进，而不是互相抵制、互相摩擦、互相内耗。目前，少数民族地区生产力的配置不平衡状态及区域生产力系统中的一些“卡脖子”环节，正是缺乏结构整体性的表现。若区域内部乃至区域之间生产力的布局缺乏有机联系，就不可能形成协力；若没有整体的和谐，就必然是高代价、低效益。拿一个企业来说，仅有良好的机器设备，而缺乏良好的管理，就不能形成良好的效益。在产出之前，企业的一部分能量实际上已经被消耗在“管理不善”这一环节中。因此，改善少数民族地区生产力的现状，必须首先提高生产力结构的整体性。新形成的生产力要素一方面必须实现相互之间的均衡配套，另一方面应该与将纳入的区域生产力系统相协调。要避免不必要的重复建设和低效建设，重视原有生产力基础的改造和提高。表现在建设资金的投入上，就是要摒弃“假、大、空”的形式主义，重视所形成的整体效应。资金的具体投入无论采取何种形式，是用于基本建设，还是用于更新和改造，抑或是用于劳动者培训等，都应该有助于完善生产力结构的整体性。生产力结构的整体性是形成经济发展整体效应的基础。

2. 生产力具有现实的创造性

尽管生产力就其功能和存在状态来看是现实的，而且具有创造能力，但是假如生产力的布局不合理，或生产力要素的配置不平衡，就会减弱甚至丧失生产力的现实创造性。如三线建设大量设施的闲置和无形损耗，少数民族地区大批可利用资源被闲置和浪费、大批有用之才得不到合理的利用，这些现象事实上已经严重削弱了少数民族地区生产力的现实创造性，使部分生产力要素失去了实效性。可见，提高生产力的现实创造性，是增加少数民族地区生产力总量和改善生产力结构机能的一个重要方面。

要提高少数民族地区生产力的现实创造性，改变生产力要素的潜在状态，就必须对目前部分布局分散、利用不足的生产力要素重新进行合理的配置和调整，加强各要素之间的有效协作，使物尽其用、人尽其才。比如，西南三线工业应该尽快进行调整，加强企业之间、三线工业与地方工业之间的横向联系，部分确无出路的企业宜尽早搬迁、改造、转向，减少设施闲置的无形损耗。可以想象，若这一半以上的设施从沉睡状态中苏醒过来并被纳入西南生产力系统之中，则对西南少数民族地区的经济发展来说，将是一股巨大的推动力。再如，在人才管理上，若能用人之所长，使之各展所能，便可缓解少数民族地区人才短缺的紧张状态。这部分能量的释放还有利于提高生产力要素结合的质量，增强生产力的现实创造性。可见，重视提高生产力的现实创造性，使潜在因素转化为现实因素，显然比大规模地新增设施和引进人才成本更低、效益更好，也更符合少数民族地区的实际。

3. 生产力具有环境的适应性

生产力作为一般的概念是抽象的，而作为一种现实的力量却是具体的。每一种具体的生产力结构都有其特定的环境适应性。也就是说，生产力的运动总是在一定的区域空间进行的。因此，构成生产力的结构整体及其运动方式就必须体现出区域的特点，与区域环境相协调。由于少数民族地区区域辽阔，各个小区域之间的地理、资源、人文环境等差异很大，区域特点突出。这就要求生产力要素的组合必须从实际出发，区域生产力系统的形成应与各个小区域的环境特点相适应，保证生产力系统有更为和谐的运动环境，只有这样才能提高生产力系统的运动效率。青海省 1965 年以后新建的 26 个重工业企业之所以经济效益不高，重要原因之一就是缺少对本区环境的适应性，从投入到产出都没能与本区环境形成有机联系；相反，青海毛纺厂、茶卡盐厂、察尔汉钾肥厂等企业之所以能获得较高收益，就在于其能与当地资源优势相结合，微观生产力系统的运动与区域环境相适应。由此看来，提高少数民族地区生产力的环境适应性，也是完善生产力结构机能中不可忽略的重要方面。而要达到这一点，关键在于正视少数民族地区生产力环境的实际，从工程项目的选择和布点到区域生产力系统的形成，都应与区域环境相和谐、融为一体，使生产力系统成为区域经济发展的内在动力。从这一精神出发，生产力的新增投资就不会增长为区域经济的“肿瘤”，而是成为生产力系统与区域经济统一体的有机因素。

4. 生产力具有不断演化进步的活性

生产力从本质来看是不断运动进步的活体，运动和创造是它存在的意义和内涵。静止的状态与生产力的本质是矛盾的。少数民族地区部分生产力的静止状态是一种违背生产力本质的畸形。与历史的进步相比，静止就是落后；与生产力系统的整体性相对应，畸形就是结构的不健全和正常机能的坏死。几十年，甚至几百年都很少变化的耕作、操作方式，事实上已经造成了大部分边远农村经济社会的“死寂”和工业经济的严重滞后，对少数民族地区经济社会的发育产生了深刻的消极影响。因此，必须尽快改变少数民族地区生产力的这种静止状态，重视对传统生产力要素的更新和改造。应该通过推广新的耕作工具和科学的管理方法，改善农业生产力系统，改变粗放经营的耕作方式；通过推广新工艺、改造旧设施、引进新技术、提高职工的文化素质和劳动技能，改善传统工业的微观生产力系统。只有改变少数民族地区广大农牧区和众多工业企业生产力的静止状态，使这些地区的生产力系统滋生出新的机能，形成不断演化进步的活性，少数民族地区总的生产力系统才可能有较好的运动环境；也只有在此基础上，才可能实现少数民族地区经济的发展和繁荣。

5. 形成多层次有重点发展的生产力系统

假如把少数民族地区生产力看作一个总系统，那么它实际是由各个区域的分系统构成的。因此，根据少数民族地区生产力在分布及发展程度上的不平衡状态，应该在少数民族地区形成多层次、有重点发展的生产力系统。

第一，根据不同空间生产力的发展程度，少数民族地区生产力系统可分为三大层次：第一层次为农村生产力系统；第二层次为中小城镇生产力系统；第三层次为大城市、大经济中心生产力系统。这三个层次在少数民族地区生产力总系统中的地位、作用各不相同，因此生产力的发展策略也应有所差别。从形成相对集中的生产力规模来看，大城市、大经济中心生产力的实效性最优；中小城镇有联结大城市和广大农村的功能，从少数民族地区商品经济的进一步发展来看，其居于重要的经济发展战略地位，多数中小城镇也已初具生产力规模；广大农村的生产力则显然还很分散，缺乏一定的规模。因此，在社会主义初级阶段，少数民族地区生产力的层次布局和新的生产力要素的投入应该：从实际条件出发，对第一层次生产力系统进行必要的更新和改造；进一步完善第三层次生产力系统，扩大对周围经济区域的辐射力；重点发展第二层次生产力系统，一方面与第三层次生产力系统相衔接，另一方面带动第一层次生产力的发展。

第二，按微观生产力系统的规模来划分，少数民族地区生产力系统也可分为三大层次：第一层次为农村家庭经营及手工作坊的生产力系统；第二层次为中小企业的生产力系统；第三层次为大型企业的生产力系统。这三个层次生产力系统的发展也有不同的意义和内涵：第一层次分布广泛，在生产力发展过程中处于被改造地位；第二层次数量多且有一定的规模，对少数民族地区经济的普遍发展具有重要意义；第三层次是少数民族地区生产力发展的主导，但数量少、辐射面有限，而且明显超越了一般的现实能力和需求。根据这三个层次的特点，中近期少数民族地区微观生产力系统的布局重点应是以第二层次为主，根据发展条件及总体布局的需要适当发展第三层次，通过第二层次对第一层次进行更新和改造。

第三，按生产力发展水平的特征来划分，少数民族地区生产力系统还可分为三个层次：第一层次是以手工及简单工具为特征的中世纪式的生产力；第二层次是以旧式机器设备为特征的近代生产力；第三层次是以当代生产技术为特征的现代生产力。在目前少数民族地区的生产力总系统中，现代生产力为数较少，而且大部分少数民族地区尚无法驾驭；近代生产力具有较深厚的基础，对少数民族地区经济的发展也有普遍意义；中世纪式的生产力仍然占据一席之地，但从经济的进一步发展来看是需要被摒弃的。因此，现阶段少数民族地区生产力的发展重点，应该放在加强对近代生产力系统的更新改造和调整完善方面，而现代生产力系统的完善和发展只能量力而行。

从少数民族地区生产力系统的层次分析可以看出，多层次的生产力系统在具体的层次发展上是有所侧重的。总的来看，在社会主义初级阶段，特别是中近期，少数民族地区的生产力布局和投入宜以中小城市、中小企业为主，改造和发展以适用技术为特点的近代生产力；完善重点城市的生产力系统，量力发展以大型、先进工业企业为主要内容的现代生产力；重视对以农村为主要阵地的中世纪式的生产力的改造。相信多层次、有重点的布局和发展，必将有利于改善少数民族地区生产力结构的机能，提高生产力系统的运行效率，从而为社会主义初级阶段少数民族地区经济的加速发展奠定坚实的基础。

西部大开发的秩序[①]

一、历史之镜：西部开发的经验

事实上，西部开发从理论到实践已经不是一个新问题。在中华人民共和国成立之初，东、西部地区经济发展的不平衡状态便已引起国家高层决策部门的关注。自实施国民经济计划的“一五”时期起，西部开发的序幕便已拉开，苏联援建的156项重点工程，西部地区约占1/3；随后的大三线建设在西部地区掀起了开发投资的高潮，迅速崛起的一批新型企业有效地改善了全国的工业配置格局。

可以肯定地说，“一五”时期至“四五”时期，国家投资对西部地区的侧重，为后来西部地区的进一步发展奠定了基础框架。迄今为止，这些重点建设项目仍然是西部地区经济建设的重要支撑力量，而且成长为区域经济的增长极。但我们也看到了其中存在的一系列问题。

其一，开发投资的经济效率很低。项目建设带有强烈的政治、军事色彩，分散、封闭、孤立，资源配置从经济效率形成的整体效应来看是无序的。

其二，建设项目与当地经济基础脱节。未能广泛动员地方人力资源参与项目建设，也未能有效地促进地方经济的技术改造和产业结构调整，导致项目建设与地方经济的二元分异。

其三，经济建设与环境保护严重脱节。为加快经济建设进行的资源

---

① 本文原载于《中央民族大学学报》2000年第6期。

开发忽视了生态系统的承受能力，特别是森林资源的过度采伐加剧了西部地区的生态问题，使江河源地日趋荒漠化，水土流失现象十分严重。同时，主要工业项目聚集地的“三废”污染也对当地环境造成了严重伤害，从兰州、包头到贵阳、昆明，无不存在严重的工业污染问题。

因此，西部开发投资虽增强了西部地区经济的总体实力，但与当地广大乡村居民的利益需要之间存在较大距离，区域经济利益的实现与民族发展利益的实现存在差距，边远乡村的居民很少从区域经济增长中获得实际利益。同时，由于西部地区的少数民族人口主要分布在山区、牧区，工业建设所强化的城乡经济二元化倾向，也在一定程度上表现为民族发展问题。开发投资未能建立起期待中的经济发展秩序。

历史经验告诉我们：西部开发必须建立符合全局和西部地区经济发展利益的资源配置与利益实现秩序，必须重视开发过程中利益关系的协调，充分考虑到各民族的发展利益和在开发中获得的实惠，也应当关照到开发的可持续利益，确保西部开发的可持续和各民族生存发展的可持续。

二、西部大开发的时间秩序

西部大开发是一项长期的区域发展战略，要再造一个山川秀美的西部地区，要缩小与东部地区的发展差距、争取共同繁荣，显然需要经历长期不懈的艰苦奋斗。

我国区域经济发展呈现出的东部地区相对繁荣，事实上存在一个由自然环境引致的农耕文化优势历史积累的发展基础。改革开放以来，社会经济的迅速发展固然离不开制度安排的因素，但历史积累的发展基础也是十分重要的条件。相比之下，西部地区社会经济的发展基础仍较薄弱，实施西部大开发战略存在一个较长的奠基过程，包括投资基础的建设、人文基础的建设、生态基础的建设等。这些基础建设都表现出长期性特征，建设过程需要长期的持续推进，效应的形成和影响也具有长期性。譬如西部地区植被的恢复，要达到一定的植被覆盖率，客观上要经历较长的种草、种树过程。要扭转相对滞后的状态，也需要较长时间。仅在 50 年前，西部地区的部分少数民族还处于封建领主制、奴隶制的社会形态中，甚至不同程度地保留着原始公社制的残余形态。虽经历了 50 年来社会主义制度的洗礼，但与原社会形态相适应的文化传统还顽强地存在着，历史积淀所形成的制度规范仍约束着现实的行为方式，现代科学文化教育的基础影响力仍较弱。可见，人文基础的建设也是一个长期的系统工程。因此，西部大开发必然是一个长期过程，要看到战略实施的长期性和艰巨性，要有激情，但切忌情绪浮躁，切忌急功近利，切忌搞运动式的建设。西部大开发必须建立持续推进的时间秩序。

所谓持续推进的时间秩序，就是要求西部大开发的政策供给、制度建设、资源配置、财政转移支付力度和相关投入都要与西部大开发的具体要求和进程相适应，要遵循社会发育和经济发展的规律，顺应国内外市场开放竞争、创新的大趋势，从西部地区人文基础、生态基础的实际出发来规划和安排西部大开发的战略步骤、推进次序及措施，确保开发进程的连续性。形成西部地区投资基础、人文基础、生态基础逐渐改善，资源发现与动员能力逐渐增强，经济开发效率逐渐提高，投资呼唤投资，效益衍生效益的开发态势。同时，关照到国民经济周期波动的影响，处理好西部地区开发过程中人、资源、环境之间的关系，确保开发过程的连续性和开发行为的可持续性。这也是建立持续推进的时间秩序的基本内涵。

建立持续推进的时间秩序，必然涉及投资能力、资源配置和利益实现的时间安排。从近期可能形成的程序来看，总体上是政府行为引导企业行为，政策性投资引导商业性投资，基础性建设带动商品性生产；从国民经济发展的动态过程来看，西部开发力度应与国力的增强相适应，投资强度要与市场需求有效供给相适应，投资节奏要与资源配置能力相适应；从利害关系的轻重缓急来看，西部大开发必须协调当地居民的眼前生存利益与长期可持续利益的关系，争取两种利益实现趋势一致。西部高寒山区、边疆地区，如横断山区、凉山地区、滇南山区等，是我国贫困人口比较集中的地区，部分群众的生活条件还十分困苦，改善这部分人口的生存条件，改变其物质生活的贫困状态是这些地区当前最紧迫的任务。因此，西部大开发的战略实施应涵盖扶贫攻坚，并把扶贫攻坚作为近期工作的重点去落实。西部贫困地区大部分处在江河源地，传统的生活方式，特别是家庭能源消耗方式对当地生态环境形成巨大的压力，甚至导致生态有恶化倾向。这就要求借实施西部大开发战略之机，调整这些地区的生产方式，提供新能源来替代传统的家庭能源消耗方式。西部大开发必然涉及开发项目的经济利益与生态环境变化的关系，虽然项目本身的经济利益可在近期直接见效，但是环境利益更持久并涉及民族生存质量的整体利益。因此，开发项目的经济利益必须是在保证环境利益得到维护的限度内。

建立西部大开发持续推进的时间秩序，需要通过国家宏观决策部门制定开发规划并加以统筹安排，计划落实和推进是时间秩序形成的具体形式和途径。但是，国家开发计划的落实不等于自然形成持续推进的时间秩序，只有科学合理的开发计划才有利于形成持续推进的时间秩序。从根本来看，形成西部大开发持续推进的时间秩序的内在力量来自市场，可持续的开发利益是市场力量的源泉。因此，国家开发计划应建立在市场力量的基础上。

三、西部大开发的空间秩序

西部地区幅员辽阔，开发建设所需要的投资量巨大。我国近代以来，从左宗棠经营西北到 20 世纪六七十年代的三线建设，在西部地区曾掀起若干次开发热潮，但投入量与巨大的需求相比，犹如杯水车薪，所形成的生产力布局显得十分零散。经过改革开放以来国民经济的迅速发展，国家积聚了对西部实施大开发的一定的物质力量，国家财力与此前若干次西部开发相比已明显不同，国家可控财力、社会投资能力都能支持对西部地区实施持续开发。但必须看到，我国还是一个发展中国家，国家经济实力与发达国家相比还有较大差距，实施西部大开发战略所能够动员的社会投资明显受到国民经济发展水平和整体实力的局限，推进西部开发不可避免地面临资源配置的供需矛盾，因此提高有限资源的配置效率是持续推进西部开发的必然要求。要提高有限资源的配置效率，就必须建立资源合理配置的空间秩序。

所谓资源合理配置的空间秩序，就是资源要素的流动、配置形成适应利益最大化的分工协作格局。资源配置具有开放市场的竞争力和比较优势，能够发挥区域特色资源、特色产业、特色经济的市场潜力，适应市场分工和区域经济增长的内在要求，形成资源配置和生产力布局在区域市场间的协调、互补结构。

建立西部大开发资源合理配置的空间秩序，从国家宏观管理的角度看，需要加强资源配置和生产力格局形成的整体规划指导。中央政府在西部大开发战略中充当了组织、推动的角色，同时具体落实到财政转移支付、投资项目安排、产业政策倾向等行动上，来自中央政府的资源配置是形成西部大开发空间秩序的重要导向。加强资源配置和生产力格局形成的整体规划，重要任务之一就是反对地区之间资源配置的行政区划分割、具有地区局部利益导向的项目和重复建设倾向。在这方面，我国虽然已有深刻教训，但是与行政区划相联系的局部利益仍然存在，仍然会对空间秩序的形成产生影响。如拟议中的西部开发投资，事实上已经感受到来自地区局部利益要求的压力，西部地区各级地方政府都表现出了积极的、不甘落伍的姿态，首先就是争取获得尽可能多的上级政府立项，争取成为被开发的重点。这种现象有其深刻的体制背景，即地方存在相对自主的利益，而国有资源的配置却缺乏责任追索，上级政府安排的投资项目被视为无偿的，每个地方都期望从国有资产中分到更大的份额。这种现象在 20 世纪 80 年代曾酿成了地区间各种形式的资源战和市场封锁，导致市场发育的无序和资源配置的低效率。实施西部大开发战略应吸取历史的经验教训，改革投资体制，建立国有资源配置的效率目标与责任追索约束机制，获得的投资与承担的责任必须对等，切忌以紧迫感和抓住机遇为借口，盲目搭车上项目。

建立资源合理配置的空间秩序，客观上存在开发投资的空间次序问题。开发投资的有限资源不可能同时配置在全部的西部大地上，不可能同时均匀地惠泽西部地区居民，开发项目总要在要素匹配、条件较充分、效率相对高的点上进行，在相互关联、支撑的点之间形成投资相对聚集的轴线，再产生面的扩散、带动效应，形成具有内在关联的点、轴、面推进和扩展关系。这样，资源配置的空间秩序总是首先表现为非均衡格局，资源要素总是形成一定程度的聚集规模并强化规模效应。但从资源配置的空间秩序的长期趋势来看，也应关照到区域经济发展相对均衡的需要，任由增长点膨胀和过度聚集也可能加剧区域发展矛盾，不利于实现对资源要素更广泛的动员。西部地区由于城镇化水平较低，区域内的城乡差距实际上比东部地区更大，现有的重点城市虽有投资环境和效率的相对优势，但如果有限资源的配置侧重于继续强化这些重点城市，那么农牧区和中小城镇的发展势必受到影响。一是仅靠大城市的膨胀难以承受农牧区过剩劳动力的压力，也不利于中小城镇的成长；二是农牧区恰恰是江河源地，是防止水土流失和进行植被建设、促进生态系统良性演进的关键地区，而农牧区的投入不足将制约该地区的生态环境建设。因此，建立资源合理配置的空间秩序，必须适应西部现代化过程中社区建设和城镇化的需要，必须关照到生产力布局与西部生态环境建设的关系，应反映区域可持续开发的需要；区域增长点的培育重点应放在中小城镇的建设上，以形成对乡镇更广泛的辐射和推动，与现有的重点城市相互策应。

西部大开发所形成的空间秩序从市场的自动调节来看，自然会形成体现资源配置比较优势的产业结构。但由于现行的经济管理体制还存在明显的过渡特点，地域广阔、区域市场相对封闭和信息不畅等因素，导致了区域开发思路的雷同，出现开发同构、产业同构现象。如普遍关注同类资源的开发，共同挤入同一热点产业领域。这种状况往往导致市场的过度竞争和特色资源、特色产业、特色经济的特色被淡化，不利于建立资源合理配置的空间秩序。因此，建立资源合理配置的空间秩序，也需要积极倡导区域经济的发展创新精神，走出区域封闭，建立开放市场的资源观，通过有序的市场竞争，发现区域经济的特色和比较优势。

四、西部大开发的利益实现秩序

西部大开发将涉及一系列利益关系，各种利益的实现及关系的结构状态既形成于具体的开发过程，又制约着开发过程。协调开发过程的利益关系，建立良好的利益实现秩序，是西部大开发战略顺利实施的重要保障。面向 21 世纪的西部开发与 20 世纪 80 年代东部地区的率先发展，无论在发展背景，还是具体的利益实现过程上都有很大差异。东部地区的率先发展既依赖于国家政策的倾斜配置，也接纳了其他地区的资金、技术、人力资源等要素，对外来资源基本采取融入的方式，成为东部地区经济的有机组成部分。如深圳特区兼容并包，汇集四海资财快速成长为新兴城市。特区虽“特”，但与珠江三角洲经济融为有机整体，相互支持，并无“飞地”经济之嫌。究其原因，东部地区原本就是能“广引凤凰”的“梧桐林”。东部地区乡村经济的较快发展和城镇化也缩小了利益主体之间的差距，有利于外部发展因素的融入。西部地区恰恰缺乏东部地区广泛发展的基础，投资环境不如东部地区，西部开发不可避免地面对较多困难。如发展要素相对短缺，特别是资金严重不足和技术落后，外部要素进入顾虑较多；环境相对闭塞，价值观念和行为方式存在一定差异。这些困难都对西部开发的利益实现方式产生影响，表现出更广泛地动员各方面开发力量的必然性，当地的发展力量、国家的支持力量、其他地区的介入力量将会形成多元利益主体的格局。西部开发必须有吸引其他地区力量介入的利益引力，形成必要的利益妥协和风险政策。因此，西部开发过程中外部力量的进入和利益实现的方式必然有别于东部地区，外部力量的进入所构造的利益主体更为明显。这样，西部开发便涉及西部当地开发能力与外部开发能力和国家推动力之间的利益关系，以及各自的利益实现方式。

从利益需求来看，西部地区自身需要争取一种可持续的发展利益，近期利益与长期利益的安排必须符合当地居民的生存发展需要；外部开发利益的本质在于争取直接的投资收益，而且倾向于中近期利益；国家则更侧重于争取政治利益，通过促进东、西部地区的相对均衡发展，巩固民族团结，维护社会稳定。在这一利益三角中，国家利益具有平衡、协调意义，西部地区利益与外部开发利益则存在相互约束的关系。如果西部地区靠自身能力足以在区域发展中争取到有利的竞争态势，就不需要对外部开发西部进行广泛动员，也就不存在外部开发利益主体的介入关系。问题在于，这一假设不具有现实意义，外部开发利益不介入不符合西部地区的发展利益。这样便存在西部地方利益主体与介入的外部利益主体之间关系的协调问题。

协调西部地方利益主体与介入的外部利益主体之间的关系，就西部地区而言，应有长远眼光，从地方经济长期发展的角度权衡利益得失的结构，尽可能为参与西部开发的投资营造获利的机会和安全的环境，增强西部开发投资的吸引力。对参与西部开发的投资“不求所有，但求所在”，以博大的胸襟、诚恳的态度、优惠的政策、灵活的方式，鼓励、保护外部资金参与西部开发。就介入西部开发的外部投资而言，则应从西部开发的历史之镜中洞察利害关系，调整投资策略和姿态。外部投资虽然更倾向于获得中近期利益，但是无论投资期长短，投资总面临该地方的经济背景。地方经济对外部投资的接纳有一条底线，即不削弱地方经济总体利益，有利于地方经济可持续发展。其具体含义就是不降低当前地方经济的利益和当地居民的生活质量，不损害地方经济赖以持续发展的生态环境，有利于改善地方经济的发展条件，有利于增强地方经济长期发展的能力。外部投资可以不完全融入地方经济中，但其利益实现和分配必须有助于当地居民利益的改善，特别是通过投资对人力资源的动员，在实现投资利益的同时，提高当地居民的收入水平。这是避免外部投资与当地居民发生利益冲突最基本的方式。理想的方式是利益主体相互渗透，外部投资直接融入地方经济中，成为其有机组成部分，或二者结合为新的利益主体。但这取决于双方对长期利益的认同和合作基础。

国家在协调西部开发利益关系中充当着重要角色。在我国现行的经济管理体制下，国家对区域经济发展的格局和资源配置状态仍有重要影响。特别是在局部区域或利益主体存在局部利益偏好的情况下，国家的政策配置和协调是促进东、西部地区合作和进行广泛社会动员的重要力量。国家也有政治利益，即体现为国民的共同利益。国家政策承担着两个方面的责任：一方面是对西部开发的推动，既包括对西部内在潜力的动员，也包括对外部开发能力的动员，促进东、西部合作和境外对西部地区的开发投资；另一方面是纠正西部开发过程中局部利益偏好的局限性和偏差，譬如对生态环境等公共利益的维护、对符合长期发展利益的资源配置方式的支持等。事实上，国家政策导向对西部开发具有战略性意义，国家的政策原则上是西部开发的重要纲领。

根据我国经济发展的态势，从协调西部开发投资的利益关系来看，笔者认为西部开发的国家政策原则上宜调整为社会公平和经济效率双优先。所谓社会公平和经济效率双优先，就是区分国家投资行为与企业投资行为两种行为的功能和性质，区别两种行为的利益实现方式和目标，分别采取社会公平优先与经济效率优先两种行为倾向。国家投资行为侧重于社会公平，国家对西部地区的投入、政策供给、资源配置以培育西部地区经济发展基础为目标，着眼于改善西部地区的基础设施，增强西部地区对外部资金、技术的吸引力，推动民间投资；企业投资行为遵循市场规律，经济效率优先，企业投资的目标就在于获得利润，并争取利润的最大化，体现为优胜劣汰的激励机制，形成有竞争活力的投资，发展有竞争活力的经济。

国家投资行为的社会公平优先与企业投资行为的经济效率优先并不矛盾。国家投资行为的社会公平优先对西部地区基础设施的改善，将为企业投资创造一个有利于降低成本、提高经济效率的环境，有助于对西部开发力量的广泛动员；而开发投资规模扩大、经济效率提高，也为国家财政收入增加奠定了基础，增强了国家维护社会公平的能力。因此二者相辅相成。应当看到，实施西部大开发战略必须有开发启动力为常规投资开辟道路。这种启动力只能来自国家投资行为，只有国家才有能力从区域经济均衡发展的整体利益出发进行奠基式的投资建设，也只有国家才可能从广泛的社会发展过程中获得利益补偿。国家奠基，为企业投资盈利创造条件；企业赚钱，纳税反哺国家投资行为。这将有利于建立西部大开发投资的良性循环，达到社会公平与经济效率的高度和谐。

实行社会公平与经济效率双优先原则，从国家宏观政策的区域差异来看，则倾向于对东部地区予以自由、开放的发展政策，突出效率对资源配置的引导、调整；对西部地区则在予以自由、开放的发展政策的同时，侧重基础设施建设，加大经济技术援助力度，增强其参与市场竞争的能力。从宏观政策和国家可控财力的角度看，协调东、西部地区发展格局和民族利益关系，争取中华民族整体利益的和谐。

云南澜沧江流域多民族经济发展构想[①]

发源于青藏高原唐古拉山脉的澜沧江在云南省留下1240千米水路，流域涉及迪庆藏族自治州、怒江傈僳族自治州、大理白族自治州、保山地区、临沧地区、思茅地区和西双版纳傣族自治州等七地州的39个县市，其中民族自治地方占71%；在25个世居民族中，彝族、白族、傣族、拉祜族、哈尼族、佤族、傈僳族、回族、布朗族、藏族等24个少数民族的人口为460.3万人，占流域总人口的47.4%。多民族小聚居、大杂居，是该流域人口分布的基本特点。

云南澜沧江流域民族地区的经济发展是该流域经济开发的出发点和落脚点。该流域的民族构成和民族自治地方所占的比重，决定了民族地区的开发与开放是该流域开发与开放的主体和标志。澜沧江—湄公河联合开发为该流域各民族的加快发展提供了契机。本文的研究在于探索流域开发与多民族共同发展有机结合的途径，反映其发展需要和利益，并提出相关的发展思路及途径。

一、加速云南澜沧江流域民族地区社会经济发展的战略要求

1. 发展结构的现状

已有的统计资料表明，澜沧江流域属于社会经济发展较落后的区域。以1990年主要发展指标为例：全国人均国民收入为1262.0元，云

① 本文原载于《民族研究》1993年第5期。

南省为943.0元，该流域为676.7元，为全国水平的53.62%和全省水平的71.76%；农业总产值占工农业总产值的比重，全国为24.3%，云南省为38.0%，该流域为60.2%；农业人口占总人口的比重，全国为79.8%，云南省为87.8%，该流域为91.3%。流域经济从总体来看仍滞留在农业社会中，收入水平较低。该流域的民族地区则更加发展不足。由于汉族人口多聚居于城镇及其附近，少数民族人口多分布于山区，因此以少数民族为主体的经济基本相当于全流域经济减去城镇经济和大中型企业经济。也就是说，论述“民族地区”概念中经济，实际上包括了自治地方中以汉族人口为主体的城镇经济及大中型企业经济。即便如此，民族地区与汉族地区相比仍有很大差距。以思茅地区为例，全区共10个县，除思茅县外，其余9个县皆属于民族自治县。少数民族人口占总人口的比重，全区为60.13%，思茅县为23.23%；乡村人口占城乡人口的比重，全区为79.8%，思茅县为62.6%；1990年人均国民收入，全区为555.6元，思茅县为1000.7元。另据云南省有关部门提供的澜沧江流域部分市县（31个市县）的资料，1990年的文盲、半文盲率，汉族地区为24.5%，民族地区为26.4%；1990年人均基建累计投资额，汉族地区为86.22元，民族地区为63.77元；三次产业的就业结构，汉族地区为94.64∶3.25∶2.11，民族地区为94.82∶2.79∶2.39。从贫困分布和状态来看，该流域的39个市县中有16个贫困县，贫困面为41%；其中30个民族自治县中有15个属于贫困县，民族自治地方贫困面为50%。贫困问题主要集中在民族地区。可见，民族地区经济社会发育滞后的状态更加突出，社会经济发展水平、文化教育水平低，产业结构、生产力结构落后，社会经济发展结构亟待改善。

2. 资源结构及利用

与社会经济生活的贫困状态相反，澜沧江流域民族地区拥有丰富的自然资源。无论是水矿资源还是生物资源，都有令其他地区羡慕之处。云南省素有“植物王国”“动物王国”“金属王国”等称号，而澜沧江流域的民族地区便是这诸多雅称中的典型。近年来随着人们对民族传统文化的重新关注，云南多民族文化大放异彩，引起中外瞩目。而纵贯云南省南北的澜沧江流域便犹如一道多民族文化的彩虹，蔚为壮观。藏族、傈僳族、白族、彝族、哈尼族、拉祜族、佤族、傣族等多民族文化构成了极富魅力的人文旅游资源。古老而富有地方民族特色的民风民俗与现代文明相结合被发扬光大，已成为地方经济发展强有力的资源支柱。遗憾的是，云南澜沧江流域民族地区的资源动员状态，同样未能摆脱一般民族地区资源动员的困境。巨大的资源财富仅是潜在的。水能开发刚刚被提上规划日程，林木、生物、气候、热能等多种可再生资源未能得到合理开发利用，未能在现有的资源基础之上建立起应有的产业链。因此，自然资源虽有优势，却没有转化为经济优势，未能进入市场发展为商品优势。自然资源的动员不足，原因在于与该地区的生产力结构落后相联系的资源结构的畸形。资源的组合缺少资金技术的润滑和启动，潜在的自然资源未能转化为进入配置过程的现实资源，从而导致“端着金碗讨饭”现象及水能富集地区严重缺电、缺水等矛盾状态。

3. 民族地区的角色与地位

民族地区在澜沧江流域中所占的比重，决定了其在开发中的基础地位和主体角色。民族地区的地位可以概括如下。

——江流源。澜沧江干流所穿越的崇山峻岭基本是少数民族聚居地区，境内支流也多发源于少数民族聚居地区。民族地区是澜沧江的活水源头。

——生态源。澜沧江流域北部是典型的高山峡谷，地势险峻；中部地貌结构复杂，河流切割强烈，仍然是山高坡陡；南部虽为低山地，但海拔也多为千米左右。民族地区扼守整个流域的山区、林区，其生态环境状态直接决定了整个流域的生态环境状态，其水土流失状态直接决定了澜沧江江水的含泥沙量。民族地区是澜沧江流域生态的源头。

——资源源。澜沧江流域水、林、热区、生物、气候、人文等资源最丰富的地区首推民族地区，流域开发的主要内容是民族地区自然资源的开发。民族地区是澜沧江流域资源开发的源头和重点。

——安定源。澜沧江流域与缅甸、老挝、越南等国接壤，陆地国境线长达1744.1千米。边境地带傣、佤、哈尼、拉祜等13个民族跨境而居，沿边地区基本属于少数民族聚居区。在10个边境县中，除镇康县外，皆属民族自治地方，镇康县的沿边地带也是少数民族主要聚居区。沿边民族地区社会经济的发展状况直接关系到该区域的社会安定、国防安全以及澜沧江流域的对外开放格局。只有沿边民族地区经济繁荣、社会安定、国防安全，才可能为澜沧江流域的开发与开放提供一个安定的社会环境。

4. 流域开发面临的特殊问题

由于澜沧江流域社会经济发育滞后，因此在加速开发的过程中可能产生一系列矛盾和问题。

其一，流域开发过程中经济利益形成的二元结构。在工业与农业两大产业背后蕴含的是国家企业、城镇经济与地方山区经济、乡村经济之间的利益关系。在经济活动过程中客观存在的部门、地方的利益差别和相对独立性，使流域开发过程中的项目进入时需要对资源配置的结构和要素选择进行比较。地方劳动力素质的具体状况直接关系到进入项目资源配置过程的可能性，劳动力素质越低，进入项目资源配置过程的可能性越小。因此，当民族地区的劳动力素质较低时，流域开发项目的资源配置除了引进资金、技术外，还可能引进具有一定素质的劳动力以代替当地劳动力。在我们对思茅和西双版纳进行随机调查所回收的44份问卷中，当问及在民族地区建设工矿企业所需技术工人的来源时，36.36%的回答是选择以外地招聘为主。这表明即使当地干部，也有超过1/3的人主张在项目的资源配置过程中引进技术型劳动力。项目资源配置对当地劳动力吸纳不足，可能强化项目利益与当地居民利益的隔离感和独立性。大型工矿企业和水电建设等项目已留有许多先例和历史遗憾。云南澜沧江流域民族地区已被提上日程的兰坪铅锌矿、漫湾电站、大朝山电站、小湾电站等资源开发项目，以及随着流域一系列水矿项目的上马而展开的生产布局，不能不观照前车之鉴，以免重蹈覆辙。

其二，交通障碍问题。云南澜沧江流域民族地区的资源开发面临的最大问题是如何克服崇山峻岭的障碍，解决交通运输问题。在目前我国东部地区自然资源越来越少的背景下，民族地区的自然资源还能保存其潜在的待开发状态，根本原因就是交通障碍所造成的开发困难。目前因路段险阻、路面等级差，行驶艰难。这种交通条件与澜沧江流域民族地区资源开发的愿望存在较大差距。如果不能有效地克服交通障碍，民族地区的发展问题便仍将是空中楼阁。而克服交通障碍，事实上须加倍投入，单位成本要比一般地区高出许多。这是一个近期内不得不解决而又难度极大的问题。

其三，资源配置启动力不足问题。严重的资金、技术短缺是民族地区自然资源得不到有效开发利用的重要原因之一。民族地区迄今仍然处于待开发状态，地方经济仍然以传统的自给型农业为主，工业技术十分落后，地方财政、银行储蓄及社会积累严重不足，无力形成对自然资源的充分利用和有效配置。资源配置所需的资金、技术只能寄希望于国家和外地。如我们进行的问卷调查中问道“对开发民族地区自然资源应优先选择哪种投资方式”，回答中，国家投资占 77. 27%，引进外资占 11. 36%，地方投资仅占 6. 82%。问题在于，外部资金、技术的进入不仅存在观念、交通环境等障碍，同时也是有条件的。因此，如果民族地区不付出足够的代价，提出富有吸引力的条件，外部资金、技术仍将徘徊不前，资源配置启动乏力的现状仍难发生根本转变。

其四，沿边开放与边疆安定问题。沿边地带历来为国防重地，沿边开放既关系到经济发展，也关系到边疆安定。我国在实施改革开放政策以前，沿边的安定靠巩固军事国防保障，对经济发展的需要考虑较少。事实上，缺少经济发展基础的边疆国防，是缺乏竞争力的。实施改革开放政策后，许多沿边地区的经济繁荣已经证明，奠定雄厚的经济基础和经济优势是保障边疆安定最强大的力量。从我国开放的总趋势来看，沿边开放与边疆安定的总趋势是统一的。但同时也提出这样的问题，即原来经济基础薄弱、经济发展落后的一些边疆地区在实施沿边开放之后，能否在沿边地区确立优势？在澜沧江流域的沿边地带，虽然目前缅甸、老挝、越南等国的经济状况暂不如中方，但我们必须看到其背后的竞争力量。沿边开放必将引发的市场竞争，实际上也是国家力量的综合竞争。只有在竞争中获得优势，沿边开放与边疆安定才可能获得统一。在当前的国内外经济形势下，扩大沿边开放已势在必行。通过开放在沿边市场形成经济优势，既是沿边开放的需要，也是边疆安定的需要。

其五，环境与发展。保护民族地区生态环境与加速民族地区经济发展同样重要。良好的生态环境有助于加速经济发展，经济的发展也有助于改善生态环境，二者本是统一的。但利益既然被分化为近期和远期两类，矛盾便不可避免。这是民族地区争取加速经济发展所面临的又一个棘手问题。澜沧江流域严重的水土流失已不容忽视。保护好民族地区这一生态源，直接关系着中下游地区的资源开发。必须在民族地区谋求一条替代传统的以污染环境为代价的发展道路，既确保居民的利益需要，又不掠夺生态环境。替代道路的方向应该是提高可再生资源的利用效率和经济效益，提升生态环境的恢复能力。

5. 发展的战略背景

我国扩大开放所取得的成就和经验有力地扩大了对外开放的范围、加深了对外开放的层次，使沿边开放开始成为对外开放的重要方面。东部地区及内陆城市等经济技术力量较雄厚的地区，已不失时机地进入或参与到沿边开放的行列中，跻身沿边市场的竞争。这在沿边民族地区经济发展背后形成了强大的推力，对民族地区的发展既是利益竞争，又是可借助的内联力量。只要妥善协调好内联关系，减少内耗，民族地区就会拥有强有力的区域经济联盟。

东南亚局势的缓和与加速发展的要求，同样呼吁改革开放的政策措施。缅甸、老挝等国的北部地区也寄希望于在扩大开放和与我国沿边地区的技术经济贸易协作中争取发展，这便为沿边开放和扩大双边协作创造了良好的国际环境。但是，日本、美国等经济强国同样关注着东南亚的市场动向，“亚洲四小龙”、泰国、马来西亚等国家和地区更是借助地缘关系，争夺该地区市场。因此，缅甸、老挝等邻国由南向北推进的力量实际上包括了日、美等强国的经济力量，朝鲜、新加坡、泰国等第二种经济力量，以及缅甸、老挝等国自身的力量。由于缅甸、老挝等国自身经济力量薄弱、市场竞争力较弱，美国对东南亚国家的经济政策尚未调整到位，日本经济力量的大规模进入也需要时间，第二种经济力量对缅甸、老挝市场的全面占有还实力不足，这样在缅甸、老挝等国由南向北推进的过程中便留下了一定的时间和空间。在这段时间和空间中，我国在沿边市场上还占有一定的发展优势。这是澜沧江流域民族地区沿边开放、争取发展、积聚实力和优势的时机。充分把握这一时机便可能延长时间和扩大空间限度；相反，则可能缩短时间或缩小空间限度。

综上所述，加速澜沧江流域民族地区社会经济的发展，对有效改善该地区各民族人民的经济生活状况和促进边疆安定是极为重要和紧迫的。机不可失，时不我待。针对该地区资源丰富但自身开发乏力、区位优势强但发挥不足、环境特殊但政策普通、发展迫切但准备不足的基本事实，应该采取必要的特殊政策，增强外力的推动，增加资金、技术和人才的配套投入以及强化对当地经济技术和管理能力的培训。加速发展，扩大开放，抢占主动先机，以“经济国防”代替军事国防。

二、云南澜沧江流域民族地区社会经济发展的总体战略思路

根据澜沧江流域民族地区的区位条件、发展环境及发展结构的现状，社会经济发展的战略思路既不可因循守旧，也不可忽略难度大、要求急、政策性强、关系重大的基本事实，总体战略的思路可考虑：以开

发为基础，以开放为导向；转变观念，转变结构；内联外拓，双向发展；分层协调，富民兴边。

1. *以开发为基础，以开放为导向*

澜沧江流域民族地区社会经济的加速发展，归根结底就是实现该地区资源的合理开发和配置，促进自然资源从潜在状态迅速转化为现实的生产力，形成区域的经济实力，提高区域的产出能力和向区外市场扩展并参与竞争的能力。这一切都只能从区域内部的资源动员开始，以区域的资源开发为基础。沿江开发是区域开发的中轴。开发也包括区域内人力资源的开发。历史证明，封闭式的区域开发既困难又低效率。加速开发必须与扩大开放互相促进。开放既包括向国外开放，也包括向国内其他地区开放。开放的目的在于引入资金、技术、人才，疏通物资流通渠道，一方面寻求资源开发过程中资源配置结构的改善，提高效率；另一方面则为产品寻求市场和调剂余缺，进而获取比较利益。因此，开放虽然以开发为前提和基础，但同时又积极引导、协调和促进开发行为。以开放为导向，增加人流、物流、信息流与民族地区的交流，对于原来比较封闭的民族地区来说尤为重要。沿边开放是区域开放的前哨。

2. *转变观念，转变结构*

转变观念是一个艰难的民族心路历程。但现实已经证明，观念的变化对于民族地区的经济发展意义重大，观念不适已构成民族地区经济发展落后的深层原因。转变观念就是要转变传统的思维定式，把封闭保守、自给自足的山地自然经济观念转变为开放进取、协作发展的现代商品经济观念，重经营、重效率、重科技、重竞争，有强烈的忧患意识，敢于用较少的眼前利益换取较多的长远利益，等等。转变结构，就是要通过经济技术进步，把单一的农业经济转变为三次产业互相促进、协调发展的立体产业，把单一项目孤立发展转变为项目连带推动的产业化发展，把以自给自足为目标的自然经济结构转变为以市场交换为目标的商品经济结构，把与自然经济和产品经济相适应的计划管理结构转变为与商品经济相适应的市场协调结构，使劳动力逐步从土地中解放出来、从分散的劳动状态中集聚起来，提高资源结构的效率和技术结构的水平。

3. 内联外拓，双向发展

民族地区的对外开放，不仅是向东南亚开放、向国内其他区域开放和与国内其他地区内联，也是对外开放的重要形式和环节。根据澜沧江流域民族地区区位优劣势并存的事实，既要看到邻边市场的互补性，也应重视国内市场的互补性。通过加强国内区域间的经济联合，增强区域经济技术实力和开拓区外市场，特别是邻边市场的能力。民族地区应在沟通东南亚市场与国内市场的经济联系中发挥更充分的作用，并在其中谋求更多的发展机会，在国内市场和邻边市场的两类互补资源、两种经济关系中，加速资源优势向商品经济利益的转化，提高资源利益转化的效率，扩大比较利益的规模。

4. 分层协调，富民兴边

根据澜沧江流域纬度跨度大、地理分区分级差异显著，各民族社会经济发展不平衡，资源配置条件及结构各不相同的情况，对澜沧江流域经济发展加以分层规划，以不同的方式和力度，推进各区域层次的发展；根据不同项目及资源配置方式，采取不同的途径和方式，协调不同类型的利益关系，加强利益相融，减少利益关系的摩擦和冲突。通过分层规划、分类协调，使当地居民以适当身份和行为方式参与到资源配置方式不同的项目中，使各民族的利益真正融入澜沧江流域开发的整体中，成为当地经济开发和民族发展的有机组成部分，逐渐消除经济发展过程中的二元结构现象，实现民族振兴。各民族的振兴将增强中华民族的凝聚力，在边境地带确立发展优势，强化爱国主义，促进边疆安定团结。

三、云南澜沧江流域多民族经济发展设计

1. “条块互补、利益相融，以点带面、协同发展”，实现大中型企业建设与民族地区经济发展的利益协调

伴随澜沧江流域民族地区重点资源的重点开发，越来越多的大中型企业将在民族地区兴建。因此，避免利益冲突、加强利益协调，将直接关系到流域开发的效率和成果。“条块互补、利益相融，以点带面、协同发展”的利益协调原则，要求民族地区在资源开发过程中进行的项目建设改变传统管理体制的条块分割状态。作为部门隶属系统的“条”的角色和作为地方经济的“块”的角色，必须互相结合和补充。大中型企业的建设应该成为其结合点，既满足专业系统管理效率的需要，又成为地方经济的有机组成部分，使二者的利益共同通过企业利益的实现而实现。在此基础上，大中型企业形成对地方经济的辐射扩散效应，地方围绕大中型企业的建设推动辅助性、配套性、服务性等企业的建设，通过大中型企业的技术传播、转移、培训等，促进对地方经济的技术改造。在地方经济获得发展的同时，也提高了大中型企业在配套、协调发展能力，强化了地方经济与大中型企业在资源、资金、技术、劳动力等要素的配置过程中的互补能力和质量，以及利益相融的基础。其基本途径如下。

——要素参股。民族地区以自然资源投入作为企业股份，参与企业的管理和分配。自然资源在企业资源配置中所占的股份比例，由资源配置结构要素的市场价格评价确定。

——项目启动。通过大中型企业的建设为民族地区的经济发展创造必要的条件，特别是交通、能源等基础性建设，形成促进当地经济发展的连带效应。

——环节分工。大中型企业建设根据工程特点，在具体的组织和安排方式上，应充分考虑到民族地区的参与能力和发展需要，在工程建设

中吸收地方已有或潜在的生产能力。一方面，大中型企业的建设成为民族地区经济整体中的一个环节；另一方面，地方经济的生产能力又是大中型企业的环节之一。

——互利服务。走出企业的封闭和走出地方的封闭同样重要。大中型企业要避免“办社会”的包袱，就必须与地方经济加强协调；地方经济要获得企业的经济技术，同样需要与企业协作。双方互相提供互利性服务是重要的协作方式。

云南省鲁奎山铁矿的开发建设在实现大中型企业建设与民族地区经济发展利益协调方面，走出了一条“国家大企业投资，地方办矿，各负责任，密切配合，联合开发，共同发展”的路子。该矿的建设速度在全国同类矿山建设中名列前茅，工程投资比原概算节省1300万元，当地农民人均纯收入增长3.1万元，获得矿山建设者、投资者、当地政府、当地群众共赢的效果。

2.“分层开发、分区规划，形成产业、培育市场”，促进山区少数民族脱贫致富

山区少数民族的脱贫致富是该流域开发中不容回避的难点。该地区山高谷深，地貌复杂，山区之间差异很大，其经济发展只能由易到难，由交通及水土光热条件较好的沿路、缓坡、低山地到交通、山势较恶劣的深山，渐次推进。实施规模投入，提高山区建设的经济效率和效益，逐步把山区分散的自然经济状态改变为具有产业规模的商品经济，使山区的物资成为市场上的物资，使山区市场成为市场分工的一部分。贯彻“分层开发、分区规划，形成产业、培育市场”的原则，要求山区农业必须进行根本性的战略转变，把温饱型的产品农业转变为致富型的商品农业，把低效、低价值的粗放农业转变为高效、高价值的科技农业。其主要途径如下。

——科技示范，利益诱导。国家的农业科技推广计划和农村经济政策应该加强对山区高科技农业示范优惠政策的投入，增加山区农业开发

的科技试验和推广项目，形成具有一定投入产出规模与推广意义的科技农业效益。通过效益的示范对比，使山区少数民族群众在经济利益的诱导下，自觉地接受农业科学技术并调整经营方式。

——更新观念，转变行为。为解决温饱问题而寻求粮食自给的温饱型农业是难以解决山区少数民族的温饱问题的，更谈不上少数民族地区的致富和发展。山区农业必须从“粮食自给合理陷阱”中解脱出来。所谓“粮食自给合理陷阱”，即因交通运输困难而认为调粮难、粮价高，所以必须实现粮食自给。而在山区种粮劳动用工投入多，占用劳动力时间长；相应地，经营粗放，广种薄收，生态破坏，水土流失；粮食单产越低，越广开粮地，劳动力越难以转移到其他生产项目上，致使经济收入少，购粮难，更要追求粮食自给。生存需要的温饱永远成为首要问题，农业维持着低效、低价值的状态。粮食产量跟不上人口增长，人均粮食水平难以提高，实现粮食自给成了永久性的目标。山区农业的出路是必须摆脱“粮食自给合理陷阱”，用高效、高价值的优质农业替代低效、低价值的低质农业。山区的交通条件使得科技农业的推广不能照搬一般的高产高效优质模式，而必须在这一基础上突出高价值。这样，部分粮食调入，部分高效、高价值的优质农产品调出，劳动力才可能逐渐转向能发挥山区资源优势的产业，培养商品交换和市场经营的习惯。这对于山区人民的观念和产业结构的转变十分重要。

——汇集产品，形成规模。山区资源优势发挥不足的原因之一是产品分散，难以形成市场规模，难以转化为商品。必须改善农村商品流通的管理体制，调整市场经营结构，多形式地疏通山区的商品购销渠道，加强山区农副产品的收购及以购促销活动。如通过设置购销线路，定时定点地组织山区沿路的产品收购。其一，实现对山区经营结构的调整，探索新的购销方式；其二，及时地收购、汇集所需山区资源，使分散的山区资源汇集成批量规模，进入商品市场；其三，促进山区内外资源信息和市场信息的沟通，强化山区的商品经济意识和市场购销观念。

3. 沿边扩展，沿江渗透，扩大民族地区对外开放的态势

扩大对外开放对澜沧江流域民族地区来说，与一般地区相比客观上要困难很多。山区的市场发育和摆脱封闭约束，因北部崇山阻隔而受到严重影响，顺江流和山势向南发展成了经济活动的自然选择。中南半岛各国政局和缓，缅甸、老挝、越南等周边国家纷纷实施改革开放政策，为澜沧江流域沿边地区经济关系的发展创造了良好的环境和机会；澜沧江干流以水电为重点的资源开发，也为沿江地区经济技术能力的提高和经济关系的活跃创造了条件。民族地区的经济发展应该及时把握这一机会和条件，实施沿边扩展、沿江渗透的对外开放战略。利用沿边地区从边陲转变为开放前沿的时机和周边环境，扩大沿边地区对外开放的广度和深度，形成澜沧江流域沿边全线对外开放的态势，以边贸和旅游为先导，在沿边地区建设贸易结合旅游型的经济发展带，沿江城、磨夯、打洛、孟连等边境口岸搞活边境市场，沟通国内与国外两个市场的联系，通过多层次、多形式的跨境旅游，活跃沿边的经济关系。发挥澜沧江黄金水道的作用，借助沿江城镇，特别是已具有一定经济技术基础的思茅、景洪等地的区位优势和经济实力，加速沿江地带的经济开发和扩大沿江地带的对外开放，把沿江地带建设为具有较强加工制造能力的加工业结合旅游开发型的沿江经济技术辐射带。

沿边扩展与沿江渗透的协调实施要求在国内范围形成“T”形对外开放战略态势。在“T”形战略态势逐渐完善和实力增强的基础上，通过沿江渗透的推进和加深、澜沧江下游沿江地区的经济技术辐射、湄公河上游地区的协同开发，使“T”形战略态势转变为形似银河系天鹅星座的“天鹅星”战略态势。该战略要求改变边贸的传统观念，要求沿边、沿江的对外开放从单一浅层次的边民互市状态转变为全面深层次的技经贸协作。沿边、沿江的扩展和渗透，既要从当地市场和经济能力的实际出发，又要充分发挥内联的力量，举省、举国之力。其主要战略措施如下。

——“小贸大做”，扩大市场规模。边境市场受自然环境和种种因

素的影响，贸易规模客观上受到较多限制，在观念上，边贸属于“小贸”。这种观念和状态事实上已经不适应沿边、沿江扩大对外开放的实际和需要。边境贸易规模、范围的扩大，程度的提高和结构的变化，已表明“小贸”不小，其影响力和市场效应可以超出边疆地区的市场，扩展到较广阔的市场空间。沿边扩展，首先应该充分发挥现有口岸和贸易通道的功能，扩大边境市场的贸易规模，率先实现边境地区的市场繁荣，促进该地区商品经济的发展。

——分层推进，加深技经贸合作程度。沿边民族地区商品市场和经济技术力量的进一步开拓和提高，客观上难以一蹴而就，市场扩展与渗透只能与贸易、旅游、技术、劳务输出和联合开发等经济关系形成的需要相协调，并逐步扩大、加深。积极的态度和措施是适应产业发展的次序和项目安排，促进该地区的市场发育，并由此引导产业结构的调整、完善，形成具有现代产业基础的较强劲的市场扩展能力。在此基础上，把单一的边境贸易转变为全面的技经贸合作关系，把边境市场转变为经济技术辐射的区域中心，把沿边地区内向型的经济结构转变为外向型的经济结构。

——在对外开放的战略态势上，先写大“T”，后飞“天鹅”。加速对国内沿边、沿江两大地带的开发，奠定经济技术基础。内部基础的积累本身也是市场向外扩展的积累。在思茅、景洪等地奠定了较雄厚的经济技术基础、形成了较强的出口加工能力之后，沿江的市场推进便顺理成章，“天鹅”自会展翅高飞。

4. 依托族缘关系，发展双边贸易，搞活第三产业，促进边疆安定，实现跨境民族的跨境发展

澜沧江流域沿边地区跨境而居且人口较多的民族有傣族、哈尼族、拉祜族、佤族等。傣族、哈尼族、拉祜族等民族皆跨中、越、老、缅、泰五国而居，佤族也跨中、缅、泰等国而居。民族的跨境而居，为民族的发展带来了许多影响和有别于非跨境民族的特点。国家关系和国家意

识成为跨境民族十分微妙而敏感的因素。东南亚局势的缓和及国家关系的改善，为跨境民族的发展创造了非跨境民族无法拥有的环境。跨境民族在历史上形成的共同语言、共同地域、共同的经济生活特点、共同的心理意识和素质等民族特征及受其所在国国情影响的不同个性、不同发展状态的二重性，恰恰构成了民族内部经济发展互补和经济技术交流加深的有利因素。澜沧江—湄公河联合开发和沿边的扩大开放，使该地区的跨境民族率先获得跨境发展的机会。跨境民族的跨境发展，就是要充分利用跨境民族的二重性特点和在沿边开放过程中可能率先发展的机会，以族缘关系为基础，发挥跨境民族天然的民族感情和经济文化渊源的纽带作用；以双边市场为导向，实现跨境民族面对的两个市场的联系和互补，促进两类资源的结合与开发；以第三产业为龙头，通过跨境经营和经济技术协作，把该地区建设为对外部资金和技术的进入具有较强吸引力的经济关系活跃地带，以经济的繁荣为边疆的安定奠定牢固的基础。实施跨境民族的跨境发展，客观上要求如下。

——对跨境民族的经济文化建设投资实行优惠政策。在税收，经营管理，进出境以及国内资金、技术的配套、服务等方面，提供有利的条件和环境，增强该地区对外部资金和技术的吸引力。

——明确国家对边疆地区的责任，弥补边疆地区经济发展的历史欠账，在边疆地区发展经济优势。把跨境民族的发展纳入国防建设的安排中，增加对边疆地区经济发展的投入，奠定雄厚的经济基础，建设强大的“经济国防”。

——确立边疆地区各民族对邻边各民族的责任意识。通过增加对边疆地区跨境民族社会经济发展的投入，在边疆地区形成民族发展示范效应；通过经济技术协作和资源联合开发等方式和途径，发展与邻边民族同胞的经济关系，并提供必要的支持和帮助；通过中方跨境民族的发展示范，增强我国沿边地区跨境民族经济发展优势对邻边民族同胞发展经济的利益吸引力。

重返关贸总协定与民族地区经济超越发展①

在一个封闭的市场体系内，循序渐进的程序即发展的常规途径，可能也是较有效的。但是，当这个封闭的市场体系被打破，新的经济技术力量介入时，与传统市场吻合的发展常规是否仍然有效便值得怀疑了。我国在1993年下半年可能恢复关贸总协定的缔约国地位，“返关”将彻底敞开我国通往国际市场的大门，新的广泛而强劲的世界性经济技术交流将沟通我国市场与国际市场。届时，我国民族地区这一迄今为止仍较封闭的区域市场，同样不能游离于新的市场环境之外。新的市场环境下的经济技术之力，将加速民族地区封闭市场的瓦解。新的经济技术力量进入民族地区市场，也将对民族地区的经济发展常规提出挑战。笔者认为，迎接这一挑战的唯一出路，就是借“关”发展，搭上关贸总协定这列市场经济的“国际列车”，超越产业技术结构的递进常规，实现民族地区经济的超越发展。

一、关于民族地区经济超越发展的命题

提出民族地区经济超越发展的命题，是基于如下考虑。一是循着发展常规和我国经济技术的梯次推移，民族地区的经济发展难以跟上东部沿海发达地区的步伐，在历史基础和14年改革开放已经拉开差距的状态下，继续发展的道路不仅难以缩小旧差距，反而可能扩大新差距。占

① 本文原载于《民族经济与社会发展》1993年第2-3期。

国土面积大半以上的民族地区与沿海发达地区的共同繁荣，来期茫茫。这种发展格局对于生活在民族地区的各族人民而言是难以接受的。二是原来根据民族地区经济社会的封闭性设计的发展目标，更多的是注重社区性的自给和区域内资源要素配置效率。近年来，部分率先获得发展的民族地区的开放实践表明，封闭取向与开放取向的发展策略产生的结果相去甚远。开放取向的政策效应之一，就是突破封闭状态下资源配置的常规和合理化标准，把产业技术结构推上面向区外市场的新高度。三是在我国确立社会主义市场经济的新体制和重返关贸总协定后，以市场经济为基础的自由贸易和经济原则，将重新调整我国资源配置的传统结构和产业技术结构。民族地区不应该也不可能继续维持封闭状态，游离于市场经济和国际贸易之外。民族地区经济要参与新经济格局的互补，客观上必须有参与互补的竞争能力。而这是封闭状态下循序渐进的发展常规难以形成和胜任的。

民族地区经济发展的进程和面临的市场环境表明，封闭取向的常规政策和发展战略已经不适应进一步扩大开放和打开市场之后广泛的经济技术协作与产业技术进步的要求，只有超越发展才能满足民族地区经济新形势下的要求。

所谓民族地区经济的超越发展，就是超出民族地区在封闭格局下资源配置、生产力结构和产业技术结构演进的常规次序，在考虑到新的资源要素、生产力要素、当代高新技术进步的基础上，重新衡量民族地区面向国内外市场的资源配置效率，使民族地区的生产力要素组合达到一个新的高度，产业技术结构发生质的飞跃，进入现代产业技术的序列。

这里提出“超越发展”的概念，而不援引近年来有些文章和地方政府提出的“跳跃发展”的概念，是因为“跳跃发展”的已有论述主要倾向于社区极点的优先发展，概念的阐述与本文提出的“超越发展”的内涵不尽相同。使用“超越发展”是为了避免概念的混淆和误会。

在20世纪末提出的民族地区经济的超越发展，与历史上民族地区

“一大二公”超越社会生产力水平的社会经济制度“跃进”是完全不同的。历史上的“超越发展”不是立足生产力的发展基础，而主要以新政权的主观愿望为转移，其结果是脱离了经济发展的实际条件，导致了生产关系和生产力的严重不适。因此，虽然制度超越解决了一系列的社会问题和矛盾，甚至引起了民族地区经济社会的巨大变革，但是生产关系与生产力的矛盾运动却始终难以协调，存在巨大反差。本文关于民族地区经济超越发展的命题，则是面对市场竞争的资源有效配置，以优化生产力结构和产业技术结构的进步为基础。超越发展本身既是适应民族地区生产力发展、追赶现代生产力发展水平的形势要求，也符合协调民族地区生产关系与生产力矛盾运动的要求。超越发展是一个提高资源配置效率、充分利用当代高新技术改造传统产业结构的过程。超越发展的目标，在于参与市场竞争和互补，缩小区域发展差距，争取与东部沿海经济发达地区的共同繁荣。

民族地区的经济发展客观上已经形成若干层次，部分市场经济发育和对外开放较充分的地区，在引入新的经营机制的同时引入新的经济技术力量，提高资源配置效率，改善产业技术结构，使区域经济的生产力结构发生了质的飞跃，如琼南、桂东南、滇东以及一些边境贸易开发区等。这种状态表明，市场环境和经济技术条件的改变，势必对区域经济的封闭状态形成强烈的冲击，改变旧的经济发展程序，促成区域经济的超越发展。因此，在注入新的因素的情况下，区域生产力结构发生质的飞跃，产业技术结构超越常规递进阶段，区域经济实现超越发展，这是可能的。当前，我国社会主义市场经济体制的逐步确立和形成、重返关贸总协定步伐的加快，为民族地区经济的超越发展提供了新的机遇。我们必须把握住这一机遇，使关于民族地区经济超越发展的命题变为辉煌的社会实践。

二、“返关”将为民族地区带来什么

我国重返关贸总协定，许多人首先联想到的就是“洋货”对国内市场的冲击和民族工业的破产。这种恐惧心理与长期背离市场经济的经济生活和思维定式相关。诚然，关贸总协定以市场经济为运行基础，以自由竞争为基本原则，在我国民族地区市场发育仍较滞后、经济基础比较薄弱、产业现代化程度普遍较低的情况下，随着市场放开而展开的自由竞争无疑将对民族地区经济形成巨大压力。尚不发达的民族工业因技术陈旧、效率较低、成本较高将遭到国外商品的严重挑战，并直接影响到经济结构的调整和区域市场的维持等。

但是，我国重返关贸总协定也能够为民族地区经济发展带来有利的一面。根据我国重返关贸总协定后所享受的发展中国家的优惠待遇，民族地区在参与国际贸易和开拓国外市场的过程中可以争取到一系列具体利益。如分享国家在多边贸易中的最惠国待遇、扩大出口规模、要求对幼稚行业和部分民族工业进行保护、得到有关国际贸易机构为民族地区对外经济贸易活动提供的咨询服务、居民能够更直接地获得价格较低的国外商品以改善生活。更重要的是，逐渐敞开的国内外市场为民族地区经济发展提供了新的资源配置途径和更广阔的市场运行空间，对民族地区冲出封闭、扩大对外开放将产生强有力的推动作用；民族地区可以借此机会拓宽资金引进渠道，扩大经济技术引进规模，扩大与国内外的经济技术合作领域，促进外部资金和技术同当地的资源相结合，提高当地资源的利用和配置效率，加速区域的经济技术进步和市场发育，深化经济体制改革和企业经营管理制度改革。

显然，我国重返关贸总协定，新的市场形势和因素组合正是民族地区经济实施超越发展的良机。新的经济运行体制客观上将消减经济技术引进过程中的行政障碍；同时，关贸总协定的透明度原则也有助于国外资金和技术更充分地了解民族地区，纠正对民族地区投资环境的传统偏见，为外部经济技术进入民族地区提供更多的自由选择。因此，民族地区利用新的市场环境和经济技术交流条件的变化，便可借助国外先进经济技术提高资源配置效率，实施超越经济技术阶段的区域、产业技术进步政策，通过产业技术结构质的飞跃，突破民族地区经济在相对封闭状态下循序渐进的经济技术更新常规和产业技术结构演进常规，进行经济的超越发展。

三、超越发展：从一种现实到另一种现实

民族地区的产业技术结构经过 40 多年的改造发展，部分产业的技术结构已达到或接近现代产业技术水平。但从总体来看，民族地区产业技术结构的水平迄今为止仍普遍陈旧落后，不仅与国外现代产业技术水平相比差距较大，与国内其他地区的产业技术水平相比也存在较大差距。

民族地区产业技术结构的陈旧落后状态，从生产力要素的结构现状来看，主要表现为人力资源的低素质和浪费，工艺技术的陈旧过时，生产管理的粗放随意，产品生产的粗制滥造。农业生产力系统以家庭经营的旧耕作方式为主，工业生产力系统以手工和旧式机器设备的操作方式为主，生产力整体的运行产出特点是损耗大、效率低、质量差。[①] 在这种生产力结构下，许多资源被闲置或配置不当，民族地区潜在的经济发展能量未能被充分释放。这种状况反映到国民经济统计表上，便表现为产业结构、企业结构和劳动生产率等仍处于较低水平，与全国的一般水平相比尚有较大差距。以 1990 年的工农业总产值构成为例，见表 1。

① 王文长，孟延燕. 少数民族地区经济发展结构 · 模式 · 未来[M]. 北京：民族出版社，1990.

表1　1990年工农业总产值构成　（%）

地区	农业	工业	其中	
			轻工业	重工业
全国	24.3	75.7	37.5	38.2
民族自治地方	48.0	57.0	27.0	30.0

资料来源：中国民族统计1949—1990［M］. 北京：中国统计出版社，1991：14，23，60，66，105，111，121.

这一结构表明，民族地区产业结构依然偏农，传统农业向现代化工业的转移尚为艰巨历程；工业结构内部偏重，轻工业比重较小，加工业不发达。这种状态从国民生产总值三大产业的构成中同样可以反映出来，见表2。

表2　国民生产总值构成　（%）

地区	第一产业	第二产业	第三产业
全国	28.4	44.3	27.3
民族自治地方	41.9	32.0	26.1

民族地区的产业层次仍严重滞留于第一产业，第二、第三产业发展明显不足。在农业内部，民族地区的农业结构偏粮，农、林、牧、副、渔五业在农业总产值中所占的比例依次为59.60%、6.65%、22.75%、9.55%、1.45%；粮食播种面积占总播种面积的75.53%；耕地面积中旱地占79.65%。农业基本以追求温饱为目标。在工业内部，企业结构规模以小型为主。据不完全统计，在不包括村及以下的工业企业中，小型企业占98.21%，中型企业占1.27%，大型企业占0.52%；小型企业的产值占52.49%。企业经营状态普遍较差，在全民所有制独立核算的工业企业中，企业亏损面积达27.38%，每百元工业总产值实现的利税额仅为13.50元，占用流动资金达38.00元，占用固定资产原值达27.06元。8个主要民族省区的全部独立核算工业企业的固定资产折旧率为4.57%，资金利用率为3.16%，全员劳动生产率为22334元（当年价格）。

民族地区生产力水平和产业技术结构的这种现实表明：一方面，封闭状态下产业技术结构循序渐进的常规发展途径很难为民族地区经济发展过程创造什么奇迹，超越发展才是民族地区迅速改善社会经济生活状况的客观要求；另一方面，超越发展的任务将是十分艰巨的，必须通过超常规的努力和劳动。产业技术结构的大跨度调整，不可避免地将伴随着旧经济结构技术的改造、淘汰、更新，以及利益重新分配过程中的阵痛。新旧结构的反差越大，这一阵痛就越剧烈，这是不得不承受的代价。

我国重返关贸总协定也并不意味着民族地区经济可自然而然地实现超越发展。从可能变为现实，必须有相关因素的推动，其中一个最基本的方面就是民族地区自身必须做好迎接市场经济自由竞争的挑战。要求民族地区在经济发展过程中加紧人才准备，迅速培训一批具有现代市场竞争意识、具有国际商贸知识、熟悉关贸总协定条款及国际法、掌握对外交流工具的人才；加紧企业准备，割断企业与行政管理的“脐带”，赋予企业以完整的市场细胞功能，增强企业对市场竞争的适应能力；加紧体制准备，消除商品价格的指令性扭曲状态，消除行政命令对经济贸易活动的强制干预状态，加速计划管理体制向市场运行体制的转换，加速市场经济的基础性建设，完善市场法规及与国际市场相衔接的市场管理制度，建立一种与国际市场竞争和经济运行规划相衔接的经济运行管理体制。

吸纳外部经济技术力量，要求民族地区加速扩大对外开放，在理顺区域内部经济关系的基础上，消除区域市场封锁，促进市场发育，扩大对外经济技术交流和区域经济市场运行空间，创造良好的对外合作环境和条件，扩大对外开放和经济合作的领域、形式及规模，形成迎接外部资金、技术的良好资源配置环境。

必须指出，扩大经济技术引进应该从民族地区经济长期发展的需要出发，技术引进的实际效率应起到促进经济长期发展的效应；要有以市场换技术、用少量眼前利益交换长期发展整体利益的气魄，而不应仅仅从眼前利益和市场的短期补缺需要去考虑技术贸易和资源配置。只有这样，才可能真正达到借“关”发展的目的，争取较快地缩短民族地区与其他地区之间的发展差距。

四、超越发展与自我意识的觉醒

民族地区经济的超越发展，首先要求超越民族地区经济传统的自我发展方式，在正视现状的基础上把握机遇，及时借助外部经济技术力量加快对区域内的经济技术改造，重建面向开放市场的产业技术结构。

民族地区传统的产业技术结构由于种种原因，更多地呈现出区域的封闭性。这是一种面向社区内、企业内的“小而全”的自给型结构。生产力要素的结合、资源配置、产业分配和利益流向等，以区内循环为基本目标。在这种封闭取向下，自我意识的局限性所形成的伦理和标准，自然不能摆脱自然经济的传统定式，所谓“合理性”和“效率”等概念也仅仅是以区域内封闭状态的自我意识为参照系。封闭区域的历史纵向发展比较是这种自我意识的典型表现。事实上，近年来对外开放的实践已经打破了这种“夜郎式”的恬静美梦。

冲出封闭，考虑到国际高新技术这一发展动因和开放市场中的资源配置效率，民族地区传统的产业技术结构和资源配置方式便不得不面临新的选择。譬如，在旧式机器设备和传统耕作方式下生产的产品，其成本和质量能否继续进入市场，是否有市场竞争力，封闭市场中的资源价值在开放市场中是否依然存在，在封闭市场中未被注意的资源在开放市场中是否可能成为具有市场竞争力的稀缺资源，等等。实际上，民族地区的许多资源和产品在原来的封闭区域或国内市场中的地位，同在开放后的国际市场中的地位是有较大差异的。比如造纸企业的产品质量和纸浆价格，国际市场便比国内市场更具有竞争力。再如钾资源的开发，西伯利亚、中亚地区、老挝、泰国等我国周边国家或地区多有较丰富的钾资源，开发条件良好，国际市场上钾肥售价也较低。在此情况下，民族地区对钾资源的开发就不得不考虑到国际市场的价格、国外资源情况、当地资源开发成本同国外开发成本和价格的比较，在此基础上选择购入，或投资于国外开发，或改造技术设施继续维持国内开发。而民族地区另一些在传统观念中被忽视的资源，如空气、水质、光热等，则可能得到动员利用。如民族地区大部分受现代工业污染较少，特别是青藏高原、云贵高原以及北方草原等地区，清新的空气、清纯的水质、良好的自然生态环境质量，是发展无污染绿色产业的理想地区。这类新型产业对于饱经现代工业污染之苦的人们而言是富有吸引力的，完全符合人类提高生存质量的追求。如果借助高新科技力量，在青藏高原等地建立无污染的食物蛋白产品产业、无污染的绿色服务产品产业、天然的理疗保健服务等，则可能在竞争激烈的国际市场中独树一帜。

可见，突破封闭观念中的资源配置方式，适应新市场环境和条件的要求，区域资源配置的合理性标准和经济效率就可能发生较大变化。其实践过程对于民族地区打破产业技术结构的递进常规也具有重要意义。由国际市场高新技术与民族地区具有竞争力的资源结合发展起来的新兴产业，可能更直接地进入新的产业技术结构层次，而略去传统经济技术的推移递进阶段。这是民族地区经济超越发展的一种具体途径。

通过扩大对外开放和经济技术交流，加快高新技术对民族地区传统产业的经济技术改造，同样是民族地区经济超越发展的重要途径。从生产力发展的继承性和区域经济的竞争力来看，传统具有二重性，只能扬弃，不该抛弃。民族地区经济的超越发展和自我意识的觉醒，最根本的就是树立对凝聚着民族传统文化的经济技术结构的扬弃态度。产业技术结构的超越常规跃进，不能等同于对民族文化传统和区域产业特色的彻底否定。实际上，在国际市场上能保持民族经济特点和竞争力的，正是蕴含着民族优秀文化的本质和精神。高新技术对民族地区传统产业的经济技术改造的目标和本质，就是重建面向开放市场的、反映当地民族文化特色的现代产业。如根据现代生活方式和需求，运用现代工艺技术对民族传统工艺技术进行改造而发展的民族加工业，运用生态技术对传统农业进行改造的生态农业，借助现代电信条件及有关旅游设施烘托民族风情的民族旅游业，等等。这些行为既使民族优秀文化传统获得新生，也使民族地区的资源优势得到发挥，还使传统技术得到有效改造，促进产业技术结构进入新的层次。

总之，民族地区经济超越发展所要求的产业技术结构层次应该是以高新技术为基础和发展动力，高新技术和科学管理方式对民族地区传统产业的更新改造与民族地区的资源优势有效结合；由此展开对民族地区全社会经济发展资源的动员、组织和调整、更新，包括对人力资源的再培训和再组织，对自然资源开发价值和产业社会效益的重新确认；新的产业技术结构成为民族地区经济发展的支柱和启动力量，新的产业技术和科学管理所产生的效率与市场竞争力，对民族地区经济发展过程中的产业技术改造、资源配置方式和经营管理方式具有示范意义，其技术扩散过程对整个区域经济的成长具有连带作用。

五、民族地区经济超越发展的相关问题

以开放市场为导向，促进民族地区经济超越发展，外部经济技术和资金对民族地区资源要素的自由选择和优势资源的率先开发，客观上将形成部分产业优先发展的格局。部分产业优先发展可能在一定程度上加强目前民族地区生产力布局的不平衡状态，在一定时期内强化或形成新的二元经济结构。这种现象虽然难以避免，但是不可任其扩大。实施民族地区经济超越发展，在保证资源配置效率优先的产业发展政策的基础上，必须考虑到民族地区经济整体繁荣的长期目标，重视对各个社区产业结构的协调。其中最重要的，一是应大力促进现代生产管理技术对中小企业和乡镇企业同新兴产业的配套发展，提高对农村劳动力的吸纳能力，加速农业劳动力向其他产业的转移；二是加强对传统农业技术的改

造。对民族地区传统农业的技术改造不仅是用大型机械和动力设施代替传统的动力结构，更重要的是根据当地农业资源的特点和条件发展面向市场的、科技含量高的商品性农业，用高值、高效的优质农业代替低值、低效的低质农业。尤其是山区，交通条件使得科技农业的推广不能照搬一般平原地区的高产、高效优质模式，必须在这一基础上突出高价值，使民族地区农业逐步从“粮食自给合理陷阱”中解脱出来。所谓“粮食自给合理陷阱”，就是因交通运输困难而认为调粮难，粮价高，所以追求粮食自给；种粮劳动用工投入多，占用劳动力时间长；相应地，经营粗放，广种薄收，生态破坏，水土流失；粮食单产越低，越广开粮地，劳动力越难以转移到其他生产项目上；农民收入少，购粮难，更要追求粮食自给；于是，生存需要的温饱问题永远成为首要问题，农业维持着低值、低效状态；粮食增产跟不上人口增长，追求粮食自给成为永久性目标。只有发展商品性的高值、高效、优质科技农业，用部分高值、高效、优质的农产品交换部分粮食，农业劳动力才可能从粮地转向能发挥民族地区农业资源优势的产业。

民族地区经济借“关”实施超越发展，资源配置的视角从封闭市场转向开放市场，这一过程势必引发国内市场资源配置结构的调整变化。其中一个主要关系，就是民族地区与其他地区的经济发展关系。民族地区经济扩大对外技术合作的范围和途径，争取产业技术结构的超常规飞跃，是否将改变民族地区同东部沿海发达地区传统的经济协作关系，而替之以互相排斥、抵制的区域竞争关系呢？实际上，在存在区域经济利益多元化的状态下，区域利益的市场竞争必然存在。这种状态在计划管理体制下多了一层计划的外衣，在资源的市场配置机制下，只不过是以市场供求代替以往的计划配置方式，使区域的利益竞争通过市场表现得更清晰而已。区域利益的市场竞争虽然存在互相排斥、抵制的一面，但更主要的是互相依赖，互相促进。国际市场的竞争中内含着互补，国内市场的竞争也同样如此。

民族地区面向开放市场的资源配置，实际上更需要加强国内市场资源配置过程的互补，以增强在国际市场中的竞争能力。这种国内市场互补性的需要表现在：东部沿海发达地区资金技术对民族地区转移的简易性和实用性，东部沿海地区传统资源价值降低和竞争成本上升所强化的对民族地区资源开发和经济联合的选择性，国内生产生活结构历史形成的区域差异和依赖性、互补性，等等。因此，民族地区经济从参与国际市场竞争和互补的角度重新考虑资源配置和产业技术结构，并不能削弱国内市场资源配置的互补性。国内市场区域间的互补有深厚的历史性基础及有利条件。这一基础和条件随着市场开放和竞争强化，反而有利于促进国内东西部地区之间、民族地区与汉族地区之间的联合协作。这种联合的结果，有助于东部沿海地区降低人力资源和能源原材料成本，提高经济效益，有助于加速民族地区的资源开发和经济技术整体能力的提高，因此也符合民族地区经济超越发展和实现与东部沿海经济发达地区共同繁荣的利益目标。

第二部分

经济发展与民族利益的实现

现代企业进入少数民族地区的状态与利益重构[①]

中华人民共和国成立以来，国家在经济布局上进行了重大调整。各个时期西北内陆地区与东南沿海地区工业投资的比例分别为："一五"时期1∶0.87，"二五"时期1∶0.79，"三五"时期1∶0.46，"四五"时期1∶0.74。尤其是"三五"期间的三线建设，使现代企业第一次大规模地进入了部分少数民族地区，初步改变了这些地区工业极其落后的面貌。与此同时，国有企业与地方经济之间的利益矛盾也随之酝酿，许多矛盾关系至今仍有待解决。

在20世纪末21世纪初，我国计划将生产力布局再度向西部转移，少数民族地区又一次面临着现代企业大规模进入的契机。但是，这次的进入不能重蹈覆辙，进入企业应成为少数民族地区经济发展的有机组成部分，形成利益运行整体和谐状态。因此，有必要对企业进入的状态和利益构造予以重新考虑。

一、企业进入转化为嵌入以及利益主体二元状态的演化

1. 企业进入少数民族地区的良好愿望与目标

我国少数民族地区薄弱的生产力基础和滞重的自然经济在社会的现代化过程中显得越来越不适应。这种不适应主要表现在：其一，封闭的西部少数民族地区与商品经济较为发达的东部地区之间社会演进形成断层；其二，资金存量密集、后续资源不足的东部地区与潜在资源丰富但

① 本文原载于《开发研究》1991年第3期。

处于待开发状态的西部少数民族地区之间形成经济格局的断层。为了改变这种不适应状态，从根本上看，必须加快少数民族地区的经济发展，增强区内资源开发和扩大再生产能力。这就要在今后的社会资金运动中，调整现有投资存量结构，把增量投资重点转向少数民族地区，形成现代企业大规模进入少数民族地区的态势。现代企业进入少数民族地区，必将产生良好的社会经济效应：一是能够改善区域生产力布局，为少数民族地区参与国民经济地域分工创造条件；二是冲破自然经济的樊篱，改变少数民族地区传统的经济生活模式；三是引起少数民族地区经济结构的技术变革，使其区域经济在新的经济技术引导下寻找到更多的发展机会；四是能够充分动员区域劳动力资源和自然资源；五是带动区域内派生产业的发展，建立起相关的经济链，形成配套发展的产业部门或企业群落。总之，现代企业的进入对增强少数民族地区经济发展的能力、缩短区域的现代化进程具有重大影响。我国决策的初衷正是从这一良好愿望出发的。

2. 企业进入转化为嵌入

产生良好的连锁效应，是我们期望的现代企业进入少数民族地区的理想目标。但是，由于管理体制和其他社会原因，以往的现代企业进入少数民族地区却转化为“嵌入”，企业进入的效应实际上已发生畸变。

我国现行经济管理体制的状态是既统一又分散。国民经济管理贯彻中央统一计划管理的原则，强调国民经济管理的一体化和以公有制为基础的社会经济利益的一致性；同时，各具体区域和产业部门的管理又相对独立，不仅区域之间按一定规格的行政区划分割开来，区域内的不同产业也按不同的管理渠道互相区别，并根据具体产业在国民经济中的不同地位和影响确定该产业与所在区域的经济关系以及行政管理关系。这样，现代企业进入少数民族地区在管理上必然存在两重性，一方面与区域管理系统发生联系；另一方面接受产业系统的直接管理，在管理体制上存在条块分割的二元化背景。

因国家经济布局战略性转移和调整而进入少数民族地区的企业，一般规模较大，并在国民经济和产业系统中占据重要地位。国家为了加强对这些企业的领导，基本上采取了中央有关部委直辖管理的办法。也就是说，现代企业是以中央有关部委的“条”的角色进入少数民族地区，而可以不考虑地方“块”的计划要求。这样，现代企业进入少数民族地区后的状态便存在两种可能：既可能比较符合我们所期望的理想目标，其进入为地方带来利益；也可能远离我们所期望的理想目标，企业进入不仅很少为地方带来利益，甚至在某种程度上损害了地方利益。当企业进入与地方经济发展的利益相脱节时，二者相对独立，各成体系，企业进入实际上已转化为嵌入。

3. 嵌入企业的利益运行状态

嵌入企业的基本特征是：企业的经济活动与所嵌入区域的经济活动缺少关联，企业与地方之间各自构造利益，各成体系，相互隔离。企业功能包括除经济功能以外的其他社会功能，如计划生育、文化教育、社会福利、治安管理等。一个企业犹如一个小社会，产品生产、销售，以及职工生活服务都自成体系，与地方很少联系，中央直属企业与地方企业之间的联系很脆弱。这样，企业的进入便背离了决策初衷。

嵌入企业的职责和目标不把地方经济发展的需要考虑在内，而是直接向所属上级系统负责，执行上级系统下达的经济计划。因此，企业的利益运行是以所属系统的利益主体为中心的，企业利益与地方经济利益之间呈现出了明显的二元化倾向。企业根据上级系统的计划指标完成定额、调拨产品、上缴税利、分配工资、实现职工福利、解决家属相关的社会问题等。显然，企业利益的形成、分配只与所属上级系统发生直接联系，而并不与地方的经济发展程度和收支状态发生直接关系。因此，地方经济发展与嵌入企业的利益无关，企业关心的是上级系统下达的计划指标和企业形成的利益。同样，地方政府也无须过问嵌入企业的经营状况，地方经济发展计划无须把嵌入企业列入其中。企业的嵌入状态和利益主体的多元倾向，使嵌入企业与地方经济之间形成了鲜明的利益对比和复杂的心态，不同隶属关系的企业受到各种矛盾的牵制，难以形成工业建设的整体效应。

但是，嵌入企业与地方经济两个相对独立的利益单元之间仍存在着一定的社会关联。企业利益单元与地方利益单元之间的社会关联主要包括八个方面。①资金关系：企业资金运动与地方资金运动互相影响，银行与企业、地方之间存贷关系的变化。②资源关系：企业开发利用所在地区的自然资源，或企业与地方之间产业同构而引起的资源争夺。③技术关系：经济技术在企业与地方之间的转移和竞争。④劳动力流动：劳动力在企业与地方之间发生转移。⑤社会服务：企业与地方之间各自存在的服务需求，企业服务系统与地方服务系统的交叉。⑥利润分配：企业所形成的税利在地方财政和中央财政之间的分配。⑦环境变迁：企业对生产和生活空间的需要引起地方居民生存环境和空间的变迁。⑧商品交换结构和价格结构的变动：企业的生活消费品需求及消费支出引起当地市场供给结构和物价水平的变动。这些社会关联若协调不当，利益单元之间便可能发生碰撞，形成利益冲突。

二、嵌入企业的状态以及对地方经济的影响

1. 嵌入企业的基本类型

嵌入企业基本包括两大类。一类是由国防工业转为民用工业的企业（没有转为民用工业的军工企业不列入本文讨论范围），以西南地区的三线企业最为典型，此类企业多属冶金、机械、电子等工业类型，产品销售和原材料供应面向国内外的广阔市场，不受所在地方市场的局限。另一类是直接从事当地自然资源开发利用的企业，包括矿藏开发加工、水电站建设、农垦企业、森工企业，以及自然保护区等。上级机关通过企业支配所在区域大宗资源，开发利用当地有利可图的自然资源，并根

据国家计划进行调拨，一般是以初级产品的形态流向东部地区工业相对发达的城市。这两大类企业就其与地方经济发生联系的抽象形式来看，又可分为封闭的和开放的两种类型。

封闭型嵌入企业，主要是一些原先在荒无人烟、自然环境极其闭塞的地方建设起来的企业。这些企业从一开始便按照“小而全”的社会模式进行规划，除了企业的生产系统外，还设计了社会服务保障系统、生活福利保障系统等。由于自然环境的隔离，企业经济活动与地方经济活动一直保持着相互封闭的状态。当然，封闭是相对的。随着近年来的改革开放，封闭型的嵌入企业在现实生活中已极少见，而且封闭的程度渐趋弱化。

开放型嵌入企业的经济活动与地方经济活动虽然相对独立，但二者在部分物资及社会服务上却发生了交换关系，或者在名义上行政辖属关系划归地方，经济指标列入地方经济统计表，而利益运行仍然以上级系统为中心，利益分配直属上级机关。这些企业进入地方之后，同地方建立了错综复杂的社会关系，甚至一部分经济活动出现了交叉，或产品同构、市场同向等。开放型的嵌入企业既有“小而全”的社会组织倾向，又有赖于地方提供部分社会服务及相关的资源。当然，部分企业也为地方提供技术服务、文教卫生服务等。应该指出，即使是封闭型的嵌入企业，其利益运行也不可能与地方经济利益彻底隔离，二者之间或多或少地发生某些经济利益联系。特别是实行改革开放政策以来，经济发展过程中资金、物资、技术、劳动力等要素的流动日趋频繁，流动量迅速扩大，企业、区域之间经济要素的流动渐渐冲击着各自的壁垒，如三线企业中部分国防工业转为民用工业，不仅解除了企业军工生产的秘密和神秘感，而且产品也成为当地市场产品的一部分。随着农村生产责任制的贯彻落实和社会人口的膨胀，维持绝对封闭的企业活动空间已无可能。企业和区域经济活动空间的缩小与摩擦，在嵌入企业与地方之间网织了错综复杂的利益关系。

2. 不同类型嵌入企业与地方经济的不同利益结构

封闭型嵌入企业与地方经济之间利益结构松散，利益运行相对封闭，“井水不犯河水”，在封闭的社会环境下构造自身的利益，企业经济活动与地方经济活动处于隔离状态。即使两大利益主体的运行在市场、空间、资源利用等方面略有交织，利益单元之间不可避免地发生了社会关联，利益形成和结构的消长关系也不明显，利益矛盾尚未充分显露。但是，由于嵌入企业与上级机关保持了较为密切的利益关系，得到了上级机关较多的直接投资，资金、技术装备比地方雄厚，而企业对地方经济发展所承担的义务又极少，导致企业资金、技术优势未能充分发挥其对地方经济发展的积极影响。这样，企业与地方利益关系的心态反差便逐渐形成，心理芥蒂有增无减。因此，封闭型嵌入企业与地方经济之间“井水不犯河水”的利益关系状态是极为脆弱和短暂的。随着开放进程对这一封闭环境的冲击，两大利益主体的交织加深，若企业利益运行仍维持嵌入状态，则企业与地方利益关系的心态反差所形成的心理芥蒂便可能逐渐孕育为直接的利益矛盾冲突。

开放型嵌入企业与地方经济之间的利益结构呈现出一种既相对独立，又互相交叉、此消彼长的割裂状态。两大利益主体的运行以争夺资源、争夺基本生存空间为背景，建立了广泛、密切的社会关联。企业凭借资金、技术优势和国家赋予的特殊权利在与地方争夺资源时占据有利地位，而地方则凭借地利、人和、悠久的民族传统和乡规民约与之抗衡。双方各执一词，互不相让，经济利益各自紧缩，形成极为显著的利益隔离状态。企业利益的形成引起地方的反感，甚至遭到抵制。企业的经济技术优势不仅没能为地方经济发展助一臂之力，反而成为与地方争夺经济利益的外在力量，两股力量互相削弱。如由资源利用和争夺引起的冲突、维护基本生存空间的冲突等，有时甚至激化到直接对抗的程度。

可见，上级机关在少数民族地区兴办的企业一旦转化为嵌入的形式，无论这种形式与地方经济的关系是处于封闭的还是开放的形态，都会对地方经济利益产生影响。封闭型嵌入企业虽然暂时与地方经济的社会关联较少，但是这一现象本身就已经表明企业发展没能为促进地方经济发展作出应有的贡献，而随着封闭状态逐渐被打破，企业利益运行超越原来的空间，与地方利益运行也势必发生摩擦，利益矛盾由潜在、间接状态转化为现实、直接状态。开放型嵌入企业在同地方经济活动建立广泛的社会关联时，由于利益单元不同，利益运行围绕各自的利益主体展开，广泛的社会关联不仅没能加强双方的分工协作关系，反而成为加深双方利益矛盾的动因，资源、资金、技术、利润分配、社会服务、环境变迁、劳动力流动、市场商品价格等关系在企业与地方之间演化出错综复杂的利益矛盾。

三、嵌入企业的利益重构

1. 企业嵌入的困境

企业从进入转化为嵌入使企业行为大改初衷，现实与目标相悖。虽然从国民经济发展总格局来看，企业的嵌入与进入同样能够使生产力的区域布局趋向均衡，增加少数民族地区大中型企业的数量和生产力总量，也在一定程度上冲击了自然经济的封闭状态，但是在嵌入形态下，企业利益运行系统事实上独立于地方利益之外，企业力量没有成为地方经济发展内在力量的组成部分，因而嵌入企业在地方所展开的经济活动也就难以达到“开辟区域经济发展突破口”的目标，也不能充分动员区域的劳动力资源，并带动派生产业的发展。于是，国民经济统计表上出现了区域经济指标虚假增长的情况，即包括企业经济指标在内的区域经济指标的增长掩盖了地方经济的实际发展情况，其中很多属于“有增长无发展”。即使嵌入企业建设成为高度现代化的企业，周围乡村也可能仍然维持着十分原始的生产方式。经济运行围绕着不同的利益主体呈现出了迥然的二元经济结构。

企业嵌入既然没能实现决策初衷和理想目标，为了维护企业自身利益的完整而不惜与地方经济保持一定的距离，也就不得不付出意外的代价。嵌入企业在地方经济中有如海洋中的孤岛，被视为外来的争夺者。一些与地方矛盾比较突出的企业不得不因此建立规模庞大的保卫安全队伍，支付巨大的治安管理费用以维护企业生产的正常秩序。这种代价实际上不仅表现为企业利益的减少，还表现为国家投入整体利益和地方经济利益的减少。

2. 变嵌入为融入

毫无疑问，纠正企业的嵌入状态势在必行。纠正企业的嵌入状态，就是要使企业的进入变嵌入为融入。通过广泛的经济技术协作使企业与地方经济互相衔接，通过较为合理的利益分配方式使企业技术与地方经济科学组合，各展所长，使企业与地方摆脱相对独立的利益运行状态，在从封闭走向开放的过程中沿着协同发展、利益均沾的方向演进，实现企业利益与地方利益相融。但是，与地方经济相融并不是要放弃或牺牲企业的利益，而是在与地方经济的协作中，同地方利益共同形成企业利益。企业不是作为独立于地方经济之外的外在力量，而是成为地方经济的有机组成部分，企业利益与地方利益的矛盾弱化为内部分配均衡与否的关系。从总体来看，企业经济活动与地方经济活动融为一体，经济利益结构呈现出整体的和谐特征。

企业的进入只有与地方经济相融，才能够实现决策初衷的良好愿望和理想目标。如广西平果铝业公司 1987 年筹建，至今虽未完全建成投产，但从正在进行的一期工程来看，该公司已把带动平果县的经济发展纳入企业发展目标，已与县政府签订了建厂初期所需基建工程任务和投产后所需用工指标的协议书。铝业公司一边建厂，一边培训地方工人，并协助地方安置因被征用土地而转移的劳动力。平果县政府则与平果铝业公司积极协商帮助其征用土地，为铝厂配套设计出适合本县发展的小企业，如年产3000吨的铝材加工厂、以铝厂生产后的矿渣为原料进行生产的水泥厂等。县政府还计划安排一些劳动力为铝业公司基建工程服务，如运输、采石和建设副食品供应基地等。在企业与地方政府的积极配合下，平果铝业公司的建设进展顺利，与地方的关系融洽，提高了效率和效益。

这一企业利益与地方利益相融的范例，既揭示了企业进入地方的利益构造的基本方向，也指明了嵌入企业摆脱困境的基本途径。只有企业利益运行在与地方生产要素优化组合的背景下启动，企业与地方各展所长、相互配合，企业利益运行形成强烈的连带效应，并与地方经济协同发展，产生显著的整体效应，利益形成相互促进，完整的企业利益才可能得到确认。这就要求对已经嵌入少数民族地区的企业根据具体情况重新进行利益构造，逐步融入地方经济。而对于正在进入或即将进入的企业，则应该从企业设计开始便涵盖被波及地方的经济利益，必须将少数民族地区的群众利益纳入企业设计的整体规划中。现在有些中央直属企业在设计开发利用地方资源时，往往将工程前期即征用土地、移民搬迁、移民安置等问题同整体工程分离设计，地方群众利益与企业利益脱节。这样，企业一旦上马，遗留问题也就随之而来。因此，从现代企业的进入和设计之始，就必须重视企业利益与地方利益的统一、衔接。我们是否可以这样考虑：改变现行国家大中型企业由国家划拨贷款额度、企业自行贷款兴建的办法，中央在划拨贷款额度时，将企业用于投资办服务性产业的那部分资金改划给地方，由地方承办为企业提供社会服务的设施，改变企业的“小而全”模式，使企业利益与地方利益之间的社会关联明朗化。国家在开发利用少数民族地区自然资源时，应充分考虑国家利益与当地群众生存、发展的利益关系，现代企业的进入应尽量创造必要的生产条件使之与当地资源开发、劳动力动员等有机结合起来，使资源开发纳入当地经济发展的统一轨道。因此，必须适当调整中央直属企业与少数民族地区之间的利益分配关系。中央直属企业与少数民族地区的经济关系表现最为敏感的就是利益分配问题。至今，少数民族地区从中央直属企业得到的利益主要是产品税的分成。国家与地方的分成比例在 1985 年以前为“正三七”，1985 年以后改为“倒三七”。1987 年实行以税还贷、税前还贷之后，少数民族地区从中央直属企业中得到的收入进一步下降，少数民族地区的利益受到损害。因此，在协调中央直属企业与少数民族地区之间的利益关系时有必要对这一分配关系重新予以调整，如提高地方的分成比例、规定企业对地方的部分利润返还等。

西部不发达地区在市场经济中的资源配置关系与利益实现[①]

社会主义市场经济在我国的确认，标志着我国经济发展过程将由以指令性计划为中心转向以市场自动调节为中心。新的经济运行方式将使西部不发达地区的经济发展脱离国家传统计划体制的襁褓，在市场关系中考虑区域发展和实现区域利益。然而，在新的经济运行方式中，西部不发达地区的资源配置及其实现的区域利益可能形成何种状态呢？

一、从计划经济体制到市场经济体制的转换过程中，西部不发达地区资源配置关系的变化

我国14年来的改革开放在引入市场调节的过程中，逐渐打破了经济生活中大一统的指令性计划格局。首先在农村经济和乡镇企业中改革了资源配置的计划结构。在工业生产领域，除了对重工业仍主要实施指令性计划外，轻工业系统已基本放开计划。在整个社会经济生活中，国家的指令性计划大幅度缩减，指导性计划和市场调节比重迅速提高。但由于地区间的产业结构不同，国家对不同生产领域的不同计划管理方式必然对不同区域的资源配置产生不同的影响。西部不发达地区与东部沿海地区相比，工业结构偏重，经济成分中全民所有制占比较大。以贵州省为例，工业总产值中全民所有制经济成分所占比重为77.66%，江苏省为34.98%，广东省为43.40%；独立核算的工业企业中大中型企业

① 本文原载于《开发研究》1993年第3期。

产值所占比重为69.54%，江苏省为40.33%，广东省为47.15%，素以重工业优势在各省争雄的辽宁省也仅为68.46%。[①] 这种状态表明，迄今西部不发达地区经济运行接受的指令性计划要比东部沿海地区多，经济运行过程中资源的计划配置特点相比之下更加突出。

在经历了艰难的理论探索和改革实践之后，对社会主义市场经济的确认，意味着计划经济比重较大的西部不发达地区与计划经济比重较小的东部沿海地区将同时进入市场运行，遵循同一市场规则。这一变化对西部不发达地区产生的震动要比东部沿海地区大得多。如果在东部沿海地区实施社会主义市场经济仅需略加调整，那么西部地区经济运行机制的转换就是实质性的，资源配置方式必须进行根本性的调整。其变化主要表现为如下三个方面。

其一，与传统体制指令计划相联系的行政关系被社会主义市场经济关系所代替。在传统体制中，国家指令性计划调控下的企业附属于行政关系。就一个区域而言，其行为职责同样是贯彻国家的计划意志，实现国家的计划指标，从区域经济和管理上落实国家的行政分工。其关系体现的是一种远离市场的行政关系，围绕行政关系所追求的行政目标也成为干部任职升迁的基本目标。经济机制的转变、企业权责利关系的重新确认、地方经济自主权的落实、国家指令性计划的逐渐解除，从根本上改变着企业的生存环境和区域经济的分工方式，客观上规定了企业不能是行政附属关系的企业，而必须是参与市场经营的企业。企业行为不可能继续以计划为中心，而只能以市场为中心，适应市场形势，满足市场需求，作为市场细胞成为市场分工的一个环节。相应地，区域经济关系的形成也必然由以计划为中心的行政式区域分工转变为以市场为中心的区域经济协作和市场分工。

其二，国家计划的单一关系被市场的多边关系所代替。在传统体制

---

① 中国统计年鉴—1990[M]. 北京：中国统计出版社，1990.

中，企业作为国家计划的环节，区域经济作为国家计划分工的一部分，所建立的最主要的关系就是同国家计划的关系。这是一种单一的纵向关系，区域的资源配置和区域间的协作通过与国家计划的纵向关系促成。经济机制的转变解除了国家对地方经济的计划指令。这就意味着区域的资源配置关系不再由国家计划决定，而是由市场需求及条件决定。围绕市场展开经济运行所实现的资源配置由于资源要素分布的原因不可能在一个区域内封闭式地完成，只能是跨越区域在更广阔的市场空间谋求组合，通过市场评价达成区域间的协作。这种状态决定了区域资源配置所发生的市场横向关系必然是多边的。在区域资源配置过程中市场多边的横向关系代替国家计划单一的纵向关系。

其三，国家的计划调配被市场的自由选择所代替。在传统体制中，国家对区域经济的宏观管理采取通过计划调配直接控制资源分配的方式，区域的资源配置最终由国家计划调配落实。资源配置机制的转变使区域经济的运行摆脱国家计划的强制约束，市场规律成为经济运行的内在调节力量，区域经济发展过程中的资源配置可以根据区域的资源条件、竞争能力和利益目标自主确定。区域资源配置过程所需的资源要素不必通过国家计划进行调配，而是要求地方和企业自辟渠道、自寻门路，通过市场供求关系自主选择决定。

西部不发达地区经济运行过程中资源配置关系的变化结束了改革开放以来计划与市场双轨交错的局面，使原来比重较大的“计划轨”迅速并入“市场轨”。新的资源配置关系内含着新的经济规则，国家计划的行政性规则让步于市场调节的经济性规划。区域资源配置过程的协作关系与利益分配由市场评价确定。市场评价首先认同的是市场竞争过程中的能力和实现的效益，资源要素的结合与利益分配同样以此为依据。因此，资源的市场配置必然引入市场竞争。如果在传统体制下区域间资源配置过程的竞争在某种程度上受到抑制，那么在市场经济体制下区域间资源配置过程的竞争则被充分释放，阻止市场竞争的区域保护政策将难以奏效。经济形势的这种变化，无疑将会给西部不发达地区的经济发展带来严峻挑战。

二、资源市场配置与西部不发达地区经济发展的利益预期

1. 资源市场配置与竞争的两种市场状态

资源的市场配置与竞争从理论上分析，存在完全市场和不完全市场两种状态。

完全市场是充分平等竞争的市场。完全市场要求具备这样的条件：资源要素的供求关系形成广泛的供给和需求，每种要素的市场供求和价格的影响力均等；市场评价恰如其分地反映每种资源要素的价值和价格，资源配置和市场供求信息完备，每种资源要素能够随时根据市场信息作出最佳的选择并及时地自由流动，实现最优配置，资源要素参与市场配置，实现的利益不受到任何扭曲。在完全市场中，区域竞争平等，区域经济运行中的资源配置效率最高，利益分布均衡，公平与效率达到高度统一。完全市场是一种理想市场。

我国经济发展的现实乃至世界各国已有的社会经济实践表明，完全市场所要求的条件在资源配置的过程中难以实现。绝对的供求平衡仅发生于瞬间。不同区域不同条件下的资源要素所能获取的市场经济信息不可能绝对一致，所进入市场对供求和价格的影响力存在差别，因此很难达到理想中的最佳配置和利益的均等分享。

现实的资源配置与竞争属于不完全市场状态。竞争存在局限性和不平等性。这种状态的主要原因有四个。一是区域间经济技术进步的不平衡性，并相应形成的对资源要素的动员、控制、替代能力的差别，直接影响着资源的市场配置和竞争过程。经济技术能力较强的一方在资源配置过程中可能借助经济技术优势影响市场评价和竞争状态，在利益分配过程中居主导地位。二是资源要素分布的不平衡性及相应形成的资源稀

缺、区位、流动状态的差别，直接影响着资源的市场配置和竞争过程。资源的稀缺性、有利的区位和流动条件都可能在竞争和利益分配中取得有利地位。三是社会公共设施、市场发育的现实局限性及其导致的信息堵塞、扭曲，也影响到资源的市场配置和竞争过程，导致资源要素市场评价的失真以及竞争和利益分享的不平等。四是其他突发性的政治、社会问题及民族文化差别，也可能通过影响整个社会经济生活而影响到资源的市场配置和竞争过程。

2. 不完全市场对西部不发达地区资源配置的影响

市场经济对市场细胞自主权益的确认为地方经济尤其是企业提供了市场选择的自由，创造了更多的发展机会。市场经济将清除传统体制计划调配和价格扭曲在经济运行过程中给西部不发达地区带来的利益流失，使能源原材料产品能够按照市场供求定价。西部不发达地区可以根据市场供求形势发挥其自然资源条件，自主地参与市场竞争，并按市场评价分享资源配置利益。但由于资源配置过程中区域间经济技术能力和资源分布不平衡，当西部不发达地区的经济运行从传统体制转向市场经济体制而面临日益激烈的市场竞争时，形式上的市场平等交换原则便可能掩盖事实上的不完全市场非平等交换状态。区域经济社会发育的历史基础和改革开放以来市场发育的差异在其中起了推波助澜的作用。西部不发达地区经济社会发育滞后，商品经济基础薄弱，生产力水平总体上较低，加之14年来在改革开放进程中继续实施计划调配的全民所有制经济仍占较大比重，工业结构偏重，因此在进入市场时，与东部沿海地区相比，其市场适应能力和竞争能力明显处于弱势。在资源配置过程中，东部沿海地区凭借资金、技术和信息等方面的优势在市场价格形成中可能具有更大的影响力，西部不发达地区的自然资源条件在参与配置时实现的利益则可能受到限制，在价格决定过程中居于被动地位。

可见，在不完全市场中，市场决定的资源配置和利益分配客观上存在两重性。一方面，市场自动调节，为资源要素参与市场配置提供了自由选择的可能和机会。市场主体对市场规则的认同和自愿契约形成了相对公平的资源配置环境，市场评价和决定代替计划决定，消除了计划调配的利益争执。另一方面，市场自动调节受不同市场力量的影响，默认市场能力的差别和不平等竞争。不同区域经济力量在市场上的谈判、协作乃至形成的市场评价和资源要素的价格决定，不可避免地偏向强者。不同区域的资源要素进入市场后的地位、对价格的影响和最终分享的利益实际上并不相同。东部沿海地区的资源要素在配置过程中可能分享到更多的利益。市场评价存在势利倾向。这种状态使西部不发达地区在从计划调配的限制中解脱出来、避免计划调配造成利益流失的同时，又面临着市场决定的困惑。

3. 市场经济中西部不发达地区经济利益的实现

由于西部不发达地区商品经济基础薄弱，在市场竞争中明显处于被动地位，因此有一种理论倾向认为，在改革开放的背景下，对这些商品经济不发达地区采取以政府行政命令为主体的计划调节作为组织经济的手段，仍具有一定的生命力，适当加强计划调控很有必要①。笔者认为这种观点值得商榷。其实，即使计划调配方式在某些区域的某些产业部门仍能继续实施，其对西部不发达地区的保护作用也是值得怀疑的。我国经济体制改革在区域间的实践表明，计划率先放开的地区，市场得以发育，经济获得发展；而西部不发达地区正是受到较多的计划限制才使原本发育程度较低的市场与东部沿海地区相比更加滞后，区域经济利益不得不忍受双重流失——以能源原材料等产品为主的资源要素计划低价调配的利益流失和以轻工业产品为主的消费资料市场高价购进的利益流失。

---

① 王冰．经济不发达地区计划调节与市场调节相结合的特殊性探讨[J]．开发研究，1992(3)．

三、市场运行过程的区域利益协调与市场发育

1. 市场的效率原则对传统公平观的冲击

40 多年来，国家运用指令性计划向工业基础薄弱地区投入大规模的基本建设资金，促进了经济发达地区的经济技术向不发达地区的转移，使西部不发达地区的资源配置进入一种新的境界，逐渐从小手工业作坊和自给自足的自然经济中成长出现代产业和商品经济。问题在于，这种计划配置并不以经济效率为目标。人为地追求区域均衡布局在主观上蕴含着某些政治方面的考虑，政治性目标淡化了效率目标。这种状态随着资源配置由市场决定而难以为继。从市场运行的内在要求来看，资源配置由市场决定对效率的要求势必代替资源配置由计划决定对均衡的要求。也就是说，区域均衡的形成不可能继续靠计划配置维持，只能在满足效率要求的状态下由市场配置实现。

14 年来的改革开放客观上使东部沿海地区的经济获得率先发展，西部不发达地区与之相比差距日渐拉大。面对正在涌来的市场经济高潮，广东、江苏、浙江等市场发育较完善的地区体制转换水到渠成，进入市场的竞争能力优势明显。相比之下，西部不发达地区则苦于计划松绑较晚，市场发育先天不足、后天失调，体制转换和观念变革存在较大困难。市场配置资源对效率的要求客观上强化了能够自由流动的资金、技术和相关资源对东部沿海地区的投入和配置倾斜。通过市场实现的区域利益和区域发展格局贯彻的市场效率原则，与西部不发达地区在经济发展过程中对缩小区域发展差距的热切期望和公平观念形成强烈的反差。

传统的公平观念希望资源配置在一种绝对和谐的状态下完成，配置成本最低，配置结果在区域间产生最大效应，满足需求最迫切地区的需要，资源要素的价格与价值完全吻合，市场评价不偏不倚。具体来讲，

就是要求西部不发达地区凭借自然资源条件获得资源配置过程的区域和产业生产力布局重点，资源就地加工增值，在这一基础上沟通区域市场，确保在参与资源配置与市场流通的过程中区域利益不流失。平心而论，这种传统的公平观念忽视了资源配置过程中各要素的自然选择需要和能力，因而不能理解资源要素参与配置和利益分享与资源要素参与配置的能力和地位之间的关系，把区域间的利益均等作为资源要素参与配置和分享利益的公平标准。然而，经济运行所实现的资源配置和区域利益表明，心理需求的公平标准，与经济力量对市场规则的认同、契约和形成的分配结果之间存在差距。不同利益引力所形成的利益分配结果取决于市场力量对比，由具体的时空条件认同的市场评价确定。不同利益引力在分配份额中的切点成为事实上的公平点。这一公平点是力量竞争与妥协的客观结果，不是由单方面力量随意决定的。相互竞争与妥协所确认的公平点意味着，公平的内涵既是相对的，也是动态的。市场力量结构的非均衡性对公平点形成的影响说明，公平事实上仅相对于力量对比而言；市场力量在不同时空条件下发生变化并引起公平点的变化说明，公平点的确定在客观过程中是可变动的。

既然公平的内涵具有相对性和动态性，那么它与效率的内涵便不可能截然对立。经济效率源于资源的有效配置，是多种经济力量默契协作的结果。这一结果包含着一方的利益让步对另一方的消极抵制的补偿。因此，效率不可能是单方面利益的无限追求。效率的实现过程同样蕴含着公平点的确定，具有相对性和动态性。市场的效率原则冲击了传统公平观，否定了以远离市场竞争与妥协过程的单一计划决定和主观愿望为参照系的公平标准，代之以与具有相对性和动态性的效率联系的相对和动态的公平标准。这就要求重建公平观，追求力量竞争和妥协过程中的公平；通过市场规则和法律规范弱化力量竞争的摩擦和内耗，强化力量竞争的协作和利益共享；区域利益的实现与协调采取“效率优先，相对公平”的原则，利益分配服从经济效率，资源要素在配置过程中的贡献与利益分配的份额成正比①。

重建公平观，贯彻“效率优先，相对公平”的原则，将有助于促进西部不发达地区同东部沿海发达地区的协作，在协作实绩中提高资源要素参与市场配置的能力、效率和利益分配份额。如协议中的云南澜沧江小湾电站的建设，在总投资中，云南省承担10%、国家能源部承担30%、广东省承担60%，资源配置与利益分享中贯彻“谁投资、谁受益、谁享有产权”的原则，投资三方分别依据其投入比例分享用电指标。这样，云南省用较少的资金投入，借助广东省和国家能源部的资金实现了对该水电资源的利用。在具体的实施过程中，由于规定国家30%的用电指标直接用于中央在云南的直属企业，解决了原来中央直属企业同地方“争电”的问题；同时，因为这部分企业的实际用电量仅占用电指标的一半，地方实际上还得到了超出投资15%的用电指标。根据市场力量承担责任和分享利益，并通过整体利益的形成实现参与双方的利益，这种与投入产出相对应的权责利结构是效率与公平妥善结合的有效形式。

效率和公平的相对性和动态性的相互关系及妥善结合的有效形式，要求建立新的利益道德观，即抛弃传统的区域经济伦理，放弃以局部区域经济利益为中心的小区域局部利益观，倡导在获得区域经济利益的同时不应该损害其他区域的利益，经济发达地区有义务帮助不发达地区加速经济发展，并争取实现基本权益。

2. 国家在资源配置和区域利益协调及贫困控制中的作用

社会主义市场经济体制对促进竞争、优胜劣汰和提高资源配置效率的要求，在我国目前的区域经济发展格局中客观存在着强化区域差距的效应。应该承认，这一效应产生在充分调动社会经济生活积极性的背景下，与增加我国社会生产力总量、增强综合国力、普遍提高人民生活水

① 王文长，孟延燕．海南经济发展：利益分布与经济效率[J]．经济研究，1990(4)．

平的需要并不矛盾。同时也必须承认，这一效应与西部不发达地区人们的心理需求是矛盾的。尤其是在经历了长期的计划调配和平均分配管理之后，区域间居民收益和生活质量差距的猛然拉大可能酝酿出相对贫困的沦落感。从国家利益的角度考虑，应该努力消弭因发展差距拉大而产生的相对贫困情绪。因为过于强烈的相对贫困情绪可能进一步演化为消极的对抗因素，并影响到区域间的团结协作。特别是西部不发达地区基本属于少数民族地区，该地区在我国版图中的位置赋予了民族团结在国家统一中的意义，使该地区的经济发展并与其他区域的发展取得相对均衡的需要超出了一般的经济意义。

因此，面对市场竞争和资源配置效率所强化的区域间经济发展差距，国家在弱化了指令性计划之后仍然需要通过有效措施进行区域利益协调和贫困控制。市场经济呼唤的地方和企业在经济生活中权责利的完整性，并不能否定国家对整个社会经济生活的协调作用。特别是在我国经济改革指向的社会主义市场经济模式中，所有制结构仍强调以公有制为主。这就表明，国家的经济力量对区域经济发展宏观格局的形成仍具有实质性影响。事实上，国家投资在社会公共设施、技术服务和社会福利等领域仍然是投入主体。这种情况和条件使得当东部沿海经济发达地区在具备较强的自我发展能力时，国家经济技术力量投向能够侧重于西部不发达地区。国家在资源配置、区域利益协调和贫困控制中的作用具体可以落实到如下三个方面。

其一，通过地区差别税率和专项低息贷款落实对西部不发达地区产业政策的支持，充分考虑和照顾该地区在资源开发和商品流通过程中因自然环境而客观存在的超常规成本。地区差别税率和专项低息贷款的作用在于降低产品的成本水平，增强其进入市场、参与竞争的能力。

其二，通过专项技术开发和资金的安排，加快对西部不发达地区的科学技术推广。国家对西部不发达地区科学技术推广与进步的计划安排和落实，将有利于减少区域间技术交流的障碍，形成较普遍的技术进步形势，扩大技术进步的整体效应，并直接加快西部不发达地区的科学技术进步和生产力总量的增长。

其三，通过社会公共设施建设以及技术服务体系和社会福利事业的安排，完善西部不发达地区的社会基础设施，为该地区创造良好的投资环境提供必要的扶持。

总之，资源的市场配置对西部不发达地区的经济发展和区域利益的实现，既形成了新的压力，又创造了新的机会。西部不发达地区的经济发展应该积极参与市场竞争，适应资源配置方式的变化，加速市场发育；借助国家对经济生活宏观调控的力量和区域间经济技术协作的效率，从长期发展的预期利益着眼，争取更有效地实现区域利益和加速区域经济发展。

自然资源存在和开发与当地居民的权益关系[①]

自然资源的存在和开发是当地居民生存发展的物质基础。本文认为，在自然资源存在和开发与当地居民的权益关系中，存在当地居民的优先受惠权。确保当地居民对自然资源存在和开发的优先受惠权，是协调自然资源存在和开发与当地居民权益关系的基础。

一、人类生存对自然资源存在和开发的自然依赖

人类生存对自然资源的依赖是一种经验性常识。人们对其生存环境中自然资源的权属形成习惯性认同，由此构成自然资源权益关系的习惯法基础。这也是自然资源存在和开发利用与当地居民的原初权益关系。

自然资源与当地居民的原初权益关系虽然没有明文界定，但是具有天赋人权的不可侵犯性，人们在观念上天然地确定了这种权益关系。如果把人们在观念上认定的这种权益关系视为法权关系，那么自然资源与当地居民的原初权益关系就是自然关系与法权关系的统一。这种统一源自生命对周围自然资源的本能利用，其原初状态几乎用不着声明“这是我的”或“这是我们的”。就个人而言，原初需要结成集体生存；就集体而言，原初少有外部关系的碰撞。一旦个人采取个人生存的方式，而集体发生外部关系，源自生命对周围自然资源的本能利用便产生了观念上的权属认定。这种认定是冲突发生的前提。正是由于自然资源与当地居民的原初权益关系是自然关系与法权关系的统一，要改变这种状

① 本文原载于《中央民族大学学报》2004 年第 1 期。

态，就必须抑制生命对周围自然资源本能利用的要求。因此可以推断，自然资源与当地居民原初权益关系的变化是外部力量施加的，人类生存对自然资源存在和开发的自然依赖原初总是表现为当地居民对当地自然资源的依赖。

二、自然资源产权变动与当地居民的权益关系

私有权的出现一直被视为人类进入文明社会的标志。自然资源私有权的出现，意味着自然资源自然关系与法权关系原初的统一状态开始发生分离。某些人尽管仍然生活在原来的自然环境中，依赖着当地的土地资源生存，但已失去了其对土地的所有权。

自然资源的产权变动，无论是私有，还是集体所有或者国家所有，都改变了原初自然关系与法权关系的统一状态。私有是部分人的分离；集体所有是个人名义上的分离，个人必须通过集体的途径实现对自然资源自然关系与法权关系的统一；国家所有则是一种对集体扩大的、更广泛的分离，在法权关系上当地居民只是以国民的身份参与对当地自然资源的占有。在这三种分离状态中，国家所有是一种最复杂的状态，也是本文论题所要深入探讨的。

国家所有的自然资源，其产权关系是十分明确的，这本身无须再讨论。问题是自然资源归国家所有之后，与当地居民的关系是否疏离了？

自然资源归国家所有，国家代表全体国民行使所有权。这样，就自然资源的法权关系而言，自然资源所在地的居民与非自然资源所在地的居民在理论上是平等的，都是作为国民平等地通过国家占有自然资源。但这仅是法权关系的变化，既没有改变自然资源的自然存在，也没有改变当地居民的居住空间。自然资源的法权关系变化并不能同时改变当地居民与自然资源之间的自然关系。当地居民仍维持着对当地自然资源的自然依赖。这样，自然资源的存在和开发与当地居民的权益关系由原初的自然关系与法权关系的统一演化为分离之后，便同时面临自然关系与

法权关系的双重约束或由这种双重关系构成的结构性约束。当地居民与当地自然资源仍维持一种与生俱来的自然关系，不过这种关系对当地居民的权益实现程度同时要受到法权关系的约束。通过国家与全体国民平等地占有自然资源的法权关系，在名分上疏离了国有自然资源与当地居民的权益关系。这里用“名分上”作限定性描述，是因为“名分上”与实际上是存在差异的。在现实生活中，拥有资源先天禀赋的当地居民总是相应地享受其资源带来的福祉。生活在土地肥沃、气候温暖、降水适中地区的居民，相应地在农耕活动中获得更好的收益，而生活在土地贫瘠、干旱寒冷地区的居民从农耕活动中获得的收益就较差，土地级差的客观存在给不同地区的农民造成了实实在在的收益差别。这种收益差别并不因土地国有而消失。当然，国家可以通过农业税的差别结构加以调节，不过迄今的历史事实呈现给我们的都是农耕资源的差异相应导致的农民收益的差异。国有自然资源与当地居民权益关系名分上的疏离，尚未能改变当地居民与自然资源的自然关系基础。在自然资源存在和开发与当地居民的权益关系中，自然关系的约束强于法权关系。自然关系既影响当地居民的生存方式，又影响其生存质量。自然资源法权关系的变化不能动摇人类生存对自然资源存在和开发的自然依赖，同样也不能疏离当地居民与当地资源的自然关系。

三、国有自然资源权益关系的内在差异

自然资源所有权被界定为国家所有。在当地居民与当地自然资源的权益关系中，自然关系与法权关系相分离。这并没有剥夺当地居民对当地自然资源的权益关系，只是在法权上扩展泛化了自然资源占有主体的范围。但由于归国家所有的自然资源与当地居民客观形成的自然关系继续维持并被反映到自然资源存在和开发的权益关系中，国家所代表的国民对自然资源存在和开发的权益实现便必然存在差异。国有的法权关系决定了对自然资源的分享；当地的自然关系决定了对自然资源的直接优

先分享。这样，国有自然资源所在地居民与非所在地居民对该资源的权益关系便呈现出一种由近到远、由密到疏、由内在到外在的结构。譬如甲、乙两地的自然资源都属于国家所有，在法权关系的名分上，甲、乙两地居民都平等地占有两地的资源，甲地居民对乙地自然资源的法权关系与对甲地自然资源的法权关系是一样的，乙地居民亦然。假设两地相隔遥远，也不发生直接的资源互补型合作和劳务调剂，甲地居民直接依赖于甲地自然资源生存，乙地居民直接依赖于乙地自然资源生存。这样，甲地居民的生存需要对甲地自然资源的存在和开发有直接的依赖性，而对乙地自然资源则不存在直接的依赖，两地自然资源对甲地居民的生存需要是一种近与远、密与疏的关系。甲地自然资源的存在和开发对甲地居民的生存需要是一种内在的权益，而对乙地居民则是一种外在的权益。同样的道理，乙地自然资源的存在和开发对乙地居民的生存需要是一种内在权益，而对甲地居民是一种外在权益。相应地，自然资源利益实现与分配的秩序在甲、乙两地之间也有所不同。甲地居民在甲地自然资源的利益实现与分配过程中直接参与初次分配，甲地居民能够直接参与甲地自然资源的开发过程，直接分享自然资源的开发利益，发生劳务收入或参与盈利分红等。而对于乙地自然资源的开发利益，甲地居民只是通过形成的国家税收间接参与再分配。乙地居民的状况同样如此。

国有自然资源权益关系的这种近与远、密与疏、内在与外在的状态，说明自然资源国家所有的所有权形式存在一个具体实践、落实的产权结构，所有权在实践过程中是通过具体的资源使用权、利益分享权以及转让权来体现的①。在这三种权利中，转让权由国家有关代理机构直接实施，国家有关代理机构组织产权交易，这一过程与当地居民不发生

---

① 这种产权结构近似张五常教授的私有产权定义，即使用权、自由转让权、不受干预的收入享受权。（参见：张五常．佃农理论的前因后果[M]//佃农理论．北京：商务印书馆，2001：33.）只不过私有采取了国有的形式，由个人扩大为国家，但国家所有又需要回归落实到国民。这样，国民权利与张五常的私有产权便产生了距离。

直接关系①，而资源使用权和利益分享权则与当地居民存在较直接的关系。在当地居民还主要依赖当地自然资源提供生存资源的情况下，当地居民对所在地国有自然资源的使用权和利益分享权体现得最为明显，法权关系的任何变化都难以疏离当地居民对当地自然资源的自然依赖，所以这种情况下的法权关系变化都只是名分上的变化。要改变这种自然依赖关系，唯一的途径就是提供有效的替代。如水电站建设库区要为家园被淹没的原库区居民提供新的生存空间和就业收益；退耕还林要提供足以替代原耕地资源的生活资料和收入的林地资源；矿山开发要提供地表生存环境改变后原依赖于该生态环境生存的居民的生存出路。这种替代保障实际上就是资源使用权的实现形式，只有资源所在地居民才享有这种权益。尽管自然资源是国有的，在法权关系上当地居民只是作为国民拥有全体国民中的平等一份，但当地居民直接依赖其而生存，资源使用是生存的基础，生存权必然提出对资源使用权的要求。这样，在国有自然资源所有权形式的具体实践中，产权实现形式事实上存在内在的约束关系，并表现出权益实现的国民差异，由此形成体现国有自然资源产权结构和内在约束关系的权益实现秩序。

全体国民对国有自然资源拥有利益分享权，但当地居民既参与了国有自然资源开发所形成的社会福利的间接分享，又参与了自然资源开发过程中的直接利益分享。这种直接利益分享源于资源使用权的存在，由资源使用权衍生直接分享的权利和替代保障的形式。

国有自然资源所有权形式在具体实践中的权利结构不表示权益分布的不平等，只是蕴含着人口分布与资源分布的依存关系，而且正是这种内在的依存关系决定了权益关系的内在差异，形成空间分布的权利差序。无论自然资源的产权形式发生何种变化，其存在和开发与当地居民的生存利益都存在必然联系。自然资源存在和开发的利益首先必须关照

① 产权发生转让之后的资源在开发过程中，也可能在一定程度上与当地居民发生关系，如提供劳务，但这种状态下的当地居民已不具有作为国民而拥有其中的一份权利。

当地居民的生存利益需要，给予必要的基本保障，其次才涉及其他区域的居民，在更广泛的社会成员间分享自然资源开发利益。国有自然资源呈现的空间权利差序，就是一种最典型的形式：依人口分布与资源分布的空间结构，形成了自然资源存在和开发利益惠及的差异及先后次序，资源地居民凭借其对当地自然资源的自然依赖形成资源使用权，确立在利益分享中的优先地位。

四、结论与应用

资源地居民在自然资源存在和开发中的优先受惠权的依据和基础，是当地居民与所在地资源的自然关系并由此衍生的资源使用权。

当地居民对自然资源存在和开发的优先受惠权不仅是次序的比较关系，还是直接的、具体的，既表现在直接的利益分享上，也表现为可持续的生存权利。优先受惠权主要包括：自然资源开发利用对当地居民直接物质利益的保障权，在自然资源开发的劳务安排和利益的初次分配中确保当地居民的正当权利，并在自然资源存在和开发形成的物质利益中直接体现、落实这种权利；当地居民对自然资源开发利用的动议权和对住地生态环境的维护权，自然资源的开发利用应当尊重当地居民的根本利益和意愿，不因自然资源开发而导致生态环境恶化，开发行为推动的自然资源形态变化不得导致当地居民可持续生存质量的下降。

在我国的社会实践中，实际上也存在类似当地居民对自然资源存在和开发的优先受惠权。比如，《中华人民共和国民族区域自治法》第28条规定："民族自治地方的自治机关根据法律规定和国家的统一规划，对可以由本地方开发的自然资源，优先合理开发利用。"自治机关优先合理开发利用，在一定程度上体现出自治地方居民对本地方自然资源开发利用的优先受惠权。又如，我国规定破产国有企业的资产，优先用于安置本企业职工，体现出该企业职工对所在国有企业的优先受惠权。在这种情况下，国有企业资产类似于国有自然资源，企业职工类似于当地居民。这也从另一角度证明了当地居民对自然资源存在和开发的优先受惠权是一种客观存在。

确认了当地居民对自然资源存在和开发的优先受惠权，在具体的开发实践，特别是当前正在实施的西部大开发战略行动中，便需要更充分地体现、落实当地居民在自然资源开发中利益主体地位的权利。在资源开发的利益中合理安排当地居民与整体利益的关系，体现当地居民的优先受惠权益，把当地居民对自然资源存在和开发的优先受惠权作为利益分配与协调的原则运用于具体的资源开发实践过程中，提高当地居民在自然资源开发过程中的参与度，完善自然资源存在和开发的权责利关系。当地居民对自然资源存在和开发的优先受惠权，既表现在利益实现过程的分配关系上，又表现在由于资源使用权实现不充分或不能实现所引起的生存利益受损的补偿关系中。如自然保护区的设立、对珍稀动植物的保护等，都必须由倡导者、受惠者对当地居民给予充分的利益补偿，在利益补偿中体现当地居民的利益主体地位，通过对资源使用权益损失的补偿来贯彻当地居民对自然资源存在和开发的优先受惠权。包括对市场机制的应用导致的资源产权转移，如矿权拍卖的收益及矿权转移发生的开发行为，都应考虑到当地居民的优先受惠权，并在收益分配中加以落实，而不应当因此导致可持续生存利益的下降。

确认当地居民对自然资源存在和开发的优先受惠权，对明晰资源开发的权益关系乃至促进资源开发与生态环境维护的协调是十分必要的。尽管某些实践过程中已蕴含这种优先受惠权，但对此仍缺乏明确的认定。民族区域自治法规定的“优先合理开发利用”的权益主体也只是被定位在“民族自治地方的自治机关”，而不是具体明确为当地居民。这二者显然存在差别。缺乏明晰认定的权益关系，可能对自然资源的存在和开发产生消极影响。特别是在我国的资源管理体制中，乃至在当前的西部大开发中，具有集约性投资的自然资源的发现、开发主要是由外部力量（相对于当地居民而言）发动、推进的。因为自然资源的产权被界定为国有，其开发利用顺理成章地由国家委托有关机构进行决策、实施，对于一些具有一定开发规模的自然资源，控制尤其严格。这种状态直接影响到自然资源开发过程中利益结构的形成和利益关系的协调。资源地居民与嵌入企业之间的冲突就是一种比较典型的现象。这种结果也是西部大开发中当地居民对自然资源开发心存疑虑的重要原因。只有确认当地居民对自然资源存在和开发的优先受惠权，并在具体的开发决策和利益分配中体现这种权益，才可能真正调动当地居民对自然资源保护和合理开发利用的积极性，促进开发过程中的利益协调。

西部大开发中民族利益关系协调机制的建设①

西部大开发面临的民族利益关系主要表现在：一方面，西部大开发战略的实施源于民族利益关系结构变化压力和协调的需要，即通过西部大开发对民族利益关系历史的不协调，乃至这种不协调的延续和消极影响进行协调；另一方面，西部大开发的行为和过程也面临着民族利益关系的协调问题，即西部大开发的行为和过程中的民族利益关系酝酿的民族利益实现差异和矛盾。本文的探讨主要集中在后一方面，认为西部大开发中的民族利益关系存在一致性的共同基础，可以由此构建利益共享的民族利益关系的协调机制；明晰产权关系，维护当地居民对当地资源的优先受惠权，是协调机制建设的关键。

一、西部大开发中民族利益关系协调机制建设的背景：中国的民族结构与民族利益关系

发展不平衡并相应表现出的利益实现不平衡，是民族利益关系的重要历史背景，“新中国的民族工作主要有两大历史任务：一是通过进行社会制度的变革，引导翻身解放的各民族人民走上社会主义道路；二是通过进行社会主义建设，加快各民族特别是少数民族和民族地区的经济社会发展，促进各民族的共同繁荣”②。这一过程本身便蕴含着对民族利益关系的协调。西部大开发战略的实施便是新的历史时期对加快民族

① 本文原载于《民族研究》2004 年第 3 期。

② 江泽民．在中央民族工作会议暨国务院第三次全国民族团结进步表彰大会上的讲话[J]．民族团结,1999(10).

地区发展和协调民族利益关系的具体实践。

中国民族结构与民族利益关系的基本事实是主要聚居在西部不发达地区的各少数民族在社会发展竞争中的能力相对较弱，社会经济发展水平和经济利益实现程度与人们的愿望存在较大差距，而且民族分布的空间状态也在一定程度上影响到民族的发展状态。民族分布对民族利益结构形式的影响主要表现在：民族分布影响到产业发展的自然差异和自发的社会分工。民族分布的空间结构与民族发展的客观条件及其导致的民族利益结构具有直接的相关性，而且这种相关性呈现出人为因素与客观条件相互强化的状态。人为因素主要是指具体社区人的认知状态和能力形成的自身利益实现的状态，客观条件即具体生存环境的资源配置条件。历史上农业社会强化的农耕优势以及汉族集团的融会壮大和由此形成的民族分布格局，使少数民族主要分布于农耕条件较差并相对于汉族集团自我中心地位而言的边远地区。人为因素与客观条件的相互强化构造并强化了民族利益的结构关系。民族分布所蕴含的民族关系背景，强化了利益的认同，凸显了民族利益结构关系的矛盾与调整的要求。地域结构与民族分布结构的相关性，导致了环境自然差异和自发社会分工的一般地域利益关系，也采取了特殊的民族利益关系的形式。民族分布的空间结构、状态、社会发育和资源配置条件的边远性及其强化的民族利益实现差异，使民族利益结构关系呈现出复杂性。这种状态也意味着民族利益关系协调的艰巨性与特殊性。

二、西部大开发中民族利益关系协调机制建设的关键环节是明晰利益主体的产权关系

民族利益关系的有效协调是建立在良好的协调基础之上的，这除了共同的利益整体和利益目标之外，还必须有明晰的利益主体产权关系。

1. 利益主体的多元性与内部化

民族利益关系的结构从存在一致性的共同基础来看是一个整体，而

从民族分布及民族的利益关系形成的内部来看，则呈现出利益主体的多元性。利益主体的多元性既与民族分布的自然地域相关，又与管理体制相关。民族利益结构关系中利益主体的多元存在，相应地必然发生利益实现的竞争关系，要求在有限资源的配置中获得更多的利益。在市场经济体制下，利益主体的多元性显然已不可能复归于计划经济的一元化，合作竞争与明晰的利益边界是市场经济体制下民族利益主体存在和发展相互关系的基本特点。但利益主体的多元性却存在内部化的可能，即利益主体之间具有内在关系，存在一致性的共同基础，在一定条件下能够把利益主体的多元存在纳入一个新的整体，通过整体利益的实现来协调利益主体之间的关系。利益主体的协调本质上也是达成竞争妥协的交易，协调的意义在于争取交易成本最小化。在常规条件下，内部交易的成本小于外部交易的成本，也就是说，内部交易可以节省成本。这就为民族利益关系协调机制的建设提供了一条新思路，即在利益主体之间一致性的共同基础上，化外部交易为内部交易，争取利益主体多元关系的内部化。

在西部大开发的实践中，以利益主体之间的一致性为基础，化外部交易为内部交易、争取利益主体多元关系的内部化并不是纸上谈兵的抽象猜测，而是可行的现实要求。如新疆在地州、兵团、中央企业之间构造的一些融合型经济体便是一种尝试。新疆巴音郭楞蒙古自治州（以下简称“巴州”）境内有塔里木石油勘探开发指挥部和石化工程建设指挥部，新疆生产建设兵团农二师所属的 17 个农业团和 5 个工程团，南疆铁路临管处，以及自治区供销、商业、生产资料、石油等二级批发企业，利益主体的多元性特点十分突出。巴州发展融合经济的思路就是打破行政隶属关系界限和条块分割，在共同发展目标的指引下，在自愿、平等、互利的基础上，充分发挥地方的资源优势，农二师的人才优势以及石油、铁路等中央企业和自治区驻州企业的人才、技术、信息、资金等优势，通过资源、经济技术、人才、资金等要素的交流合作，建立起利益联结、优势互补、资源共享、风险共担的融合体[①]。巴州经济融合体的实现就是化利益主体的外部关系为内部关系，在利益共同体内部实现并协调地方、兵团、企业的利益。通过经济融合体，使利益主体的多元性内部化，从而减少摩擦，提高协作效率。

2. 明晰产权关系是利益主体多元性内部化的基础条件

利益主体多元性的内部化在形式上形成了新的整体，进行了利益关系的融合，但新的整体和利益关系融合并不是模糊利益主体间的利益关系。内部化恰恰以明晰的产权关系为基础。如新疆巴州融合型经济主要包括两大类型：一类是直接按股份制形式组建股份制企业；另一类是按专业分工和配套服务的形式组建企业。这两种类型中，前一种是紧密的内部化，直接组建新的利益共同体；后一种是松散的内部化，通过企业的配套建设、分工协作，形成有机联系。无论哪种类型，都以平等、自立、明晰的产权关系为前提和基础：股份制有明确的股权权益；企业的分工协作以完整的企业利益主体为基础，是利益主体为争取共同利益而进行的分工协作。事实上，只有产权关系明晰，利益的实现、分配才有明确的预期，才能形成明晰的权益结构，使利益主体之间的合作竞争框架得以维持，协调机制有可凭借的基础并得以发挥作用。

因此，明晰利益主体之间的产权关系，是利益主体多元关系内部化的基础条件。把利益主体的多元存在纳入一个新的整体，通过共同利益的实现协调利益主体之间的关系，这在本质上是一种利益共享的权益结构。所谓利益共享，就是假设在一个合作竞争的框架内，如果内耗最小，则整体利益最大，共享整体利益的个体利益也相对较大，个体利益的目标与个体之间的共同利益目标构成一种良性互动，利益主体之间的利益实现形成一种相互支持的状态。利益主体多元性的内部化就是构造利益共享的权益结构。西部大开发中民族利益关系协调机制的建设，就

---

① 淮玉东. 条块结合效应[M]. 乌鲁木齐：新疆青少年出版社，1998：1.

是以明晰的产权关系为前提，以利益共享的权益结构为基础，构建利益共享的协调机制。

利益共享的协调机制也是在明晰的产权关系基础上，遵循既定的产权结构发挥作用。因此，对产权关系的界定，是建设民族利益关系协调机制首先面临的问题。这也是西部大开发中最敏感的问题。

3. 西部大开发中当地居民的优先受惠权是民族利益关系协调机制的权益结构基础

西部大开发中产权关系的界定，最根本的就是当地居民与当地资源权益关系的界定。自然资源开发是西部大开发中最主要的内容，也是形成民族利益关系最集中的领域。西部大开发中民族利益关系协调的主要内容，就是在自然资源的保护、开发、利用过程中对当地居民正当权益的保障和充分实现问题。怎样确认、体现、落实当地居民在资源开发中的权益，直接影响到资源开发中的产权关系和权益结构状态，也影响到当地居民对资源保护与开发利用的态度。

在现实生活中，拥有资源先天禀赋的当地居民，总是相应地享受其资源带来的福祉。生活在土地肥沃、气候温暖、降水适宜地区的居民，相应地在农耕活动中获得较好的收益；而生活在土地贫瘠、干旱、寒冷地区的居民从农耕活动中获得的收益就较差。土地级差的客观存在对不同地区的居民造成了实实在在的收益差别，这实际上是自然资源的差别造成的影响，体现了人类生存对自然资源存在和开发的自然依赖，以及人口分布与资源分布的依存关系。由此引申，在国土资源开发利用的权益结构安排上，存在一种空间的权利差序，即存在当地居民在自然资源存在和开发中的优先受惠权。这是西部大开发中民族利益关系协调机制的权益结构基础。根据这一权益结构对利益实现次序的要求、市场风险、利润水平来确定利益整体的共享结构，便可能实现多元利益主体的利益共享。

当地居民对自然资源存在和开发的优先受惠权主要包括：自然资源

开发利用对当地居民直接物质利益的保障权、当地居民对自然资源开发利用的动议权和对住地生态环境的维护权。如在自然资源开发的劳务安排和利益初次分配中确保当地居民的正当权利，在自然资源存在和开发形成的物质利益中直接体现并落实这种权利；自然资源的开发利用应当尊重当地居民的根本利益和意愿，不能因自然资源开发而导致生态环境恶化，不得导致当地居民可持续生存质量的下降①。

确认当地居民对自然资源存在和开发的优先受惠权，在西部大开发中需要更充分地体现、落实当地居民在自然资源开发中利益主体地位的权利。在资源开发的利益中合理安排当地居民与整体利益的关系，体现当地居民的优先受惠权；把当地居民对自然资源存在和开发的优先受惠权作为利益分配与协调的原则，运用于具体的资源开发实践过程中，提高当地居民在自然资源开发过程中的参与度，完善自然资源存在和开发的权责利关系。当地居民对自然资源存在和开发的优先受惠权，既表现在利益实现过程的分配关系上，也表现在由于资源使用权实现不充分或不能实现所引起的生存利益受损的补偿关系上。如自然保护区的设立对当地居民资源使用权的限制所造成的生存利益问题，国家保护野生动物给当地居民带来的损失等，都应当由倡导者、受惠者对当地居民给予充分的利益补偿。在利益补偿中体现当地居民的利益主体地位，通过对资源使用权益损失的补偿来贯彻当地居民对自然资源存在和开发的优先受惠权。包括对市场机制的应用导致的资源产权转移，如矿权拍卖的收益及矿权转移产生的开发行为，也应考虑到当地居民的优先受惠权，并在收益分配中加以落实，而且产权转移及资源的开发利用不应导致当地居民可持续生存利益的下降。

确认当地居民对自然资源存在和开发的优先受惠权，对明晰资源开发的权益关系乃至促进资源开发与生态环境维护的协调是十分必要的。

---

① 王文长．资源开发与当地居民的权益关系［J］．民族经济与社会发展，2003(9)．

尽管在某些实践过程中已蕴含这种优先受惠权，但对此仍缺乏明确的认定。民族区域自治法规定的“优先合理开发利用”的权益主体也只是被定位在“民族自治地方的自治机关”，而不是具体明确为当地居民。这二者显然存在差别。缺乏明晰认定的权益关系，便可能对自然资源的存在和开发产生消极影响。特别是在我国的资源管理体制中，乃至在当前的西部大开发中，具有集约性投资的自然资源开发主要是由外部力量（相对于当地居民而言）发动推进的。因为自然资源的产权被界定为国有，其开发利用顺理成章地由国家委托有关机构进行决策、实施，对一些较具开发规模的自然资源，控制尤其严格。这种状态直接影响到自然资源开发过程中利益结构的形成和利益关系的协调，如果不能明确当地居民对所在地自然资源的优先受惠权，便可能出现这样的结果：自然资源利益实现与分配的安排主要由外部进行，当地居民的权益实现处于被动状态；自然资源存在和开发蕴含的权益关系颠倒，外在权益挤压内在权益；当地居民与外部的投资主体产生利益冲突，出现自然资源开发利用的短期行为。这种情况在以往的资源开发实践中并不鲜见，资源地居民与嵌入企业之间的冲突就是一种比较典型的现象。这种结果也是西部大开发中当地居民对自然资源开发心存疑虑的重要原因。只有确认当地居民对自然资源存在和开发的优先受惠权，并在具体的开发决策和利益分配中体现这种权益，才可能真正调动当地居民对自然资源保护和合理开发利用的积极性，促进开发过程中的利益协调[①]。

当地居民对资源开发利用的优先受惠权既涉及代内关系，也涉及代际关系，即需要关照到后代人的权益。现实生活中也普遍存在这样一种现象。如分散矿点的开发，当地居民有较强的自主介入能力，自主投资，自主开发，但如果产权关系不明晰，也可能导致对当地可持续发展利益的损害。具体的利益关系结构表现为开发者对资源的开发、利用、

---

① 王文长．论自然资源存在及开发与当地居民的权益关系[J]．中央民族大学学报，2004(1)．

获益超越优先受惠权的权限。因为优先受惠权体现的是对当地资源权益实现、分配次序的优先保障，而不是任意占有、过度占有，超越优先受惠权的权限将导致当地可持续发展利益的损害，实际上就是破坏了代际权益关系的秩序。

强调在西部大开发中当地居民优先受惠权对民族利益关系协调机制建设的重要性，是因为西部大开发在根本上是以当地居民的利益为出发点和落脚点的，对自然资源的开发仍然是西部大开发的基本内容。西部大开发是以当地居民为主体，以当地资源为基础的。只有明确当地居民与当地资源的权益关系，民族利益关系的协调才有可依凭的权益结构基础。

三、西部大开发中民族利益关系协调机制的建设思路

民族利益关系在一致性的基础上促进多元利益主体的内部化和利益相融，建设利益共享的协调机制，是一条理想的思路。在具体的实践中，利益共享协调机制的具体形式还将因不同的资源配置结构、不同的权益结构而有所不同，必须因开发项目权益结构和利益实现方式而异，针对具体情况设计相应的协调机制。

西部大开发是一个以当地居民为主体，以当地资源为基础，开放的、资源优化配置的、发挥比较优势的要素流动、解构的过程，资金、技术、信息、市场机会等需借助更广泛的外部力量，权益结构涉及多方面的利益关系。设计利益共享的民族利益关系协调机制，动员当地居民人力资源，以及在明晰产权关系的基础上通过股权分配完善权益结构，是两种直接的途径和具有普遍意义的方式。

当地居民是西部大开发的主体，西部大开发实质上也是对西部人力资源的开发。协调民族利益关系并达到利益共享，一个最实质性的内容就是西部大开发的项目利益形成直接以当地居民为参与主体，即项目建设中的人和对项目建设的利益分享以当地居民为主体，以当地的人力资

源为项目建设的人力资源主体。这当然不是说项目建设只能由当地人参与，而是要求项目建设应当尽可能地由当地人参与。从以人为本的角度来看，当地人参与项目建设的程度越深、越广泛，项目建设利益与当地居民的利益便融合得越深、越广泛，当地居民的主体地位也就体现得越充分。项目建设对当地人力资源的动员是以资源配置的形式直接把当地居民的利益与该项目建设的利益融为一体，使项目建设的利益同时也是当地居民的利益。如果大多数家庭有成员参与到项目建设过程中，则这些家庭在直接分享项目建设利益的同时，也就从自身的内在利益出发认同项目建设与自己的关系，这是一种最为紧密的权益结构。从人力资源直接参与配置的角度来协调西部大开发中的民族利益关系，关键是要特别关照到当地少数民族的参与能力。以往的一些项目建设，因没能很好地考虑到当地居民的利益，特别是分散在乡村的农牧民由于参与现代化资源开发项目的能力很弱，很难被直接纳入资源开发项目建设过程中，从而影响到其利益的实现程度，很容易引发矛盾。这是资源开发项目建设过程中影响民族利益关系的常见现象。要改变这种状况，一些大型资源开发项目的建设应通过人力资源开发计划，把当地居民特别是当地少数民族的参与作为项目建设的有机组成部分，把提供就业岗位带来的居民福利作为立项的基本标准之一，实现对当地人力资源的充分动员。为了提高当地居民参与资源开发项目的能力，可以实施项目专业技术知识教育，特别是一些大型的、周期较长的建设项目，在立项之初便可考虑招收当地初中毕业生或高中毕业生进行专业技术教育或培训，然后让他们参与项目建设及以后的管理，使当地居民能够较广泛地参与到该项目建设过程中，这将有效地增进其对项目建设的利益共识和认同感。

采取股份制的形式构建开发项目与地方利益相融的权益结构，也是西部大开发中协调民族利益关系、促进利益共享的一种普遍而有效的协调机制。如资源开发涉及的对土地、水、矿产资源等要素的占用，可以采取折成股权的方式来明确各方的利益，使当地生产要素与引进生产要素融为一体，在项目建设的共同利益目标引导下结成利益共同体，各要素权益一律平等，共担风险、共享利益。当地居民对当地资源存在和开发利用的优先受惠权，也可以通过股权的形式落实到项目建设的权益结构中，分享项目建设的利益。西部大开发在保障当地居民权益的同时，也需要调动其他方面对开发投资、配套服务的积极性，特别是管理、市场、信息等要素也应该给予股权评价，进入权益结构。通过股份制形式来协调资源配置要素的权益，目标在于争取利益的最大化。减少摩擦、内耗是一方面；提高效率、做大“蛋糕”是相辅相成的另一方面。在明晰的权益结构基础上，提高效率和最大化整体利益，必然带来各股权的利益共享。

在西部大开发中协调民族利益关系，还应发挥国家对生产力布局及分配与再分配制度设计的积极作用。事实上，国家投资和国有资产的安排在西部大开发中占有重要地位，国家可以通过具体的投资行为和资产重组来促进资源开发的分工协作和配套服务，地方经济与国家大型建设项目之间、行业利益与地方利益之间，以及乡村与城镇之间等通过开放、流动、配套服务的途径沟通，则可以促进利益共享，在分工协作中共享整体利益的最大化；反之，封闭、互相阻隔就会导致摩擦、内耗，势必影响到各自的利益实现。

分配与再分配机制对投资行为和利益关系的协调也具有重要影响。恰当的分配与再分配关系有助于更充分地调动投资行为的积极性和规范投资行为，同时也是协调代内、代际关系的必要手段。西部大开发中的民族利益关系协调，说到底就是利益分配关系。在构建利益整体之后，如何依据利益形成过程中各因素的贡献去分享利益，是分配关系能否调动各因素积极性、协调各因素的关键。因此，确认利益形成过程中各因素的贡献十分重要，而且这与产权关系的明晰也是直接相关的。确认利益形成过程中各因素的贡献以产权关系的明晰为前提，在此基础上才可能根据各因素的市场评价和达成的博弈均衡，建立资源配置结构并形成分配关系。对当地居民内在的资源开发优先受惠权和投资行为市场平均利润率的保障，是西部大开发中当地居民与外来投资者达成博弈均衡的底线，分配关系必然是在此底线之上适应市场评价给出的。西部大开发中对民族利益关系的协调落实到具体的分配关系上，就应该关照到当地居民权益与投资行为权益两方面最基本的要求。

论西部水电开发中库区利益的协调[①]

西部水电开发中库区利益的协调问题并不是一个新问题，而是一直存在、有待妥善协调的问题。这一问题不仅存在于西部地区的水电开发中，也存在于其他地区。但就中国的区域发展及未来的能源发展而言，西部水电开发及开发中的库区利益关系显然有其特殊意义[②]。

本文对西部水电开发中库区利益协调的探讨以近年来有关西部水电开发的争论为讨论背景，以自己新近的调查为感性和材料支持[③]，通过对个案材料的分析，寻找协调库区利益关系的关键环节和长效机制建设的可能性。

一、西部水电开发，不是问题的问题

1. 中国加快水电开发的必然性

加快西部水电开发原本不是什么问题，而是常识性的必然选择。这一点从中国的能源供求结构和能源生产的国际经验中可以得到简洁而有力的说明。众所周知，中国拥有丰富的水能资源，但开发利用的水平比

---

① 本文原载于《广西民族研究》2008 年第 3 期。

② 本文主体不简言西部水电开发利益，而赘言西部水电开发中库区利益，是由于水电开发中最突出的某些库区利益问题往往被淡化了。库区的空间包含人与人、人与自然关系的总和。库区利益在整体上包括工程利益、居民利益，库区作为空间整体的发展利益，以及与这一整体相约束的生态系统的利益。

③ 笔者于 2008 年 1 月 18 日至 25 日在云南南涧小湾电站及怒江州作了一次简单的关于资源开发的调查。此前在 2005 年对龙滩水电站、2004 年对三峡库区、1996 年和 1991 年对澜沧江从西藏扎曲到云南也进行过调查。

较低，遑论与经济发达国家相比，就算与发展中国家相比，中国水能资源的开发利用水平也较低。中国的水电装机能力与技术可开发的水能资源的比例约为 20%，以技术可开发电量计算，开发率仅为 13.3%，而世界平均水平为 18.4%，工业发达国家的开发率则达到 50.0% 以上，中国的水电开发率排在世界的第 80 位左右①。

中国的电力生产一直以火电为主，水电占的比重较小（见表 1）。国际上经济比较发达的国家具有普遍性的成功经验，差不多都是从一开始便大力开发水能资源，比较充分地开发和利用了水能资源。早在 1950 年，水电占总发电量的比重，美国为 25.9%，日本为 85.3%，加拿大为 96.4%，法国为 48.8%，意大利为 92.7%。到 2002 年，世界上有 24 个国家 90% 以上的电力依靠水电，55 个国家 50% 以上的电力依靠水电提供，62 个国家 40% 以上的电力由水电提供②。国际社会在 20 世纪末对水电开发中大坝建设的负面影响展开了争论。在世界银行和世界自然保护联盟的支持下，召开了国际性的大坝研讨会，成立了“世界水坝委员会”专门机构，面向公众广泛听取意见，达成了国际性的新共识。2000 年 11 月，世界水坝委员会完成了题为《水坝与发展——新的决策框架》的全球审议报告。最后得出的结论，充分肯定了水坝为人类的发展作出的重要贡献③。人类开发水能资源的经验表明，水电是清洁的可再生能源，对水能资源的开发符合人类可持续的生存利益，利

① 刘世锦，等．加快西部水电开发[M]．北京：中国水利水电出版社，2007：3．中国水电装机容量为 11652 万千瓦，当年发电为 3952 亿千瓦·时，水能开发程度达到 29.5%。[“中国水电开发投融资问题研究”课题组．中国水电开发投融资问题研究[J]．经济研究参考，2008(8)：6．]

② 刘世锦，等．加快西部水电开发[M]．北京：中国水利水电出版社，2007：71．

③《水坝与发展——新的决策框架》的五条结论：肯定了水坝为人类的发展作出了重要贡献，人类已经从水坝建设中获得了可观的经济效益；应该承认人类在水坝建设中获取经济利益的同时，也付出了不可接受的，而且通常是不必要的经济的、社会的、环境的巨大代价；由于忽视了水坝与其他备选方案公平、公正、客观的比较，水坝的经济利益价值引起了人们的怀疑；应当邀请那些决策者、开发者及各种开发方案风险的可能承受者共同参加讨论，这是寻求解决利益与意见冲突的必要途径；要将不适宜的水坝项目淘汰在早期，从而提高真正意义上的水坝综合效益，做到水资源、环境与经济社会的协调发展。（参阅：王景福．水电开发与生态环境管理[M]．北京：中国环境科学出版社，2006：168．）

大于弊。结合中国当前经济社会快速发展对能源需求的巨大压力，水能资源再也不应被闲置了。中国的水能资源 81.5% 分布在西部地区，而且 66.7% 集中在云南、贵州、四川、重庆、广西、西藏 6 个省区市①。事实上，从国际经验到中国实践都表明，加快西部地区水能资源开发并没有什么可患得患失的。

表 1　中国电力生产量及水电、火电的份额

年份	1990	1995	2000	2005
电力生产量/亿千瓦·时	6212.0	10077.3	13556.0	25002.6
其中：水电占比/%	20.40	18.91	16.41	15.88
火电占比/%	79.60	79.82	82.19	81.89

资料来源：中国统计年鉴—2006［M］. 北京：中国统计出版社，2006：264.

2. 对西部水电开发的疑虑为何存在

尽管加快西部水电开发是必然的，但对西部地区水能资源的开发却一直存在争议。对怒江水能的开发成为这一争议的集中表现。没有开发的怒江水能每年的净流失相当于 5000 万吨原煤②，但生态问题、社会问题仍然是批判经济主义的重要工具。这种现象不能简单地归结于极端生态环境保护主义，其中确实存在亟待解决的一些问题。特别是水电建设的库区原先多属于经济不发达的贫困地区，水能资源开发的巨大利益一直是库区振兴经济、摆脱贫困的希望，但诸多库区建设遗留的最突出问题恰恰是库区居民的经济生活问题。库区移民成为水电建设中一直没有得到很好解决的“老大难”问题。库区居民，一个与库区利益关系最紧密的群体在水电开发的利益形成过程中反而被疏远了，这正是心地善良的人们对西部水电开发缺乏信心、对水电开发的利益心存疑虑的症结所在。幸好，水能资源开发中的主要问题是项目内部的利益分配问题，而不是项目效益问题，只要项目效益成立，其他问题的解决便存在空

① 陈勇．中国能源与可持续发展［M］．北京：科学出版社，2007：184.

② “中国水电开发投融资问题研究”课题组．中国水电开发投融资问题研究［J］．经济研究参考，2008（8）：30.

间。迄今，西部地区的居民仍然期待着当地的自然资源潜力能够被转化为经济发展的现实利益。笔者2008年1月18日至25日在云南省大理白族自治州（以下简称“大理州”）和怒江傈僳族自治州（以下简称“怒江州”）随机作了58份关于资源开发的问卷调查。其中，关于“您是否希望国家加大民族地区资源开发力度”的问题，有54份问卷选择开发水电，49份问卷选择开发矿产，16份问卷选择开发土地，8份问卷选择开发森林，6份问卷列出发展旅游。这一选择结构恰好反映了当前人们对西部地区水能资源开发的心态。大理州和怒江州都拥有丰富的水能资源，93%的被调查者希望并认为应重点开发水电，显示了西部水电开发的必然性，而7%的否定则显示出对西部水电开发的疑虑。

国家“十一五”规划纲要要求统筹做好移民安置，在保护生态基础上有序开发水电，表明了一种开发水电的理性态度。事实上，积极开发西部水电也是理性与技术进步的必然选择。

二、西部水电开发利益分配导向的调整

如果西部水电开发存在可观的经济效益，那么这一份可观的经济效益应如何分配才有利于化解人们对西部水电开发的疑虑，构建水电开发的和谐关系呢？

1. 库区居民利益悖论

库区淹没补偿和移民安置一直是水电开发中最棘手的问题，也是遗留至今未能很好解决的问题，尽管从中央政府到各级地方政府已尽其智慧形成一系列的征地补偿和移民安置条例。1991年1月，国务院颁布的《大中型水利水电工程建设征地补偿和移民安置条例》规定了移民安置的“原标准、原规模、原功能”的“三原”原则。2006年9月，实施的《大中型水利水电工程建设征地补偿和移民安置条例》又进一步规定“国家实行开发性移民方针，采取前期补偿、补助与后期扶持

相结合的办法，使移民生活达到或者超过原有水平”①。而从实践来看，移民安置与政策目标还存在较大的距离，“水电开发，苦在移民”一直是和谐库区建设面临的不和谐声音。

从理论上讲，水电开发的可观经济效益是和谐库区建设坚实的利益基础。水电开发投入产出的显著效益，是协调库区利益关系的从容空间。库区建设中存在的不和谐声音，表明水电开发的利益安排存在调整的要求，而其中的关键环节就是库区居民的权益保障。水电开发涉及多方面的利益，库区居民的生存利益与库区环境存在最自然、最直接、最紧密的关系，水电开发导致的库区环境变化对库区居民生存利益的影响也是最直接的。但库区居民在水电开发中的权益表达反而最不充分，是一个“被安排”的利益主体。补偿标准较低、安置条件较差是水电开发中库区居民的普遍反映。以澜沧江小湾电站招标设计阶段补偿单价为例，旱地补偿单价为每亩 16704 元，茶园每亩 12600 元，除紫胶外的经济林每亩 3840 元，集体灌木林每亩 1100 元，草地每亩 550 元；住房补偿单价，平均每平方米 1392 元，其中框架结构每平方米 583 元，砖混结构每平方米 455 元，砖木结构每平方米 399 元，土木结构每平方米 309 元，木结构每平方米 214 元，杂房每平方米 241 元，田房每平方米 154 元；生活水池每立方米 140 元，粪池每个 60 元，沼气池每个 1800 元，水磨每个 1000 元。据当地干部群众反映，住房的补偿单价大约只有实际建筑费用的一半。如果这一反映属实，那么为什么不能按照最低标准的“三原”原则进行补偿呢？而且，从社会发展进程中人民群众生活日益改善的趋势来看，一个具有可观经济效益的资源开发项目的利益实现过程为什么反而使与之关系最自然、最直接、最紧密的利益主体利益受损呢？如果水电开发的可观经济效益与库区居民的利益受损存在必然的内在关系，即可观的经济效益以库区居民的利益受损为前提，一

① 刘世锦，等. 加快西部水电开发[M]. 北京：中国水利水电出版社，2007：188 – 189.

且充分补偿了库区居民的发展利益“达到或者超过原有水平”，可观的经济效益便不存在的话，那么这类项目就已经不具备立项的要求了。因为从社会发展的进程来看，库区居民的生活状况随着社会大趋势的变化而变化是必然的，如果人民群众的生活质量趋于改善，那么帮助生产生活较差地区居民改善生活质量也是政府的责任和社会的道义，不应该存在逆发展趋势、牺牲库区居民利益以保障业主和政府利益的现象。事实上这样的假设前提也是不存在的。以漫湾电站为例，电站装机容量125万千瓦，年发电量62亿千瓦·时，总投资33.87亿元，按水电上网价0.25元/（千瓦·时）计算，年收入15.5亿元，总投资两年便可收回成本。漫湾电站每万千瓦装机容量平均移民23.42人，淹没耕地41.5亩，淹没林地56.7亩，淹没补偿投资26.67万元；淹没补偿投资共计3333.75万元，占总投资的0.98%①。水电开发的可观经济效益是抵扣成本费用之后的利益，其中对库区淹没和移民安置的补偿也应当充分保障“达到或者超过原有水平”。具体到西部水电开发的实践过程，开发建设涉及的地区普遍是经济不发达的贫困山区，是国家扶贫开发政策框架内重点扶持的地区。这类地区生产生活环境的“原有水平”实际上低于经济比较发达的地区，这种低起点已经降低了西部水电开发的库区补偿费用。如“十五”期间我国水电工程建设征地补偿和移民安置费用全国平均为1332元/千瓦，西北地区为405元/千瓦②。另外，从国家的扶贫开发政策实践来看，国家重点扶持的贫困地区在国家实施的重大资源开发项目中的利益实现与扶持政策的实施也应是一致的。国家实施的重大资源开发项目是扶贫开发政策实践的具体行动，所以西部水电开发没有理由导致库区居民利益受损。

---

① 大理白族自治州发展和改革委员会．大理白族自治州发展计划志1949—2005[M],2007:200－203.

② “中国水电开发投融资问题研究”课题组．中国水电开发投融资问题研究[J]．经济研究参考,2008(8):25.

2. 库区居民的优先权益

在西部地区水电开发的利益实现过程中，开发商获得了巨大利益，中央政府和地方政府也分享了可观的利益，库区居民显然也应该分享到相当利益。如果按照“产权多、责任大、利益多”的分配原则，库区居民更是拥有优先获益权，因为库区居民与库区资源环境已经形成了自然依赖的关系。库区居民世居于此，依靠当地资源环境生存。虽然从终极产权来看这些资源环境是归国家所有，而不是产权属地化，但属地居民作为国民在共享国有资源产权的同时，又内含着对当地资源环境的直接依赖，所以当地居民在共享归国家所有的当地资源时便多了优先权益，即使当地资源环境变化导致损益当地居民也必然首先承受。这一逻辑关系实际上也是国有资源权益实现的基本空间秩序，在宪法规定自然资源归国家所有的前提下，各地区在共享国有自然资源权益的实践中也是“靠山吃山，靠水吃水”的。中央财政的转移支付只是再分配的协调形式，所以库区居民在库区水电开发的利益实现中拥有利益实现的优先受惠权。国务院颁布的《大中型水利水电工程建设征地补偿和移民安置条例》规定移民生活质量“达到或者超过原有水平”也正是以这种优先受惠权为依据的。当然，水电开发商开发水电的动机不是携带资金前来改善库区居民的生活质量，获得水电开发利益才是水电开发商的目的。但水电开发商在获取国有资源经营权、计算水电开发的成本效益时，必须明确库区居民对当地资源环境的权益、开发导致的资源环境变化对库区居民生活质量的影响，以及必须“达到或者超过原有水平”的基本要求。库区居民生活质量“达到或者超过原有水平”的安置补偿是水电开发必须支付的成本费用，如果水电开发项目在支付使库区居民生活质量“达到或者超过原有水平”的补偿费用之后，投资利益不能实现，则说明该项目不可行，不应该投资。这实际上是在项目开发投资的论证阶段就应该充分考虑到的，并不是附加的外部成本，也不是增加水电开发商的额外负担。而对于具有公益性的水电开发项目，使库区居民生活质量“达到或者超过原有水平”的安置补偿则需要政府承担责任。根据项目的效益结构，确定政府与开发商支付补偿费用的结构，保障库区居民生活质量“达到或者超过原有水平”的标准不应该改变。

把保障库区居民生活质量“达到或者超过原有水平”作为西部水电开发利益实现的前提条件，是把使库区居民生活质量“达到或者超过原有水平”的安置补偿视为项目成本，而不是视为利益分享形式。因为作为成本的安置补偿是必须预先扣除的，而利益分享则是扣除成本后的分配，是一种收益。显然，水电开发导致的库区资源环境变化对库区居民生活质量的影响所需要的补偿是一种成本费用而不是收益分配。成本费用必须在收益分配之前扣除，收益分配是纯粹利润的分配，分配比例依投资贡献程度而定。尽管以往对水电开发中库区居民的安置补偿在形式上列入项目造价的费用之中，但在观念上则将其理解为收益分配。特别是由于“达到或者超过原有水平”的标准过于模糊、富有弹性，而库区居民生产生活条件大多简陋，“达到或者超过原有水平”从一开始便被界定为一种低标准的状态。因此，即使是很低的标准，在开发商看来也已经“达到或者超过原有水平”，把库区居民的安置补偿视为收益分享。

3. “如果我是库区移民”

对于库区居民的安置补偿“达到或者超过原有水平”标准的认识，应该说也是在库区居民的呐喊声中逐渐深化的。20 世纪 80 年代，库区淹没土地补偿额是按被淹耕地年产值的 5 倍计算的[①]。到了 21 世纪，淹没耕地的补偿标准已提高为耕地年收益的 16 倍。但这是否便意味着“达到或者超过原有水平”呢？16 倍的补偿标准，实际上是给出 16 年的产业转型期，即按现有的收益标准，可有 16 年的时间进行就业调整。

---

① 如 1984 年漫湾电站耕地补偿标准为水田 1312 元/亩，旱地 772 元/亩，农村移民补偿为 3821 元/人；1998 年重新修订的补偿实际为 8539 元/人。

一个大中型水电建设项目，建设期约 10 年，16 年的产业转型期在很大一方面是寄希望于水电建设项目建成投产后所能发挥的就业带动作用。但这一目标能否实现、水电站建设能否带动库区的产业转型实际上远远不在库区居民所能把握的范围内。16 年的转型限定同样充满风险，如果未能获得新的就业，原本“达到或者超过原有水平”的希望便会落空并转化为库区遗留问题。

与此同时，库区淹没土地事实上造成库区生存空间被压缩。移民从河谷地上移到山腰或山顶，生存空间缩小，新安置条件比原先生存条件差，库区居民获得的资源环境中内含的可持续发展能力萎缩了。这一萎缩很可能构成库区居民生存发展的永久性约束因素。

也许每个人都应当反躬自问：“如果我是库区移民？”如果“我”不是政府官员、不是开发商、不是理论家，而是库区移民，“我”会如何评价现有的安置补偿和生存环境呢？俗话说：“破家值万贯。”一个已经熟悉的生产生活环境不只内含了历史记忆、文化遗存，还为生产生活提供了方便和安全感，而这些在安置补偿中往往被忽略了。另外，生存环境的变化和搬迁也需要时间和劳动，这也是容易被忽略的。如果开发商和政府官员能设身处地为库区居民着想，多一点“如果我是库区移民”的设想，也许对库区居民的关照便会细致些、周全些，安置补偿的责任感和道义关怀便会强烈些、体贴些。

4. 西部地区水电开发利益分配导向调整的可能性

现在必须对上述“达到或者超过原有水平”的补偿标准作一结构区分。在已经提到的水电开发的成本与利益分配的区别时，把“达到或者超过原有水平”暂时简单归入成本类，这是由于此前的“三原”原则与“达到或者超过原有水平”中的“达到”是一种标准，也是最基础的，这里可简称为“A 标准”。而“超过原有水平”则是在 A 标准之上多出的部分。因此，达到原有水平应是成本补偿，超过原有水平的“超过”部分则是利益分享。1991 年提出的“三原”原则，实际上只规定了成本补偿，因此“三原”原则也可以被称为成本补偿原则。这一原则在 2006 年又被重申，即“达到”“原有水平”。尽管 2006 年提出的标准是“达到或者超过原有水平”，执行这一标准既可以“达到”，也可以“超过”，既可以仅补偿成本，也可以在补偿成本之上再分享利益，但这样的标准由开发商执行，只可能达到“达到”标准，不太可能提升到“超过”标准，“超过原有水平”形同虚设。当库区居民在水电开发中仅获得损失的相应补偿，并没有分享水电开发的利益时，就提出了一个问题：库区居民在水电开发中是否应该分享水电开发的利益？根据以上论述和假设，利润分配结构由产权结构决定，如果水电开发在扣除成本之后，还有可分配的利润，政府作为国家的代理人通过税收的形式获取产权收益，开发商通过直接的利润形式实现投资收益，那么库区居民对库区环境自然依赖内含的优先受惠权如何体现呢？是否成本补偿可以抵销这种对资源环境自然依赖内含的优先受惠权呢？显然成本补偿是不可以抵销资源环境自然依赖内含的优先受惠权的。优先受惠权是利益分享的权益，即库区居民在原资源环境受损获得成本补偿之后，从水电开发导致的库区资源环境变迁和水电开发中获得的利益。库区居民的优先受惠权表现在，库区居民不仅以国民身份通过公共财政的渠道分享国家从水电开发项目中获得的产权收益，还将直接从水电开发项目形成的利益中分享收益。库区居民从库区水电开发项目的初次分配中直接获益，从而使库区居民生活质量在安置补偿“达到”原有水平的基础上又“超过”原有水平。优先受惠权是库区居民获得“超过”原有生活水平的法理依据和保障。如果没有库区居民对库区资源环境自然依赖内含的优先受惠权，就没有库区居民直接从水电开发项目利益中分享利益的权利依据，也就没有库区居民生活质量“超过”原有水平的必然要求。

把库区居民对库区资源环境自然依赖内含的优先受惠权付诸实践，库区水电开发项目建设不仅要补偿库区居民使其生活质量“达到”原有水平，还要保障库区居民分享水电开发的收益，使其生活质量“超过”原有水平，这是西部水电开发利益分配导向调整的重要内容。西部水电开发对库区资源环境变迁的影响不能仅补偿库区居民的既有损失，也不能仅保障其“达到”原有生活水平。保障库区居民生活质量“超过原有水平”既是该地区随同社会发展的要求和基本趋势，也是库区居民享有的发展权。因为水电开发项目建设在改变库区资源环境的同时，也打断了库区原资源环境的利用秩序，扰乱了库区居民原先经济的自发秩序。发展秩序的重新建立有赖于库区的新建设，以水电开发为基本内容的库区建设应该内含库区居民的发展权益。

水电开发保障库区居民生活质量“超过原有水平”也是和谐库区建设的基本要求。从已有的实践经验来看，电站职工往往获得较高的工资收入，职工生活质量与库区居民的生活质量存在较明显的差异。这种差异在库区居民生活质量得不到明显改善时很容易酝酿为矛盾冲突。只有在改善库区居民生活质量的基础上，才可能有效协调电站与库区居民的利益关系，化解矛盾冲突，构建和谐库区。而且，从西部水电开发的现实状况来看，库区多属于少数民族地区、经济不发达地区、远离大中城市的边远山区、生态源区，库区建设蕴含着多重政治、经济、文化、生态含义，保障库区居民生活质量“超过原有水平”，并与水电开发的利益实现协调发展，符合国家支持西部开发，扶持“老、少、边、山、穷”地区加快发展的政策要求。国家从水电开发中分享的收益直接用于支持库区建设，改善库区居民生活条件是国家促进区域经济社会协调发展的具体行动。由此可见，西部水电开发中利益分配存在关照库区居民优先受惠权的政策内涵，保障库区居民生活质量超过原有水平应该是刚性要求。

三、西部水电开发中库区利益协调的产权规范

西部水电开发作为一个方兴未艾的领域，库区建设不可重蹈以往矛盾冲突的覆辙。妥善安排库区经济社会的发展，与水电开发的收益相协

调地改善库区居民的生活质量，建设和谐的库区关系，是西部水电开发的长久之计。建设和谐库区，需要重新认识库区建设的关系，化解库区居民与水电开发项目建设利益关系的二元结构，从利益一体化的思路来协调库区居民与水电开发项目的利益关系，构建西部水电开发与库区可持续发展的长效机制。

迄今为止，水电开发在协调与库区居民的利益关系时，主要采取征地淹没与移民安置补偿的办法。这一办法尽管在逐步调整完善、提高补偿水平，但一直未能很好地化解与库区居民的矛盾。在水电开发对库区居民的补偿标准充分落实“三原”原则、“达到”原有生活质量水平的情况下，库区居民仍然未能分享到水电开发的红利。从理论上讲，地方政府是分享了水电开发红利的，这一部分收益若能关照到库区居民改善生产生活水平的需要，就有助于协调水电开发与库区居民的利益关系。但在具体的利益分配过程中，关照到库区居民的利益安排明显不足，其中既有地方政府分享不足之故，也有地方财力薄弱关照不周的现实约束。如据四川民族地区资源开发模式与机制建设研究课题组的调查，国家规划在凉山州建设的9座大型电站，因开发主体未在凉山州注册，致使凉山州在电站建设期间少收入税款达14.4亿元[1]。也就是说，这14.4亿元被不公平地转移到与水电开发地无关的其他地区。地方政府在水电开发中红利分享不足，加之地方财政收入能力较弱，库区居民很难指望从地方政府的财政安排中获得多少关照。

当前，我国大中型水电基本上由国有企业集团垄断开发，由国有企业垄断经营水流资源产权，水电开发的红利由业主和政府分享。这种红利分享格局所内含的与库区居民权益诉求的矛盾不可能靠兑现目前的补偿标准来化解。走出单一依靠财产损失补偿的窘境的关键，是正确理解国有水电资源开发的权益结构，打破某一利益主体的利益垄断格局，确

---

① 参见《四川民族地区资源开发模式与机制建设调研报告》(内部报告)第3页。

立规范的水电开发权责利结构。所谓规范的水电开发权责利结构，首先是规范产权权益。国家所有的水流资源在把经营权转让给开发商之后，产权被分解为所有权和经营权，开发商获得经营权的收益，国家获得所有权的收益。以往的国家所有权权益只分解为中央政府和地方政府权益，没有反映库区居民的优先受惠权，库区居民对当地资源环境自然依赖的权益实际上已被国家的所有权涵盖。开发商要获得经营权，只需与政府谈判形成交易合约，而无须征得库区居民的同意。库区居民的安置工作是由政府实施的。从产权交易的角度来看，开发商与政府达成交易合约，获得经营权。开发商只要履行合约责任，便可以获得经营权益。这实际上已经规定了国家的所有权权益中包含着库区居民的所有权权益，并且不仅作为国民的普通身份拥有这种权益，作为库区居民的特殊身份也同样拥有这种权益。库区居民身份拥有的所有权权益应该与中央政府、地方政府的权益并列，形成自主的份额比例。如果在国家的所有权权益中单独析出库区居民的所有权权益，则这一权益份额包括两部分，一部分是财产权补偿，另一部分是产权利益分享。财产权补偿相当于“三原”原则规定的补偿份额，产权利益分享则是库区居民对资源环境自然依赖的优先受惠权的表现。在规范产权权益的基础上明确责任，依权履责与获益。经营权履行资源经营责任，保障资源环境安全，在此基础上获取经营效益。所有权履行对经营权的监督，保障经营权的正当权益。

在规范的水电开发权责利结构的基础上，所有权与经营权的利益实现形式可以有多种选择，可以按股权的形式安排所有权与经营权的股权结构，也可以凭所有权向经营权征收水流资源经营费用。无论是采取股权结构的形式还是采取征收经营费用的形式，只要恰当确定收益分享比例，坚持利益共享，坚持权责利结构对称，就都有利于库区利益共同体的塑造，有利于调动各利益主体在库区建设中的积极性和责任感。库区居民在股权分红或者征收经营费用的分配比例中体验到与水电开发利益的一致性，实际上也就化解了库区居民与水电项目建设的利益矛盾。

确立规范的水电开发权责利结构，明确水电开发的产权关系，明确库区居民在水电开发所有权权益中的地位，纠正产权关系的约束倒置现象，保障产权关系中所有权的主导地位和对经营权的监督，以库区居民生存发展的长期利益约束资源开发短期行为，对于加快西部水电开发、健全西部水电开发秩序、保障流域资源安全、促进流域与库区的可持续发展将具有重要意义。

经济发展过程的价值判断[①]

一、发展的价值

发展作为时代的主题，影响着社会经济生活的各个方面。谋求发展是每一个人的权利。但是，人们又常常陷入“发展”的困惑之中。尤其是经济社会发育相对滞后、封闭的地区，既为“不发展”苦恼，又为“发展”困惑。

对发展的困惑，是由于人们既向往幸福生活，致力于资源开发和增加财富，又对其后果心存疑虑。经济不发达地区在资源开发中虽然获得了某些收益，但是并没有获得对等的回报，也并不总是表现为当地居民生活质量的明显提高，反而产生一种“越发展越落后”的矛盾现象。于是，一个问题常常被提出来：发展的意义是什么，价值何在？

联合国教科文组织在《1977—1982 年中期规划》中写道：“发展越来越被看作社会灵魂的一种觉醒。”所谓社会灵魂的觉醒，应是人的觉醒，人的全面发展，人的发展的普遍权利的完善。这一内涵的意义远远超越了收入指标增长比例和利益分配平等状态的含义。

民族地区经济发展最基本的动因，当然是该地区经济缺乏发展，以及由此存在的经济社会发育滞后、居民生活质量急需改善。但经济发展不能仅仅单向地解释为民族地区居民收入水平的提高或资源开发过程中利益实现和分配关系的均等。收入水平指标仅仅是经济发展的参数之

---

① 本文原载于《开发研究》1995 年第 2 期。

一，资源开发过程中的利益实现和分配关系也同样如此。

民族地区经济发展的根本目标在于实现该地区各民族的繁荣富强。显然，民族地区经济发展不是一种静态结果，而是一个民族意识觉醒、民族权利完善、生活质量提高的动态过程。发展的价值贯穿这一动态过程之中，既反映在利益指标上，也表现为社会进步对民族意识及行为方式的潜移默化。

社会进步对民族意识及行为方式的潜移默化，不断地影响并调整人们在经济发展过程中的经济伦理，使人们能够对该过程中发展变化的利益关系给予更趋理性的评价，客观地权衡经济发展过程中可能付出的代价和利益得失。事实上，当人们局限在某种特定环境和思维定式时，所谓的客观评价也不可避免地沾染着主观的自以为是。人们总是一觉醒来便获得顿悟般地疾呼转变观念。但到底转变什么观念呢？

经济发展过程的差距问题总是在昭示某种相对贫困的事实。民族地区经济社会发育滞后的连带效应，导致该地区无论是在计划的怀抱里，还是在市场的竞争中，都普遍地感觉到经济利益受损。计划统制使民族地区遭受资源品廉价调出的利益损失，市场竞争使民族地区遭受制成品竞争乏力的利益损失。横向比较来看，面对东部沿海发达地区经济迅速发展的巨大压力，民族地区反而显得“越发展越落后”，大有相对贫困加深之嫌。因为贫困的概念已经越来越被看作一种相比较而言的生活质量差别状态。平均的贫穷并没有酝酿出相对贫困，有差别的富裕却可能产生出相对贫困的感觉和怨言。何况地区间的经济发展和利益分布总是处于不平衡状态中，而民族地区又正是这种不平衡状态中的“落伍者”。这种状态往往构成了民族地区经济发展过程中的心理障碍，发展差距被看作“民族间事实上的不平等”的表现形式。

客观地评价民族地区经济发展过程，理性地分析经济发展的不平衡状态，重新审视和反思民族地区在冲出封闭、参与市场竞争、面对发展格局不平衡状态，以及利益分享过程中的得失和代价，显然是民族地区经济发展必须作出的价值判断。事实上，经济不发达地区与经济发达地区之间的经济关系及出现的差距，发生在从封闭社会向开放社会转变的过程中。经济不发达地区与经济发达地区相比，在市场竞争中的经济实力明显处于弱势，相应地，在参与利益实现和分配的过程中也必然处于相对不利的地位。如果充分认识到这种状况的历史客观性和特定时空范围内的必然性，将其视为从封闭走向开放、从缺乏活力的经济机制转变为充满活力的市场竞争机制的必要代价，那么发展的价值便不能仅以一时一地的眼前利益为权衡标准，而应该把从封闭走向开放并形成新机制的社会进步、社会发展意识的觉醒、人的素质的提高等作为权衡标准。所谓转变观念，最本质的就是要转变封闭思维定式下的经济发展和利益实现的得失观，跳出狭小的封闭目标，追求开放过程的发展效应，正视主观愿望与客观事实之间的差距。

二、利益得失的结构

经济发展过程中的利益得失是每个人永远无法回避的选择。自哈伯勒运用机会成本的概念解释李嘉图的比较成本说之后，这一概念已经被广泛运用于解释一般经济发展过程中利益得失的可能性，即为选择某种经济行为和利益而牺牲的其他可能获益的机会。这种被牺牲掉的机会就是选择所支付的机会成本。区域间经济伦理的分歧及经济发展过程中利益实现和分配的得与失，似乎比机会成本蕴含的可能性更具现实性，但不同视角对同一利益结构的评价并表达的愿望，实际上更多的是处于利益得失的可能性状态。每一种利益结构的背后都存在一种机会成本结构。

把机会成本的概念引入区域间的利益结构过程，考察每一种选择得失的可能性，对于一个从封闭走向开放的区域是必要的。民族地区从封闭走向开放及与其他地区发生经济关系，并构造某一时空格局的利益分布不平衡状态，实际上包含着民族地区经济发展利益得失的结构选择。

这种结构选择的“失”，就是为所得而支付的成本。区域间经济伦理的分歧虽然是由现实利益的差别引发的，但更多地表现为现实利益进一步引发的强化利益差异的可能性。其利益得失结构的“失”主要表现为“得”的机会成本。如由东渐西梯度推移可能造成的东、西部地区差距拉大；立足国内、区内资源配置，防止因利益外流可能牺牲的超越国内、区内资源配置的效率；因扩大开放、参与市场竞争可能伴随的某些利益流失现象；等等。机会成本虽然主要运用于分析微观经济活动中可能发生的利益得失，但是区域的经济组织、产业结构、经济战略的选择等中观、宏观经济活动的决策同样存在机会成本。每一种选择都意味着同时放弃另一种选择。如有限资源在 A 与 B 两类产业之间的选择，当有限资源选择了投入 A 产业，在获得 A 产业的利益时，不可能同时获得若投入 B 产业可能形成的利益。因此，重要的是权衡利益得失，选择机会成本最小、利益实现相对大的得失结构。

与机会成本相对应的另一种现象是，因选择某种经济行为并支付了代价而获得其他可能得益的机会。既然机会的牺牲被看作机会成本，那么机会的获得就可以对称地表述为机会收益。发展的价值判断事实上包含着对发展过程中机会成本和机会收益的两种取舍。机会成本的权衡以现实利益的获得为基础，机会收益的权衡却以现实利益的支付为代价，着眼于长远利益。对发展的价值判断不仅应该权衡每一种选择的机会成本，还应该权衡每一种选择的机会收益。

将机会成本和机会收益考虑进利益得失的结构选择中，就要求在经济发展过程中确立新的整体观，即在利益得失的时空结构上超越以封闭系统为整体的效应目标。从开放市场和长期发展的视角把握民族地区经济发展过程中的利益得失，谋求经济发展动态过程的整体利益。

经济发展动态过程的整体利益包括两个基本层面。最寻常的描述是从局部与全局的视角探讨局部利益与整体利益、微观利益与宏观利益的关系，论证整体大于各部分的总和。整体效应形成的主要障碍在于局部利益往往贴近每一个人的眼前利益。局部利益之间的实现和分配具有相对独立性，在区域间利益结构的得失选择过程中，人们往往更加关注局部的具体利益，并不惜为之支付较大的机会成本，而较少谋求整体效应的机会收益。

经济发展过程于整体利益的另一个层面是时间的整体利益。所谓眼前利益与长远利益、短期利益与长期利益的关系，就是在时间消耗的动态过程中考虑不同时间阶段的利益得失结构。如果区域利益主体之间空间结构的整体利益反映的是一种在利益形成的横向协调关系，那么考虑时间要素的整体利益反映的则是一种横向协调关系基础上的纵深发展权衡关系。对机会成本和机会收益的权衡，就是以时间的整体利益为依据。机会收益的利益实现以现实利益的支付为代价，则代价的补偿只能在相对长的时间段中考虑。可见，机会收益所谋求的应该是时间整体利益最大的整体效应。

机会收益和时间整体利益的存在，为协调区域间的利益关系和形成整体效应提供了灵活的余地，为发展滞后区域参与市场竞争及区域间的经济协作和利益分配增加了妥协的条件。也就是说，当经济发展滞后区域冲出封闭、参与市场竞争可能使眼前利益受损时，可以考虑到冲出封闭、参与市场竞争在该区域经济长期发展中可能产生的利益，把眼前利益受损作为交换长期发展利益的代价。在这种状态下，眼前利益与长期利益构成了时间的整体性。为争取长期发展利益而支付的眼前利益损失的代价是否值得，关键在于代价的支付能否在长期发展利益的实现中获得补偿，即时间的整体利益是否最大。当眼前利益的受损构成满足时间整体利益最大的必要条件时，争取机会收益和时间整体利益便成为协调近期利益与长期利益，并促进二者相互衔接的重要参数。民族地区在冲出封闭、扩大对外开放、参与市场竞争中，事实上经常困惑的就是眼前利益的受损，即封闭的利益受损和参与开放、竞争的利益受损的两难窘境。摆脱这种窘境并克服眼前利益受损的心理障碍的出路就在于突破眼前利益的局限，从时间的整体利益去权衡近期与长期利益结构的得失。

三、平等与差距

“平等”与“平均”，一字之差，内涵尽改。平等倾向于表达人们的权利关系；平均则倾向于表达人们之间的分配状态。平均主义对平等思想的篡改，实际上就是以平均分配代替平等权利。

把平等与平均区别开，对客观评价经济发展过程中区域间的利益关系是必要的。区域利益的实现既蕴含着权利关系，又表现为分配结果。人们有理由而且必须争取利益实现的平等权利，但没有理由也不应该要求利益实现的平均分配。

平等权利承认经济生活中各利益主体之间的利益差异，因为人的劳动能力存在客观差别，受不同劳动能力影响的区域利益实现也存在客观差别。社会主义按劳分配就是默认这种差别的分配原则，承认不同能力的利益主体依据其劳动贡献参与利益分配的平等权利。相反，如果要求不同能力的利益主体不是按劳分配，而是无差别地平均分配，这无疑是不平等的。社会主义“大锅饭”式的“干多干少一个样”的平均分配方式之所以严重挫伤了劳动者的积极性，就是这种平均分配方式造成了不同能力的利益主体之间利益实现的不平等。

既然在社会主义时期，平等权利原则承认利益主体之间的利益实现差别，那么区域经济发展过程中争取平等权利的结果就必然出现区域间的利益差别，表现为具体经济发展过程中的发展差距和居民收益差距。面对我国西部地区与东部地区之间、民族地区与其他地区之间存在的经济发展差距，以及现实乃至未来的经济利益关系仍可能继续存在的经济发展差距，用何种价值尺度去权衡，对民族关系的影响无疑十分重要。斯大林遗留的悬念“民族间事实上的不平等”既被描述为历史遗产，又被提示为现实必须解决的任务。消除历史上遗留的“民族间事实上的不平等”，争取民族间事实上的平等，显然只能被理解为争取民族间的平等权利，而不能理解为要求经济发展过程利益实现的平均分配。民族间事实上的平等并不等于民族间经济利益分配的平均。民族平等权利的实现同样会存在利益实现的差别。

如果承认民族间实现平等权利所存在的利益差别，承认区域间经济利益的客观存在，那么实现民族间事实上的平等以及缩小民族地区与其他地区之间的经济发展差距之间的关系，就只能是争取民族间的平等权利，提高维护平等权利的能力；在保障民族平等权利、争取均等经济发展机会、通过提高自身能力把握发展机会并转化为现实利益的基础上，缩小民族地区与其他地区之间的经济发展差距，而不能是通过要求利益实现的平均分配方式去消除经济发展差距。

由于平等权利不否定利益实现的差别，因此不应把区域间经济协作在平等权利基础上的利益分配差异视为不平等或不公平，不应把这种利益分配差异解释为“剥削”与“被剥削”的关系，而应该从协作分利的视角权衡区域间的资源配置和利益分配关系。实际上，民族地区从封闭走向开放，区域利益的形成只能是区域间经济互补的结果。虽然区域的经济实力和市场竞争能力对互补过程的利益分配直接产生影响，但是平等权利仍然需要在这种互补过程中实现，在利益权衡中弃小择大。民族地区维护自身的平等权利和经济利益，显然不能仅仅以该地区封闭状态下的利益完整不流失为目标，而应该跳出狭小的封闭区域利益目标，追求开放过程中利益互补的比较利益。

参考文献

[1]费朗索瓦·佩鲁.新发展观[M].张宁,丰子义,译.北京:华夏出版社,1987.

[2]王文长,孟延燕.少数民族地区经济发展结构·模式·未来[M].北京:民族出版社,1990.

[3]王文长,孟延燕.海南经济发展:利益分布与经济效率[J].经济研究,

1990(4).

[4]王文长,孟延燕.中华民族多元一体经济利益的构造[J].甘肃民族研究,1991(1-2).

[5]王文长.西部不发达地区在市场经济中的资源配置关系与利益实现[J].开发研究,1993(3).

[6]曹锦清.平等论[M].上海:华东化工学院出版社,1988.

[7]阿瑟·奥肯.平等与效率[M].王奔洲,叶南奇,译.北京:华夏出版社,1987.

第三部分

环境与发展的思考

人·社会·自然[①]

经济发展不是一个孤立的过程，而是在由人、社会、自然构成的环境中演化的。经济发展虽然为各民族的繁荣奠定了物质基础，但是不等于实现了各民族全部的生活利益。少数民族地区各族人民在解决温饱问题、过上小康生活的同时，还需要一个良好的生存空间。这个良好的生存空间不是在经济发展过程中随着产品的丰富而形成的，而是在经济发展过程中人、社会、自然之间互相尊重的结果。人、社会、自然之间的和谐是经济持续发展的保证。

一、人、社会、自然构成的环境

现代社会的发展使人们在越来越远离自然的同时又越来越与自然休戚相关。经济与技术的进步，改变了人类生活所需的某些物品传统的生产途径，人们可以利用新的科学技术改造自然来满足自己的私欲。人类一次又一次地征服自然力，从人工合成各种原材料、改造自然气候，到实施“星球大战”计划，似乎成为大自然至高无上的主宰者。但是，人类还不能超越自然。特别是当一股巨大的自然力突然袭来的时候，人的力量便显得那么渺小、脆弱。同样，由人的活动和相互间关系所组成的社会及其形态的变化，在大自然亘古的演化中也显得微不足道。然而，每一代人、每一种社会与自然之间的关系又是如此地重要和密切；人的活动、社会的发展，既受制于自然，又影响着自然；自然的演化也

① 本文原载于《未来与发展》1988年第5期。

随着人、社会行为的作用而日益明显与迅速。人、社会、自然之间的相互作用构成了一种综合环境。这种综合环境对于人类社会来说，是人类社会赖以生存的空间，是直接或间接影响到人类生存和社会发展的各种因素的总和；而对于自然界来说，则是直接或间接影响到自然生态变化的人文、社会因素的总和。不合理的人、社会行为对自然生态的破坏，恶化了人类社会赖以生存的空间。因此，由人、社会、自然之间的相互作用构成的综合环境是一个有机整体，是由多方面因素相互制约、共同作用而形成的。

经济发展是以人类行为为主体展开的经济活动。这种经济活动以具体的社会生产关系为背景，发生和存在于一定的空间之中。如果把经济发展看作相对于周围客观世界的主体，便可以发现，经济发展总是在一定的环境中进行的。经济发展与环境之间的相互作用反映了人、社会、自然相互制约的关系。

经济发展时刻存在于自然环境之中，受到阳光、大气、水、土、生物、矿物质等因素的影响与制约，由此形成了具体的经济发展模式、结构和途径，以及经济发展的区域、产业特征，影响了人的经济行为和社会生产方式。同时，经济发展又直接或间接地影响了自然环境，一方面使一些自然环境得到改造和美化，另一方面造成了自然环境的污染与恶化。特别是自英国工业革命以来，全球森林破坏，土壤侵蚀、大气污染、水质污染、土地沙化等现象日益严重，人类在获得更多物质产品的同时，也忍受着环境恶化的痛苦。当然，在此期间人类也进行了环境治理，但在迄今为止的经济发展总进程中，环境污染仍有增无减，以至于一些人惊呼世界末日已经来临，导致世界各国“绿党”运动的兴起（“绿党”以绿色为旗帜，以保护和改善环境为政治纲领）。对于世界末日是否来临和“绿党”运动的政治纲领是否正确，我们不妄加评论，但有一点十分明确，经济发展带来的环境污染正在引起人类生存空间的恶化，也给经济发展本身设置了障碍和造成了损失。以我国为例，据估算，每年大气污染造成的经济损失约 68.37 亿元，水污染造成的经济损失约 227.00 亿元，固体废物污染造成的经济损失约 79.50 亿元，农药污染造成的经济损失约 146.50 亿元。人类在祈望经济发展的同时，已经不得不陷入对环境问题的深思。

二、经济发展过程中的环境问题

伴随着经济的发展，人们对环境问题日益关切。虽然经济发展与环境污染之间没有必然关系，但是二者之间却有密切联系。在经济发展的不同阶段，环境问题也表现为不同的形式，对人类生存有着不同程度的影响。因此，当我们认识到这一点时，我们便有责任对经济发展的结果进行选择，尤其是在经济发展刚刚起步的时候，如少数民族地区的经济发展。实际上，尽管少数民族地区的经济还未达到十分发达的阶段，其经济发展过程中并未出现如西方经济发达国家工业化时期和我国部分工业城市出现的环境污染现象，但已经出现和即将面临的环境问题也十分令人担忧。

1. 自然经济中的环境问题

也许有人认为，少数民族地区由于工业不发达和自然经济的壁垒，可以更好地保护自然环境，而不至于出现环境问题。其实不然。在自然环境中人们忽视环境保护的行为同样会导致环境的恶化。由于农业技术落后、经营粗放，人类往往采取更加野蛮的方式去掠夺自然资源。刀耕火种和不断扩大垦殖面积导致了水土流失，使大片肥沃的土地沦为不毛之地，物种资源和土地迅速丧失。正如恩格斯所描述的："美索不达米亚、希腊、小亚细亚以及其他各地的居民，为了想得到耕地，把森林都砍光了，但是他们梦想不到，这些地方今天竟因此成为荒芜不毛之地，因为他们使得这些地方失去了森林，也失去了积聚和储存水分的中心。阿尔卑斯山的意大利人，在山南坡砍光了在北坡被十分细心地保护的松林，他们没有预料到，这样一来，他们把他们区域里的高山畜牧业的基础给摧毁了；他们更没有预料到，他们这样做，竟使得山泉在一年中的大部分时间内枯竭了，而在雨季又使更加凶猛的洪水倾泻到平原上。”①用恩格斯这段话来描述我国少数民族地区部分农村、山区、牧区的垦殖和环境状态也是十分中肯的。我国少数民族地区沙漠面积的日益扩大和许多荒山秃岭的形成就是自然经济下不断扩大平面垦殖面积、刀耕火种，对自然资源实行掠夺式经营的结果。例如，内蒙古科尔沁地区，在宋代还是水草茂盛、土地肥沃的草原，到了17世纪后期，清朝政府实行放荒招垦政策，仅1907年封建王公贵族就在科尔沁右翼中旗放荒8万多公顷草地，然而仅仅经过两三年耕种即因天然肥力衰减或沙害严重而被弃耕。撂荒地因犁耕破坏了草原植被而遭到风蚀，地下沙质沉积层被掀起，使昔日肥美的科尔沁草原成为今日荒凉的沙漠。

毋庸置疑，自然经济中人们不合理的社会行为对自然环境的破坏在少数民族地区乃至整个中国大地上产生的影响都是极其深远的。然而，由于受人口经济规模的限制，环境破坏的形式和规模也同样有所局限。但我们是否已经将先民的行为引以为戒呢？我们是否已经重新调整了人与自然界的关系呢？并没有。人们为了满足攫取更多财富的欲望，正不顾一切地向自然界索取，一种新的环境危机正在降临。

2. 悄悄酝酿的环境危机

随着少数民族地区与东部沿海地区在经济发展过程中的差距不断扩大，少数民族地区加快经济发展的欲望日益增强。少数民族地区要想尽早摆脱贫困、缩短与经济发达地区之间的差距，客观上要求经济得到较快发展。当前，在少数民族地区经济发展过程中，自然经济与商品经济相互交织。新旧经济运行模式之间的转换、新旧经济秩序的更替，标志着少数民族地区的经济发展正在转入一个新的阶段，一股压抑已久的强

① 马克思恩格斯全集：第20卷［M］. 北京：人民出版社，1972：519.

烈的经济发展欲望即将喷发出来。少数民族地区呈现出百业待兴的形势。人们常常抱怨经济发展不够快，希望经济发展得更快些、再快些！加速经济开发、扩大投资成为少数民族地区各级政府首先关心的问题。与此同时，一种尚未引起人们普遍重视的、比自然经济中的环境问题严重得多的环境危机正在悄悄酝酿着。

（1）乡镇企业的兴起与环境污染的扩散

党的十一届三中全会以来，东部沿海地区乡镇企业的兴起在广大少数民族地区引起了激动人心的反响。乡镇企业以它强大的生命力磅礴于少数民族地区广大乡镇乃至穷乡僻壤，为其经济发展注入了新的生机；乡镇企业成为少数民族地区广大乡镇脱贫致富的希望。乡镇企业在少数民族地区的兴起，对于促进该地区农村经济的繁荣和商品经济的发展，对于促进乡镇经济中产业结构的合理化，以及提高农村和中小城镇的生产力水平等都具有重要作用，不失为少数民族地区脱贫致富的重要途径。同时必须引起重视的是，由于乡镇企业的发展缺乏规划，工艺、技术、设备比较落后，加之经营管理水平较低、缺少环境保护设施，往往资源利用率很低，给周围的环境带来严重污染。例如，云南省镇雄县硫铁矿资源丰富，由于开发过程中缺少合理的规划和科学技术的指导，农民蜂拥而上，乱采滥挖，用土法炼硫，硫黄回收率仅在20%～30%，其余70%～80%的硫黄成为有毒有害的二氧化硫弥漫于大气之中，不仅造成了资源的浪费，还导致了周围区域植被和动物群落的毁灭。缺少规划和环境设施的乡镇企业造成少数民族地区的环境污染范围迅速扩大，在加速对本地区自然资源的掠夺和破坏的同时，也在加速着工业污染向乡村的扩散。

（2）东部传统工业向西部转移将导致的环境问题

我国东部沿海地区经济发展战略的实施，将加快这些地区的经济技术改造和产业结构调整；而被东部沿海地区淘汰的经济技术设施被西部经济不发达地区视为“奇货”，相应地，东部地区部分传统工业也将转移到西部地区。这种结果虽然为西部地区，特别是少数民族地区的经济发展节省了资金、时间，增强了其经济技术能力，但是也给少数民族地区带来了新的环境污染。因为我国传统工业的特点之一是能耗大，能源结构以煤为主，工艺技术落后，管理粗放，对气体、固体、水、噪声等污染的处理能力较差。目前，传统产业在东部地区已经造成了严重的环境污染。据 1985 年 3 月国家环保局发布的环境监测结果，北京大气中颗粒物达到每立方米 840 微克，比联合国列举的世界上大气污染最严重的印度加尔各答还高；大气污染使上海、温州等地的呼吸道疾病发病率和死亡率比一般地区高 50%；水污染和水源短缺导致全国大多数城市用水紧张；全国有一半城市的噪声超过 75 分贝，占城市居民人口 40% 左右的人在超过噪声标准的条件下生活；1983 年全国工业和矿业固体排放量超过 4 亿吨。显而易见，东部地区传统经济技术向西部地区的转移，势将形成环境污染的转移。目前，西部一些地区已经深受环境污染之害。据 1982 年测算，重庆和贵阳两市雨水酸度月平均值几乎全在 pH 5 以下，单场雨酸度在 pH 4 以下的每月都有。酸雨对水生生态和陆生生态均形成了严重危害。西南地区的酸雨现象是与西南三线工业及一些地方工业含硫污染物的大量排放相联系的。

（3）一种新的贫困：环境恶化

少数民族地区经济的贫困可以直接从个人的收入数量中表现出来，为社会所公认，而环境恶化对少数民族地区社会生活质量的影响却没有被高度重视。事实上，少数民族地区在争取经济发展的同时，正面临着一种新的贫困：少数民族地区自然经济遗留的环境问题尚未解决，新的、更大规模的环境污染又已降临，环境污染正在悄悄吞噬着各族人民的生存空间，影响着人们的生活质量。对青海湖盆地自然资源的掠夺式经营，已经造成了植被、草原、湖泊生物生产力的衰退；大量使用残效长的剧毒灭鼠、杀虫农药，同时杀死了其天敌及其他有益生物，污染了环境，已经造成了生态系统的慢性崩溃。目前，青海湖盆地天然植被覆盖率已经损失 20% ~40%，环湖地区尤为严重。大面积植被破坏的结果是气候干旱，植被退化和沙化的速度加快。近 30 年来，青海湖水位平均每年下降 0.12 米，1985 年湖面面积比 1956 年缩小了 200 多平方千米。据推测，若不尽快采取措施，用不了 200 年，青海湖就会干涸。随着新疆塔里木盆地农业的开发，塔里木河中下游流量已由最初的 40 亿 ~50 亿立方米急剧下降至 4.6 亿立方米；罗布泊在 20 世纪 50 年代尚有 3000 平方千米水面，到 20 世纪 70 年代已经完全干涸；塔里木河两岸的森林、草原已经岌岌可危。目前，新疆草原严重退化面积已达 1.2 亿亩，天然草场产草量下降 20% ~40%，20 世纪 60 年代到 70 年代中期，半荒漠草场产草量已下降 50%。近半个世纪以来，内蒙古沙漠化面积扩展了 1.5 亿亩，每年以 500 亿亩的速度发展，在全区 88 个旗县中已有 67 个受到风沙危害；全区水土流失面积已达 2.8 亿亩，每年向黄河撒进 1.8 亿吨泥沙；全区 8000 万亩耕地中，水土流失、风蚀严重的面积达 1600 万亩，急需改良的盐碱地达 1000 多万亩。素有“植物王国”之称的云南省，20 世纪 50 年代初的森林覆盖率为 50% 左右，30 多年来几经破坏，森林覆盖率仅剩 24.9%；海拔 3300 米的大山包地区，3000 年前还是原始森林，20 世纪 50 年代林草覆盖率为 35%，至 1981 年已是树木罕见，牧草覆盖率仅为 21%，土壤沙化，水土流失，群众铲草皮做燃料，生活艰难。目前，全省森林覆盖率正以每年 0.7% 的速度递减，物种逐渐消亡。“植物王国”面临着被颠覆的危险。全省每年减少森林储水能力达 5000 万立方米，每年水土流失面积以平均增大 2.66% 的速度发展，年平均流失土壤达 3.25 亿 ~5.00 亿吨。

三、并非回归自然

人类社会的文明史、进步史，不应该是自然环境的污染史、破坏史。同样，在少数民族地区，经济的开发、发展过程，也不应该是自然环境的污染、破坏过程。

1. 人类历史的教训

在人类社会的发展史中，人类与自然对抗引起的灾难不乏其例。巴比伦、哈巴拉、玛雅三大古代文明的覆灭就是典型例证。巴比伦文明发祥于幼发拉底河和底格里斯河两河流域的美索不达米亚平原，两河的滋润使这里的灌溉农业得到了较早的发展。人们引幼发拉底河的水灌溉农田，然后排入底格里斯河，再流入海。千里沃野孕育了四五千年前光辉灿烂的巴比伦文化。在农业发展过程中，人们对两河上游森林的滥伐造成了气候失调、水土流失、土地沙化，美索不达米亚平原终于沦为了不毛之地；巴比伦文明从此消失。四五千年前，印度河流域哈巴拉地区的农业已经获得了较快的发展。这里盛产小麦、大麦、芝麻、甜瓜和棉花，有坚固的城堡和粮仓，形成了与巴比伦文化齐名的世界古老文明。由于农业的发展，耕地的扩大破坏了原始植被，由此开始了干旱时代，出现尘土风暴，土地沙化，大片土地被迫弃耕，形成了今天面积为65万平方千米的沙漠。今天的危地马拉曾是古代中美洲玛雅文明的中心。公元250年，玛雅的文化、建筑、人口达到鼎盛时期，人口密度达到200～500人/平方千米。公元800年，受森林破坏以及其他因素的影响，玛雅文明开始崩溃，不到100年的时间，这里几乎人烟绝迹。我国的黄土高原如今是遮天蔽日的滚滚黄沙、茫茫荒原的千沟万壑，而四千多年前它也是森林茂盛、水草肥美的地方。古代历史文明的毁灭，是人类与自然对抗过程的归宿。古代农业的发展产生了人类社会的古代文明，同时这种发展又导致了古代文明的毁灭。人类文明史的对抗过程，为今天少数民族地区环境问题提供了深刻的教训。

2. 经济发展与民族利益的选择

经济发展与民族利益是一个统一的过程，无须把这一过程区分为两个方面进行取舍。然而，只有当经济发展没有带来环境污染或污染较小的时候，民族利益才能被充分体现出来。而当经济发展造成了严重的环境污染时，就会破坏并危及各民族最基本的生存空间，这与民族利益是相矛盾的。经济发展提供的更加丰裕的物质条件对民族的繁荣无疑是十分必要的，而良好的自然环境能够提供一个良好的社会生活空间，这对于民族的生存发展也同样重要。甚至从某种意义上，创造一个良好的生存空间比暂时增加一些物质产品更加重要。维持一个良好的自然环境最终会影响到经济发展，影响到各民族最基本的生存空间。在少数民族地区，由于不断地扩大垦殖规模、草原过牧、森林滥伐，造成土地沙化、水土流失，将会制约经济的发展，并造成经济上的损失。大气污染、水污染等环境污染不仅影响到工农业生产，而且直接影响到各族人民的身体健康。据云南省昭通、曲靖、楚雄、红河、大理、西双版纳六地的调查，环境污染造成了严重的地方病，其中氟发病村镇数为 7870 个，不同程度的患者达 235 万人；东川市呼吸系统疾病死亡率达 1.6‰；近年来，云南省地区性恶性肿瘤的发病率逐年增加，平均每天有 20 多人死于恶性肿瘤。事实上，对自然资源采取掠夺式经营和不重视环境保护的经济发展是暂时的发展，是一种短期的行为。这种暂时的发展带来的眼前利益是以牺牲各民族生存的根本利益为代价的，是与民族的长远利益相冲突的。因此，经济发展必须以实现民族利益为根本前提和归宿，经济发展应该成为实现民族利益整体活动的一部分。只有这样的经济发展才是我们所应该选择的，也只有这样的经济发展才能持久。任何以损害民族长远利益为代价的经济发展行为都应该被毫不犹豫地摒弃。

3. 重新确认人、社会、自然的关系

以人类文明的兴亡史为借鉴，摒弃一切不合理的经济发展行为，并不等于不需要经济发展，并不是“回归自然”，而是强调经济发展与民族利益的统一。我们不是自然主义者，但我们必须了解自然，在人、社会、自然之间架起互相沟通的桥梁。各民族在获得经济发展的同时，也必须获得与自然的和谐。因此，当我们倡导没有污染或减少污染的经济发展时，我们也必须重新确认人、社会、自然的关系。我们应该非常清楚，人类必须有赖以生存的空间，而这个空间迄今为止还只能被局限在地球这一星体上。既然人们不能超脱自然，只能在一定的自然环境中获得生存，那么人类就只能是“自然之子”，而不应该是“自然之父”。人类的社会行为必须遵循自然规律，而不应该随心所欲地去“改造自然”。只有实现人、社会、自然的和谐，取得人的社会行为与自然规律的协调，各民族才可能获得一个良好的生存空间，才可能在大自然中创造民族的文明，寻找到本民族生存的位置。因此，民族的生存是在人、社会、自然的关系中确立的。为了各民族的繁荣，人们必须责无旁贷地保护自然环境，如同维护每个人的切身利益一样。

四、经济发展行为的修正

重新修正少数民族地区的经济发展行为，就是要改变对自然资源的掠夺式经营方式，使少数民族地区的经济发展行为不仅遵循经济规律，而且遵循自然规律，体现出少数民族地区生态环境的特点和要求，保证经济的持久发展，促进民族长远利益的实现。

其一，建立农业生态系统。首先，要克服传统农业生产中“烧、杀、抢、掠”的单一超薄型平面垦殖的农业经营方式，建立良好的农业生态系统，充分利用土地、水面、生物、阳光等农业资源，运用生态学原理来设计和组织农业生产；通过种草种树、水面养殖、因地制宜地发展种植业，提高植物吸收太阳能、把无机物转化为有机物的效率，提高植物产品转化为动物产品的效率，逐渐消除农业资源的荒芜现象，并创造良好的农业生态环境。其次，要提高初级农产品的利用率和转化率，对各种初级农产品进行合理的深度加工，提高农业的整体生产率，实现农业的立体化和生态化。

其二，加强工业生产的生态设计。少数民族地区虽然总体上工业还很不发达，但是在工业企业比较集中的城市，工业生产造成的环境污染也很严重。随着少数民族地区工业化进程的加快，若不对传统的工业生产行为加以修正，那么造成的环境污染是可想而知的。例如，云南昆明市区废气排放量占全省的24.6%，废水排放量占全省的28.0%，固体废弃物排放量占全省的58.4%。因此，对少数民族地区正在发展和即将发展的各类工业生产项目，包括乡镇企业，必须加强生产过程中的生态设计。加强工业生产过程中的生态设计，就是要改变工业生产传统工艺中单一追求产品产量，不惜大量耗费资源，大量排放废气、废水、废渣的做法；用生态学的原理去指导工业生产，在生产过程中实现资源的合理利用和多次利用，以生产过程的闭路循环形式完成资源的充分利用，使生产过程尽可能地减少废气、废水、废渣的排出，保持生产过程及周围环境的洁净。例如，我国近年来提出的生态工程理论，就是运用生态学中物种共生和物质循环再生原理，以及系统工程的优化方法来设计对资源多层利用的工程体系，实现物质能量的多层分级利用、物质转化与再生、无污染工艺、多功能系统的完全代谢过程。应用这种理论处理污水，对低浓度有机废水可采用“水生物—氧化塘—污水灌溉”处理系统；对高浓度有机废水可采用“厌氧发酵—沼气—污泥施肥”处理系统；对其他有机工业废水，可实行总量控制后与城市污水合并，然后采用“氧化塘—兼性塘—好氧塘—储存养鱼池—灌溉农田”生态处理系统。通过这些生物利用技术，实现废水资源化。

其三，重视自然资源的合理开发与保护。当前，一股加速资源优势向经济优势转换的经济开发热潮正在少数民族地区掀起。由于工业落后和缺乏整体规划，经济开发往往造成自然资源的极大浪费和破坏。经济开发过程对自然资源的破坏不仅存在于中小企业的行为中，而且在一些较大规模的工程中也同样存在。例如，在开发洱海的过程中，由于没有充分发挥洱海水资源在水能、水利灌溉和保护生态平衡等方面的多种功能，在洱海出口处建立的西洱河水电站投产后，洱海水位大幅度下降（现水位已下降2.78米）；不仅电站本身不能正常运行，还致使洱海周围的生态平衡失调。洱海东南部地区许多长期受干旱威胁的耕地无法从洱海获得灌溉水源，湖滨1万多公顷农田的灌溉用水也难保证，农业生产受到威胁；生态环境日趋恶化，洱海盛产的弓鱼因失去繁殖场所而濒临灭绝。为此，西洱河水电站也不得不于1984年停止运行。

经济发展行为的结果不应该孤立地表现为单项经济指标的增长，而应该揭示出民族繁荣的到来，表现为少数民族地区社会生活质量的全面改善。这其中的真谛，就是人、社会、自然的和谐。让我们牢记恩格斯的忠告：

“我们不要过分陶醉于我们对自然界的胜利，对于每一次这样的胜利，自然界都报复了我们。”

西部开发的两个基本观：人本观与美学观[1]

西部开发被呼唤已久，但为什么当中央政府明确提出并实施开发战略时，人们一方面期待西部开发的实践带来福祉，另一方面又对西部开发心存疑虑？为什么人们热衷谈论西部开发中的教育、环境建设，而讳言自然资源开发？原因就在于西部开发的历史与人们的良好初衷存在较大差距。

历史上的西部开发有两个基本取向：一是寻求政治安全，如屯垦戍边、三线建设，都带有强烈的政治、军事色彩，利益目标是国防安全；二是获取资源，包括森林砍伐、矿产资源开发等，都采取了国家无偿征用的形式，利益目标是社会主义制度的资源保障。这两种取向和利益目标都忽视了当地居民的权益并远离当地居民的具体利益要求。建设项目的利益安排与当地居民的利益需要脱节，未能广泛动员当地居民参与建设并有效促进地方经济的发展；相反，开发行为引发、积累着日益严重的生态环境问题，当地居民的生存问题越发严峻，人地关系更趋紧张，西部贫困现象并未有所改观。

以史为鉴，西部开发的战略实施应重视当地居民的权益并反映其具体利益要求，树立两个基本观——人本观与美学观。

一、西部开发的人本观

西部开发的人本观，就是树立人在西部开发中的主体观念。西部开发的主体是人，动力是人，目标归宿也是人。开发行为是人的行为，开

---

① 本文原载于《民族经济与社会发展》2004 年第 5 期。

发过程是人的活动，西部开发由人展开，出发点和目标是改善人的生存质量。但西部开发中的“人”为何人？历史上的西部开发也是由人展开并获取利益的，但人的关系存在倒置现象，即在国家推动的开发过程中，外部介入的、代表国家利益的开发者成为主角，当地居民沦为配角，处于等待开发的地位和状态。这样便往往引发项目建设与当地人的矛盾，如上级政府机关所属企业与地方经济利益、国有农场和周围乡村居民等方面的矛盾，影响了开发建设的效率和可持续发展能力。新的人本观应当是以当地居民为主角。西部开发应以西部居民为主体、为动力、为目标归宿。但这不等于西部开发只靠“西部人”。相反，西部开发应广开“才”“财”之路——西部人要以积极、自觉的姿态吸纳海内外人才、资金推动开发进程。在西部开发的利益实现中，投资者是在有约束的利益驱动下参与西部开发并分享开发利益的。所谓“有约束”，是指投资者的利益必须服从开发行为和当地居民可持续的利益需要；当地居民在资源开发的利益实现和分享中拥有优先受惠权，即明晰自然资源权益关系的内在差异所呈现的近与远、密与疏、内在与外在的关系，明晰国民在自然资源存在和开发所形成的利益分享中的先后次序，在这种关系中当地居民优先受惠。这种优先受惠权包括以下三个方面。①当地居民对当地自然资源保护、开发利用的动议权和对当地生态环境的维护权。自然资源的开发利用应当尊重当地居民的根本利益和意愿，开发行为所推动的自然资源形态变化不应导致当地居民可持续生存质量的下降。②自然资源的开发利用对当地居民直接物质利益的保障权。自然资源开发过程中的劳务安排和利益的初次分配必须确保当地居民的正当权利，在自然资源存在和开发形成的物质利益中直接体现、落实这种权利。③当地居民对自然资源利益实现的基本保全权，应确保资源地居民在资源增殖中的正当权益。

只有真正体现当地居民在西部开发中的优先受惠权，西部开发的“以人为本”才能真正找对定位并落到实处，才能确保当地居民在西部开发利益实现和分享中的正当权益，确保当地居民对西部大开发战略的积极参与和有效监督，奠定当地居民在西部开发中的利益基础。

二、西部开发的美学观

西部开发的美学观，就是树立西部开发的和谐观念。和谐是美的基本形式，是西部开发诗意般的本源性存在和终极追求。西部开发的和谐包括人与自然关系的和谐、人与社会关系的和谐。

人与自然的关系主要涉及生产领域，即人类生存在自然环境之中获得自然资源，改变生态环境的关系。人与自然的和谐，维护着适宜人类生存繁衍的生态环境。这已经成为我们理解发展的重要标准，是符合美学观的标准。事实上，国家的开发战略中已经提出这一要求，即“再造一个山川秀美的西部”“统筹人与自然和谐发展”。西部开发争取实现人与自然的和谐是中华民族传统文化蕴含的内在要求，“天人合一”“道法自然”都在追求人与自然的和谐，是美的诗意般的最高境界。人类行为发生于自然环境，必然导致其生态平衡状态的变化，但这种变化可能而且应当争取实现人与自然的和谐。只要人类充分地认识自然，避免、减轻自然灾害，开发行为就可能建设一种新的生物圈生存结构的平衡，即生态平衡。这是西部开发争取人与自然和谐的依据。人类社会所讨论的生态平衡，实际上是以人类生存发展的需要为核心的，即以满足人类生存发展的需要为评价标准。人类对生态平衡的要求表现在人类的生存发展必须有一定量的其他生物的存在、循环来提供支持。这种支持突出表现在物质支持和环境支持等方面。所谓生态失衡，实质上就是生物圈生存结构中人类生存所需要的物质支持和环境支持不足，不能适应人类生存发展的需要，导致居民生活质量的下降。因此，生态平衡中的环境容量结构，是人与其他生物及所构成生物圈的稳定，其结构的稳定状态即维持生态环境的平衡。但平衡不等于静止，平衡是动态的平衡，即人口是变动的，人是活动的，其他生物存量及结构也是变动的，人与其他生物所影响的环境质量也是变动的。从发展变化的角度来看，人与自然和谐的常态和本质就是人与其他生物及所构成的环境圈相对稳定的动态平衡。这种动态平衡给人类营造了适宜生存的自然环境，资源被有效合理地利用，物种的保存满足了人类认识自然界的需要，自然的与人造的景观作为美的形式的象征，成为人类对生存环境美的追求的重要物质寄托。实际上，生态伦理观正是衍生于人与自然和谐的美学观。

人类社会关系的和谐主要涉及分配领域，即西部开发中的利益实现与分享。人类社会关系的和谐最直接的效果就是避免社会冲突，增进团结互助和相互理解，增进社会公德、社会信用及社会稳定。和谐的社会关系是人类生存发展的一种社会理想，是人类对美的一种社会追求。对美好社会、幸福生活的向往，也是人类生存的精神寄托，与人的存在同在。

西部开发的战略初衷是争取国民经济整体格局的和谐，其中包括西部开发过程中利益实现与分享的和谐。因此，对人类社会关系和谐美的追求是西部开发的题中之义。在西部开发中促进人类社会关系的和谐，关键是在利益实现与分享中明晰利益主体的权益，把西部开发的出发点和归宿真正落实到当地居民可持续的生存利益上，确保西部开发的利益惠及西部地区各民族，确保当地居民在资源开发中优先受惠。通过建设互利共享的利益协调机制，为和谐的社会关系提供制度保障和利益基础。互利共享利益协调机制的建设，主要是通过对当地居民人力资源的动员，使当地居民能够广泛地参与项目建设过程，成为项目建设人力资源的主体；通过股权分配完善权益结构，即通过股份制形式协调资源配置要素的权益，促进投资效率和整体利益的最大化，实现股权的互利共享；通过发挥国家对生产力布局及分配与再分配制度设计的积极作用，充分协调各利益主体的协作积极性，争取民族利益关系在利益一致性的共同基础上促进多元利益主体的内部化和利益相融。西部开发过程中利益实现与分享的和谐，是西部开发争取人类社会关系和谐最基本的形式之一。

美与人的存在同在。西部开发的美学观与人本观相互映衬，人本观蕴含着美学观，人的生存发展需要和谐美；美学观蕴含着人本观，和谐美是人追求生存发展的形式和精神寄托。西部开发内在的人本观和美学观衍生于西部地区居民的生存利益需要，只有真正体现人本观和美学观的开发行为，才能彻底化解人们对西部开发的矛盾心态，最终展现山川秀美、各民族共同繁荣的景象。

第四部分

民族教育与经济发展的衔接

民族教育的经济效益[①]

社会经济活动要讲求经济效益，这已是众所周知。但民族教育是否也有经济效益呢？我们认为民族教育也要讲求经济效益。本文试图在这方面做一些探讨。

一、民族教育经济效益的概念

在论述民族教育经济效益之前，有必要提出一个与之有关的概念，即民族教育力。民族教育力，就是民族教育的能力，包括民族教育的师资队伍和有关的教育设施。其形成过程主要表现在师资建设和设施建设上，投入过程就是师资和设施的运用与消耗。因此，民族教育力的形成、投入过程，实际上就是民族教育经费的投资、消耗过程。本文构思如图 1 所示，在减少消耗和增加产出的关系上，导出民族教育的经济效益问题。

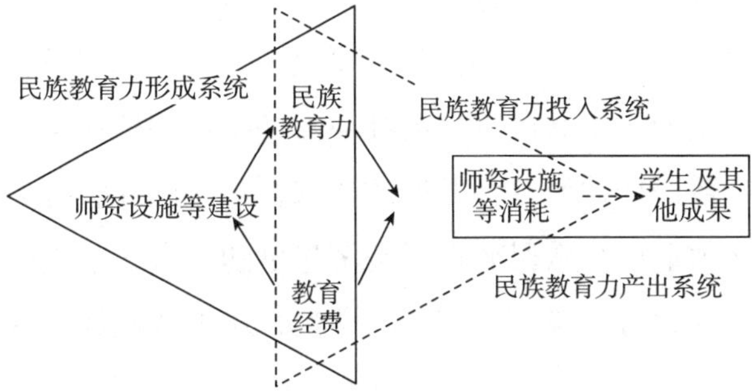

图 1　民族教育的经济效益

---

① 本文原载于《贵州社会科学》1986 年第 9 期。

民族教育经济效益，概括地说，就是投入民族教育力所培养的合格学生数量。投入的民族教育力相同，培养的合格学生越多，效益就越高；反之，效益就越低。若没有培养出合格学生，则无效益。

民族教育经济效益概念的内涵，可分为狭义和广义两种。

狭义的民族教育经济效益，即教育经费投资所得，可用两个主要指标表示。

一是每百名在校学生占用教师量。计算公式为

$$\text{每百名在校学生占用教师量} = \frac{\text{教师数量/名}}{\text{在校学生数量/百名}} \tag{1}$$

这个指标反映教师与在校学生的数量比例，在一定程度上反映了民族教育的经济效益。每百名在校学生占用的教师数量越少，教师的使用率越高。

二是每名在校学生占用教育经费投资。计算公式为

$$\text{每名在校学生占用教育经费投资} = \frac{\text{教育经费投资/元}}{\text{在校学生数量/名}} \tag{2}$$

这个指标反映在校学生数量与教育经费投资之间的关系。教学质量一定，每名在校学生占用的教育经费投资越少，说明教育经费的利用率越高，经济效益就越高。

广义的民族教育经济效益，即民族教育力的投入与少数民族地区社会发展需要之间彼此互相协调。其主要表现：一是民族教育力投入所培养的学生专业结构与少数民族地区社会经济结构相适应，学生的培养方向必须适应少数民族地区社会发展的要求；二是民族教育力投入所培养的学生素质必须适应少数民族地区经济建设的要求，学生必须是合格的学生；三是民族教育力投入所培养的学生，对少数民族地区人才需求数量的满足程度。

狭义的民族教育经济效益与广义的民族教育经济效益，是互相联系、辩证统一的。教育的产品就是学生。学生是为社会培养的，只能由社会来验收。提高狭义的民族教育经济效益，提高教师和教育经费的利

用率，是少数民族地区社会发展的需要。尤其是目前少数民族地区师资、设施、经费严重不足，提高民族教育力的利用率、为少数民族地区培养出更多的合格学生更是当务之急。这也是提高广义的民族教育经济效益的基础。但按照少数民族地区建设的要求，培养更多的高质量、专业对口的学生，又可能需要增加教育经费投资比例，增加每百名在校学生占用教师的数量。因此，考虑民族教育的经济效益，就要使学校培养与社会需求相衔接，使狭义的经济效益与广义的经济效益趋于一致。

二、不同层次的民族教育经济效益目标

民族教育大致可分为三个层次：小学教育、中等教育、高等教育。不同层次的民族教育，其经济效益目标也是不同的。这种不同的效益目标，一方面是不同层次民族教育的内容、性质和职责造成的，另一方面是少数民族地区对人才多层次的实际需求引起的。

少数民族地区小学教育的性质是带有扫盲特点的儿童普及教育，同时为中等教育奠定基础。它的经济效益目标，是利用现有的教育能力，尽可能普遍地提高少数民族地区儿童的识字水平，巩固入学率，提高升学率。

少数民族地区中等教育，包括初中、高中和中等专业教育。总的来看，教育过程中投入的教育力，主要是提高毕业学生的合格率并为高等教育输送优秀学生。从现实情况来看，中等教育的规模比较庞大，培养的学生大部分直接从事实际工作，少数考上高等院校。因此，中等教育的经济效益目标，是充分使用民族教育力，为少数民族地区输送适用的中等专业技术人才。

少数民族地区高等教育，是民族教育的最高层次。它具有为少数民族地区社会经济文化发展提供知识的职责。教育过程中投入的教育力，目的在于造就一批少数民族地区急需的高级技术人才，并逐步形成区域性或全国性的民族教育中心。因此，少数民族地区高等教育的经济效益

目标，是合理组织高层次的民族教育力，应用有限的教育经费，努力开展教学、科研活动，多出人才，快出人才，加速和指导少数民族地区的智力开发。

不同层次民族教育的经济效益目标，是根据各层次的实际能力与社会的需要确定的。这些目标，体现了各层次民族教育的总体经济效益。实际上，每一层次都是一个相对独立的系统，每一个系统中还可细分为若干子系统。就高等教育这一层次而言，它包括分布在各省区的若干民族院校和其他院校，每个院校内部又分为若干子系统，如教学、科研、行政管理、后勤等。这些细分的子系统都有各自相对独立的经费投资和开支，有更加具体的经济效益目标。这一系列经济效益目标，构成金字塔状的民族教育经济效益目标网络。在这个网络中，各层次、各系统确定的经济效益目标，既要根据实际条件和社会需要灵活考虑，又要照应相关系统的目标，特别是与总体目标的依存关系。只有明确这一点，才能确定更合适的民族教育经济效益目标，争取更大的经济效益。如中央民族学院这一少数民族的高等教育学府，在确定自己的民族教育经济效益目标时，应首先考虑自己在全国民族教育系统中的地位是什么、具有什么样的教育力、应根据这些能力和社会的要求培养具备什么水平的学生、向社会提供什么样的科研成果等。在分析和考虑了这些相关目标和因素的优劣条件以及各个目标与总目标的纵横关系后，就可以确立自己的经济效益目标了。

三、民族教育的总体策略与各层次经济效益目标的衔接

民族教育的总体策略是由各层次的民族教育构成的整体发展规划，也是从整个民族教育发展的宏观角度进行的策略选择。这种总体的策略选择，首先面临的是与不同层次的民族教育经济效益目标的衔接，以保证总体目标的贯彻实施。

民族教育的总体经济效益目标，在于应用有限的教育经费去促进民

族教育的繁荣，以少数民族地区社会发展的需要为根本宗旨。然而，它是通过各层次的具体经济效益目标落实的，这就提出了各层次经济效益目标的差别和衔接问题。如高等院校，它的整体经济效益目标是通过教学、科研、行政管理、后勤等子系统的具体经济效益目标落实的，各个子系统的具体经济效益目标必须互相衔接。而实现这种衔接的纽带，就是整体经济效益目标的精神。提出这个问题是有现实意义的，因为在现实生活中，这个问题还没有引起充分的重视，各层次、各系统的经济效益目标之间往往产生冲突，缺乏相互之间的衔接。如教学、科研、行政管理、后勤各个子系统之间，由于经费开支、管理以及其他方面的问题而相互埋怨、扯皮，使得各子系统的经济效益目标不是服从、体现全校的总体经济效益目标，而往往是总体经济效益目标照顾、平衡各子系统经济效益目标。这样势必降低总体经济效益目标的质量，不利于全校教学、科研工作的开展，不能把各层次、各院校的经济效益目标衔接起来，影响整个民族教育的发展。

各层次、各系统民族教育的经济效益目标要互相衔接、体现总体目标的精神，就必然要涉及民族教育力在各层次的投放比例问题。表现在资金形式上，就是教育经费的投向和在各层次、各系统之间的比例。确定这种投向和比例，必须充分了解少数民族地区社会发展对民族教育的具体要求，从民族教育的宏观系统上把握少数民族地区现阶段和近期内的社会发展水平，以及相适应的人才结构。当然，也要了解少数民族地区的发展远景，以确定民族教育的发展方向。如就目前少数民族地区的社会发展程度而言，关键是要普遍提高劳动者的识字水平。因此，与目前的手工生产相适应，急需的是大量具有中学文化程度和中等专业知识的人才，而不是高精尖人才，所以民族教育的经济效益目标主要应该放在培养大批具有中等专业知识的有用人才上。民族教育力的投放比例应侧重于这个方面。随着少数民族地区社会经济的发展、民族教育总体目标的逐步实施，民族教育力的投向也将逐步向更高层次转移。这是规律。

从民族教育的微观系统来看，必须具体了解少数民族地区对本层次或本系统的要求，从而确定本层次或本系统的方向和结构。以一所具体的学校而言，必须考虑社会对本校教研工作的具体要求，并把各子系统的经济效益目标纳入体现这一要求的总目标中。在经费投向上，以实现这一目标为转移，在所属的子系统的各个目标中，那些构成总体目标主体的目标应该首先得到保证。以高等院校为例，教学、科研是中心环节，教育经费的投向主要是教学和科研，其他系统的经费投放都必须为教学、科研的正常开展服务。在此基础上，实现各子系统经济效益目标的衔接。

四、提高民族教育经济效益的途径

确立民族教育经济效益的总体目标，实现各层次目标的衔接，目的在于提高民族教育经济效益。

提高民族教育经济效益，概括地说，就是提高教育经费的利用率，多出人才，快出人才，以适应少数民族地区各项建设对人才的需求。

提高民族教育经济效益的基本途径有两条，即提高民族教育力和加强民族教育管理。

民族教育力是实现民族教育经济效益的物质基础。只有具备相应的民族教育力，才可能达到既定的经济效益目标。目前，一些少数民族山区的民族小学师资、设施条件都非常低劣，不可能培养出优质学生。当然，民族教育力强的学校培养出的学生也不一定全是优质的。但可以肯定，民族教育力强的学校比民族教育力弱的学校更可能培养出适应社会需要的优质学生。因此，提高民族教育力是提高民族教育经济效益的关键。

提高民族教育力有两个方法。第一，增加民族教育的投资，也就是经济学中所说的外延扩大再生产的方法。通过增加投资、壮大师资力量、增加教学设施、改善教学条件等，直接形成新的民族教育力。增加民族教育投资形成新的民族教育力，是提高民族教育力的基本方法。尤其是国家投资，国家是民族教育投资的主体，30 多年来民族教育的迅速发展，主要源于国家在这方面投放了大量的资金。今后民族教育的发展仍然离不开国家的投资。

第二，挖掘潜力，即经济学所讲的内涵扩大再生产的方法。通过提高现有师资队伍和设施的使用率、增加负荷，使现有的教育力在教育过程中发挥更大的作用。特别是在社会资金比较紧缺的条件下，社会投放在民族教育方面的资金还很有限，不能满足民族教育发展的需要，所以挖掘现有民族教育力的潜力就显得非常重要了。但是潜力毕竟有一定的限度，通过挖掘潜力的方法提高民族教育力存在一定的局限，不可能无限地挖掘潜力，必须充分考虑到师资队伍和各项设施的负荷强度。

提高民族教育经济效益的另一条途径，是加强民族教育管理。民族教育的无数事实表明，仅仅具备民族教育力不一定能实现民族教育的经济效益目标，还需要有效的管理。通过有效的管理，合理组织民族教育力，把民族教育力的各个因素纳入实现各系统、各层次，乃至整个民族教育总体经济效益目标的统一运行轨道。如果没有管理，民族教育力的各个因素势必处于分散状态。管理就是要把这些分散状态下的各个因素结成合力，形成真正的民族教育力。这在高等院校中体现得尤为突出，每所院校几乎就是一个小社会，是一个由许多子系统构成的复杂系统。只有通过科学的管理，才可能把这些分散的因素统一起来，形成一股巨大的民族教育力，发挥其应有的作用，从而达到提高民族教育经济效益的目的。从这个意义上讲，没有民族教育管理，就没有民族教育力。因此，加强民族教育管理、提高管理的科学性，就可以提高民族教育的经济效益。

民族教育经济效益的内涵和特点①

在少数民族地区经济社会的整体运行中，民族教育作为不可缺少的一个环节，加上其自身的经济内涵，事实上已经触及了民族教育的经济效益问题。民族教育资源、民族教育力、民族教育资金的形成和投入以及对这一投入过程的管理等，最终必然涉及民族教育的产出。从民族教育领域内部来看，需要考核民族教育的成本和效率；而从少数民族地区经济社会的角度来看，就需要考核民族教育的经济效益。

一、民族教育经济效益的内涵

民族教育的经济效益，是指民族教育在少数民族地区经济社会发育过程中产生的经济效应及其带来的经济利益。这里包括两层含义。一层是指民族教育对少数民族地区经济社会发育的影响，如经济社会的完善、经济开发、投资环境的改善等。这种影响的经济意义虽然难以用指标量化，但是从社会的长期发展来看仍隐约可见。另一层是指民族教育给少数民族地区经济社会带来的直接或间接的经济利益，如社会经济的增长、国民收入的增加等。这种直接或间接的经济利益是具体的，也可以通过相应的指标加以量化。在少数民族地区经济社会发育过程中，一定规模的民族教育产生的经济效益和带来的经济利益越大，表明民族教育的经济效益越高；反之，一定规模的民族教育产生的经济效应和带来的经济利益越小，则表明民族教育的经济效益越低。若民族教育在少数

① 本文原载于《民族教育研究》1990 年第 4 期。

民族地区经济社会发育过程中没有产生经济效应，没有带来经济利益，则表明民族教育没有产生经济效益。如果民族教育在少数民族地区经济社会发育过程中造成的是不良的经济效应，导致了经济利益的损失，则表明民族教育产生的是负经济效益。一般情况下，民族教育的经济效益存在高低之别，不至于导致无经济效益或负经济效益。假如民族教育的发展完全脱离了社会实践，彻底违背了少数民族地区经济社会发育的客观要求，那么民族教育在少数民族地区经济社会发育过程中的无经济效益或负经济效益的现象也是可能出现的。

由于目前民族教育经济学还处于初创阶段，尚未形成统一的理论体系，因此对民族教育的经济效益概念就必然存在不同的理解。如把民族教育的经济效益看作民族教育投资与培养学生之间的关系，或等同于民族教育经费的使用效率等。严格地说，民族教育投资与学生产出的关系应该被列入民族教育的经济效率范畴，因为民族教育的投入与产出关系还仅仅表现为学校教育的效率，并未带来经济效应和经济利益。民族教育的经济效率与民族教育的经济效益是两个具有不同内涵的概念，是不可混同的。事实上，教育经济学中也存在把教育的经济效率与教育的经济效益混同的现象。如认为"教育的经济效益是指通过教育再生产出一定数量和质量的人才，在物质生产部门取得的国民收入的增长额，抵偿用于教育的全部经费后的余额"。[①] 这里实际上把教育的经济效率即"通过教育再生产出一定数量和质量的人才"看作教育经济效益的一个基本方面。这些理论现象表明，民族教育经济学同教育经济学一样，都还处于发展完善过程中，对民族教育经济效益概念的准确把握同样需要时间。

不管对民族教育经济效益概念的表述是否十分精确，但可以肯定的是，在正常情况下民族教育确实具有经济效益。因为民族教育可以提高

① 蒲心文. 教育经济学初步[M]. 成都:四川人民出版社,1985.

少数民族地区的劳动力素质，完善生产力系统，从而在社会生产中创造出更高的劳动生产率，增加社会收入，促进社会进步。如贵州平塘打素村是一个布依族聚居的边远贫困山村，全村有 40 户 229 人，其中高中文化程度 3 户，人均年收入 400 元，人均有粮 800 ~ 900 斤；初中文化程度 5 户，人均年收入 300 元，人均有粮约 800 斤；小学文化程度 29 户，人均年收入 200 元，人均有粮 600 斤；文盲 3 户，人均收入 170 元，人均有粮 500 斤。① 可见，劳动力的文化素质越高，相应创造的价值越多，个人的收入也越多。从这一事实来看，民族教育经济效益的抽象与教育的经济效益是一致的。据我国一些经济学者推算，从 1952 年到 1978 年，教育造就劳动者的高学历对国民收入的贡献约占 9%。苏联、美国的学者认为，国民经济增长中的 30% 左右都是教育投资的效益。②

民族教育的经济效益与少数民族地区社会物质生产过程中的经济效益和经济社会发育过程中的社会效益之间存在密切的联系。其一，三者存在相互交叉的关系。民族教育在少数民族地区经济社会产生的经济效应和带来的经济利益，实际上已经包含在少数民族地区社会物质生产过程的经济效益之中。提高劳动者科学文化素质，创造更高的劳动生产率，这一过程既属于民族教育的经济效益，也属于物质生产过程的经济效益。从少数民族地区经济社会发育的角度来看，无论是民族教育的经济效益，还是社会物质生产过程中的经济效益，都包含在整个社会效益之中。这种交叉关系表明民族教育的经济效益、少数民族地区社会物质生产过程中的经济效益、少数民族地区经济社会发育过程中的社会效益是互相渗透的。其二，三者之间存在互相表征的关系。民族教育的经济效益最终只能通过少数民族地区社会物质生产过程中的社会效益表现出来。没有少数民族地区社会物质生产过程中的经济效益和经济社会发育

① 孟铸群，陈红涛．中国民族教育论丛(一)[M]．北京：《民族教育》编辑部，1987：184.

② 蒲心文．教育经济学初步[M]．成都：四川人民出版社，1985：91.

过程中的社会效益，就没有民族教育的经济效益。同样，没有民族教育的经济效益，也很难想象少数民族地区社会物质生产过程中的经济效益和经济社会发育过程中的社会效益的提高。其三，三者之间存在互相促进的关系。通过民族教育提高少数民族地区广大劳动者的科技文化素质，能够创造更高的劳动生产率，在少数民族地区产生更强烈的经济效应，带来更大的经济利益。这一过程同样也促进了少数民族地区社会物质生产领域经济效益的提高，有利于整个经济社会的发育，形成更大的社会效益。而少数民族地区社会发育过程中社会效益的提高，又为民族教育的发展创造了更好的社会背景，使民族教育的发展与社会现实的要求结合得更为紧密，从而最终在少数民族地区经济社会发育过程中产生更大的经济效应，带来更多的经济利益。

二、民族教育经济效益的特点

民族教育的经济效益与一般教育过程的经济效益、少数民族地区社会物质生产过程中的经济效益、少数民族地区经济社会发育过程中的社会效益相比，有以上所述的共性和内在联系，同时又有区别于以上诸效益的特殊性，表现出民族教育经济效益所固有的基本特征。这些特征主要有以下六点。

1. 滞后性

少数民族地区社会物质生产过程中的经济效益一般伴随着这一过程的进行与结束开始形成和体现，如某种物品生产出来，经济效益也就在其中。而民族教育的经济效益由于体现在少数民族地区经济社会发育过程中产生的经济效应和带来的经济利益，某一教育阶段的结束并没有体现出民族教育的经济效益，也就是说，没有给同期少数民族地区经济社会发育带来经济效应和经济利益。民族教育经济效益的形成和体现必须在某一阶段结束以后，结业的学生作为劳动者投入少数民族地区的社会生产过程之中，并在这个过程中运用所学知识采取了更加合理、科学的劳动行为，创造了更高的劳动生产率，从而产生了民族教育在少数民族地区经济社会发育过程中的经济效应，带来经济利益。显然，民族教育力、资源、资金的投入与民族教育经济效益的产生不是同一过程，而在中间存在一段时间距离。这段时间距离不像一般生产周期那样由一个连续的生产时间衔接，而是无论在时间上还是空间上都是间断、互不相连的。这样，从民族教育力、资源、资金的投入，到民族教育在少数民族地区经济社会发育过程中产生经济效应并带来经济利益，便表现出了明显的滞后性特征。

既然民族教育经济效益的形成具有滞后性特征，从投入到产出是两个互不连续的过程，那么要实现民族教育的经济效益，就要对民族教育本身以及社会的用人制度提出更严格的要求，即民族教育必须具有与未来少数民族地区经济社会发育要求相吻合的适应性，具有强烈的社会实践性和鲜明的现实针对性。与此同时，还必须建立比较完善、合理的用人制度，使之学能所用，人尽其才。只有这样，民族教育的经济效益才有可能得到更充分的发挥。

2. 隐蔽性

由于与民族教育过程分割为两个互不连续的阶段，民族教育经济效益的实现在民族教育和少数民族地区经济社会发育过程中呈现出“滞后”状态。因此，它与少数民族地区社会物质生产过程中直接显现的经济效益相比具有明显的隐蔽性。民族教育的经济效益不是在民族教育领域表现出来的，也不是在同期少数民族地区经济社会发育过程中表现出来的，而是在未来的少数民族地区经济社会发育过程中才得以体现的，并且这种体现是通过“知识输入—劳动力素质提高—劳动生产率提高—社会财富增加和社会协调发展”等多层转换实现的。民族教育经济效益的这种实现形式使它往往不易被人们觉察，甚至产生误解，把民族教育看作一种纯福利事业，把民族教育经费的开支看作纯消费的支出。显然，揭示民族教育经济效益的隐蔽性特征是十分必要的。只有驱散掩盖民族教育经济效益的层层雾障，才可能引起人们对民族教育及其经济效益的重视。

3. 长期稳定性

民族教育在少数民族地区经济社会发育过程中产生的经济效益和带来的经济利益不是一次性的，而是反复起作用。民族教育培养出的具有一定文化素质的劳动者在社会生产过程中不断创造出比文盲、半文盲劳动者更高的劳动生产率。如果把经过某一阶段教育培养出的具有某种文化知识素质的劳动力看作民族教育的初步成果，那么这种初步成果在少数民族地区经济社会的一次性投入则是通过社会再生产的不断循环得到多次回报的。可见，民族教育的经济效益具有长期稳定性。如果从民族教育经济效益的作用周期来看，民族教育一旦结合进少数民族地区经济社会的发育过程，便长时期地产生经济效应并带来经济利益，如劳动者接受教育可终身受益，社会经济发展过程因劳动者不断创造了较高的劳动生产率而持续增长，经济社会发育趋于完善，等等。从民族教育经济效益的存在形式来看，由于民族教育输入少数民族地区经济社会发育过程中的劳动力文化素质处于相对稳定状态，这些相对稳定的知识存量导致的劳动生产率也必然相对稳定，民族教育经济效益也必然呈现相对稳定的状态。

4. 多层次性

民族教育的经济效益按不同的表现形式可分为若干层次。其一，就民族教育的不同层次来看，可分为民族高等教育、民族中等教育、民族初等教育。这些不同层次的民族教育造就的劳动者的技能、素质不同，在社会生产中创造的劳动生产率不同，最终在少数民族地区经济社会发育过程中产生的经济效应和带来的经济利益也不同。其二，就民族教育的不同教育形式来看，可分为民族普通教育、少数民族地区职业技术教育、成人教育等。这些教育形式的针对性、教育重点不同，对劳动者科学文化技术素质形成的作用不同，同样也将导致不同的劳动生产率并形成不同的经济效益。其三，就民族教育造成的不同社会层次的收益来看，可分为社会、经济、个人等。民族教育对少数民族地区经济社会的发育影响深远、表现形式独特，对不同社会层次具有不同的经济意义，因而在不同社会层次收益上的表现也就各不相同。民族教育经济效益的这种多层次性，就要求发展民族教育应该从实际出发，因需求、条件、效益制宜，形成合理、有实效的教育结构，使之能够形成更高的经济效益。

5. 机会可移性

所谓机会可移性，就是民族教育在少数民族地区经济社会中产生的经济效应和经济利益存在被转移的可能性。民族教育培养出来的人才由于种种原因外流，而使原来应在少数民族地区经济社会发展中产生的经济效应和带来的经济利益被转移到其他地区，失去了可以得到的机会。在现实生活中，少数民族地区大量的人才外流事实上导致了民族教育经济效益被转移。运用科学、合理的措施逐渐消除少数民族地区的人才外流现象，并尽可能招揽人才，有利于巩固和增加获取民族教育乃至一般教育在少数民族地区经济社会发育过程中产生经济效应与带来经济利益的机会。

6. 模糊性

民族教育经济效益是经过多层次的转换之后才形成的，如从民族教育力和资源的投入转换为学生—劳动力素质，再转换为劳动生产率和对社会的贡献。民族教育经济效益不仅经历了多次转换，而且这一转换过程的量态极为模糊，需要借助其他媒介，受到来自社会的和自然的多种因素的影响。如民族教育提高了劳动力素质，而劳动力素质要起作用就必须在一定的社会环境与具体的生产技术、资源相结合，并受到具体的经济政策、管理制度的制约等。这就为民族教育经济效益的量化设置了重重障碍，并使这种量化只能是模糊的，所反映的只能是一种倾向，而不可能十分精确。可见，民族教育经济效益的作用形式和量态都具有模糊性。确认民族教育经济效益的模糊性，对于比较客观地评估民族教育的经济效益是十分必要的。

民族教育与经济发展的衔接[①]

在少数民族地区的经济发展（以下简称“经济发展”）过程中，人的素质的决定性作用已引起人们的热切关注。人的素质最终取决于受教育程度，教育的发展必须有相应的经济力量作基础。正如少数民族地区展现的事实：经济不发达、教育落后、人的素质低。我们怎样才能走出这片“沼泽”？

一、民族教育与经济发展的关联

民族教育与经济发展的关联可用一个简单的关系式表示：经济发展⇌民族教育。这个简单的式子实际上赋有深刻的内涵：经济发展是民族教育的基础，经济发展状况直接决定了民族教育投资的量，有雄厚的经济发展基础之后才会有足量的民族教育投资；而民族教育制约着经济的发展，只有通过民族教育培养出满足少数民族地区需要的适用人才，经济建设才能铺开，只有高素质的人才能创造出高劳动生产率，才能加速经济的发展。这种关联在经济发展与民族教育的衔接关系上，形成了两种基本的循环状态，如图 1、图 2 所示。

目前，少数民族地区经济和教育的发展基本上就处于这种恶性循环状态。

① 本文原载于《民族教育》1987 年第 6 期。

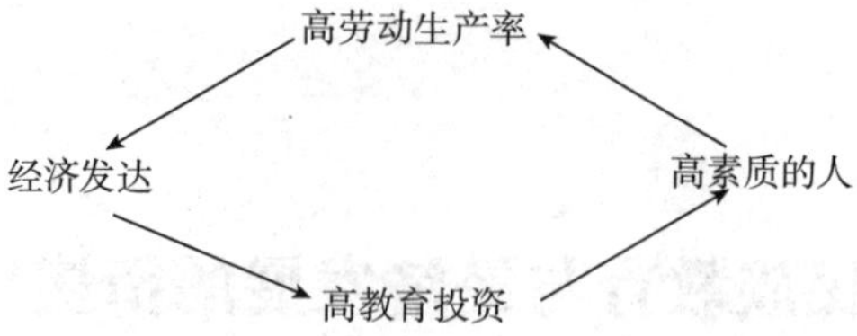

图 1　经济发展与民族教育的良性循环

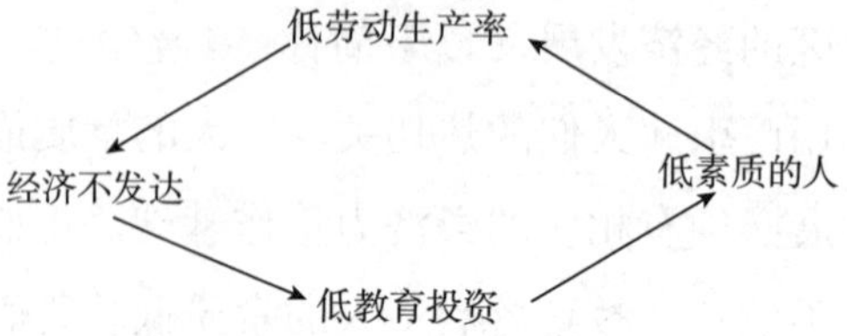

图 2　经济发展与民族教育的恶性循环

二、民族教育与经济发展的目标缺口

由于民族教育与经济发展具有内在关联，在商品经济进一步发展的过程中，人的素质的制约因素已日益凸显。提高少数民族地区人的素质，根本途径在于发展民族教育。“经济发展，教育先行”的基本道理已经普遍为社会所接受。尤其是经济不发达地区，更是迫切要求将较多的投资用于发展教育，试图以教育作为经济发展的先导，摆脱经济发展与民族教育的恶性循环状态。因此，在一些地区民族教育投资有了明显的增长，有些县几乎把地方财力的 1/4 用于民族教育投资。于是，事实上产生了一个未被人们注意的矛盾，即在经济发展中高教育投资行为的结果不尽如人意，在民族教育与经济发展的循环过程中出现了一系列的目标缺口（见图 3）。

第一个目标缺口：由于经济不发达、地方财力不足，难以形成较大规模的民族教育投资。然而，经济不发达的地区在商品经济的冲击下，尽快改善人的素质的要求越来越迫切，教育成为适应商品经济发展的基

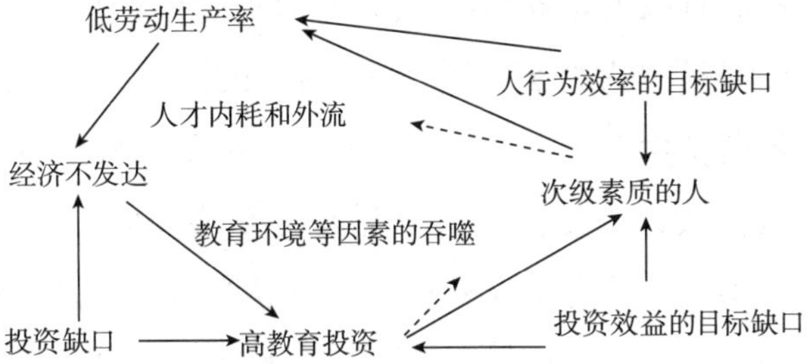

图 3　民族教育与经济发展循环过程中的目标缺口

础。民族地区的社会进步要求地方资金在项目分配上给予民族教育更大的份额。于是，在经济不发达、财力不足的现状与高教育投资的要求之间形成了投资缺口。大规模的教育经费从何处筹措？

第二个目标缺口：假设地方通过多种渠道筹措了足量的社会资金，有能力形成高教育投资，但由于高教育投资是在一个经济不发达的社会环境中进行的，这种高教育投资就必然遭到社会环境的层层剥削，为各种隐蔽的力量所吞噬。如生源学前的家庭文化背景较差，就学期间的社会环境、家庭环境、经济条件较差，营养不良，学生在接受新的文化知识的同时，也继承了社会、民族、父辈的旧习俗、旧意识、旧道德观念、旧行为准则。两种文化互相交融，又互相抵消，降低了学生的教育质量和素质，在教育经费的投入和人才产出之间形成了高教育投资效益的目标缺口。高教育投资没有培养出高素质的人，而培养出次级素质的人。

第三个目标缺口：由于经济不发达、经济社会发育不健全，高等教育投资培养出的次级素质的人在社会经济生活中实际上难以实现人尽其才。他们在劳动过程中将遇到更多的障碍，如劳动设施不足、落后，社会信息不灵，对新思想、新技术的抵制，都直接影响到经济发展过程中的劳动效率。同时还存在一种倾向，经济越落后，经济社会发育越不健全，越易产生用才不当、埋没人才和人才外流等现象。这也是一种“马太效应”，即经济社会发育越不健全，人的素质越低，越难做到人尽其才；人才越短缺，人才浪费越严重。于是，又产生了一个人们难以接受的事实：高教育投资培养出的次级素质的人并没有创造与之相适应的劳动生产率，而是“大材小用”，实现的是民族教育与经济发展恶性循环状态中的低劳动生产率，形成了人行为效率的目标缺口。

上述三个目标缺口，使民族教育与经济发展建立了一种特殊的循环，形成了经济不发达状态下高教育投资与经济不发达状态重复的总缺口，民族教育与经济发展不衔接。因此，它的循环过程不是表现为相互促进，而是表现为社会资金、人才资源的内耗和浪费。

三、民族教育与经济发展在不同层次上的衔接

消除民族教育与经济发展的目标缺口，必须实现民族教育与经济发展的衔接。

民族教育与经济发展的衔接主要包括空间结构和时间序列两个方面。

1. 民族教育与经济发展空间结构的衔接

民族教育与经济发展空间结构的衔接具体表现为民族教育结构与经济发展结构的衔接。合理的投资规模和合理的教育经费投资方向是实现结构衔接的基本条件。从这个意义上看，在经济发展提供相应的教育投资规模的前提下，教育经费的投向并形成的民族教育的空间结构应该服从经济发展的空间结构的需要，民族教育必须培养出符合现实经济发展需要的适用人才，必须突出现实的效益性。

根据对少数民族地区经济发展现状的了解，我们认为，在“七五”期间乃至“八五”期间，少数民族地区经济发展的目标模式必然表现为“以中间技术为主的小规模经济”。其经济技术以简单的中间技术为主，经营方式以小企业和家庭经营为主，经济结构以大农业为主。经济发展所能保证的教育投资规模仍然有限。与经济发展的这种空间结构和投资能力相适应，民族教育经费应该重点投向普及中小学教育，提高中

小学教育质量，发展中专和职业技术教育，使民族教育的空间结构表现出以基础教育为主和实用性。只有为经济发展输送大量具有初级文化知识的人才，与经济发展目标相衔接，才能逐渐消除教育投资的效益目标缺口和人行为效率的目标缺口。

2. 民族教育与经济发展的时间序列的衔接

民族教育与经济发展的良性循环和恶性循环表明了二者之间存在着正相关，它们在时间序列上的衔接应该是同步增长的。也就是说，随着经济的发展，民族教育的投资必须相应增加，形成合适的增长比例，使两方面的发展规模互相适应、互相促进。

我们可以通过建立坐标图更清楚地表现民族教育与经济发展的时间序列的衔接关系。设经济发展为 Y，教育发展为 X，民族教育与经济发展的时间序列衔接目标为 P，函数关系 $Y=X$，如图 4 所示。

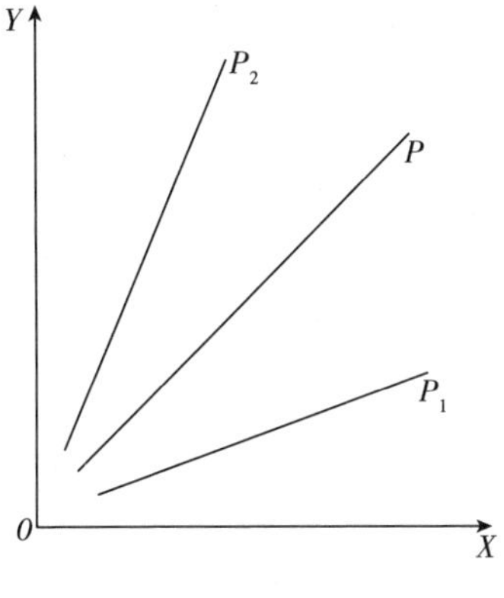

图 4　民族教育与经济发展的坐标图

从图4 可以看出，如果仅仅从 Y 或 X 出发，就无法到达 P 点，如直线 P_1 是教育发展脱离了经济发展，直线 P_2 是经济发展忽略了教育发展。而实际上，无论是 P_1 还是 P_2 在现实生活中都是无法继续下去的。因为经济和教育的发展都受到二者衔接目标 P 的无形制约，只有服从 $Y=X$ 的函数关系，经济和教育才可能同时发展，互相促进。因此，民族教育与经济发展必须随着时间序列的变化而不断协调、衔接，衔接的

轨迹就是函数关系 $Y=X$ 的 P 的增长。

四、建立民族教育与经济发展相衔接的动态平衡

达到民族教育与经济发展的衔接实际上存在两种可能，一种是保持静态平衡，另一种是建立动态平衡。

所谓保持民族教育与经济发展的静态平衡，也就是说，顺其经济发展和民族教育的自然循环，按部就班地对社会各部门进行投资，民族教育也在其中分享一个“平等的份额”。民族教育与经济发展的良性循环和恶性循环本质上都属于静态平衡。而在经济不发达的条件下，这种形式的衔接对目前少数民族地区经济和教育的发展是消极的，不放弃、不打破这种平衡就走不出经济不发达、教育落后、人的素质低这片“沼泽”。

因此，只能选择另一种民族教育与经济发展相衔接的可能，建立二者的动态平衡（见图5）。

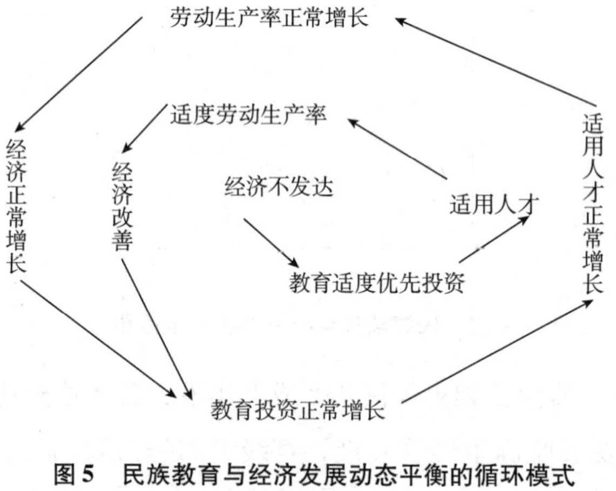

图5　民族教育与经济发展动态平衡的循环模式

从图5可以看出，建立民族教育与经济发展相衔接的动态平衡，关键在于从少数民族地区经济不发达和民族教育极其落后的实际情况出发，适度优先投资民族教育，并使教育发展的空间结构与经济发展的空

间结构趋向一致；消除教育投资效益的目标缺口，培养适用人才；消除人行为效率的目标缺口，形成适度劳动生产率；改善经济现状，创造民族教育投资与经济发展正常增长的新循环。

民族教育与经济发展相衔接的动态平衡循环与形成目标缺口循环，从循环形式的开始阶段来看，二者具有相似之处，都是在经济不发达的背景下增加对民族教育的投资，一种是适度优先投资，另一种是高教育投资。但从循环的实质和结果来看，二者却大不相同。动态平衡循环建立在民族教育与经济发展空间结构相衔接的基础上，适度优先投资打破了恶性循环的静态平衡，同时注重提高投资的实效性，避免内耗，从而达到优先投资的目标；相反，形成目标缺口循环的基本特征是教育投资与经济发展相脱节，急功近利，反而鸡飞蛋打。

建立民族教育与经济发展相衔接的动态平衡，实行对教育的适度优先投资，民族教育投资的增长速度就必然大于国民收入的增长速度。但是从少数民族教育投资在少数民族地区国民收入中所占比重的变化来看，却必然表现为一条由高到低，再稳定增长的特殊曲线。我们通过一些假设的函数关系建立坐标图加以描绘（见图6）。

设国民收入为 Y，民族教育投资为 X，民族教育投资在国民收入中所占比例为 Y'，即

$$Y' = \frac{X}{Y} \tag{1}$$

则有函数关系如表1所示。

表1　民族教育投资与国民收入的函数关系

变量	数值						
X	0.20	0.28	0.35	0.40	0.50	0.60	0.70
Y	2	3	4	5	6	7	8
Y'	10.00%	9.33%	8.75%	8.00%	8.33%	8.57%	8.75%

设民族教育投资与国民收入的衔接目标为 P，民族教育投资在国民收入中所占比例的变化为 S，则如图6所示，直线 P 和曲线 S 表明，随

着国民收入的增长，民族教育的投资也相应增长。但在经济还比较落后、国民收入规模不大的情况下，民族教育投资却占有较大比例。如当 $Y=2$、$X=0.2$ 时，$Y'=10\%$。当国民收入规模逐渐增长，民族教育投资在国民收入中的比重才逐渐减少。直线 P 在 B 点时，$Y=5$，$X=0.4$，民族教育投资在国民收入中的比重也降到坡谷 A 点。直线 P 在 B 点以后，国民收入和民族教育投资都实现了稳定的正常增长，但从二者的增长对比来看，民族教育投资的增长率要高于国民收入的增长率，如从 B 点到 B_1 点，国民收入增长20%，而民族教育投资增长25%；从 B_1 点到 B_2 点，国民收入增长16.6%，民族教育投资增长20%。与国民收入和民族教育投资的这种正常增长相适应，民族教育投资在国民收入中的比例也开始走出“坡谷”，逐渐缓慢回升，形成比较合理的比例。

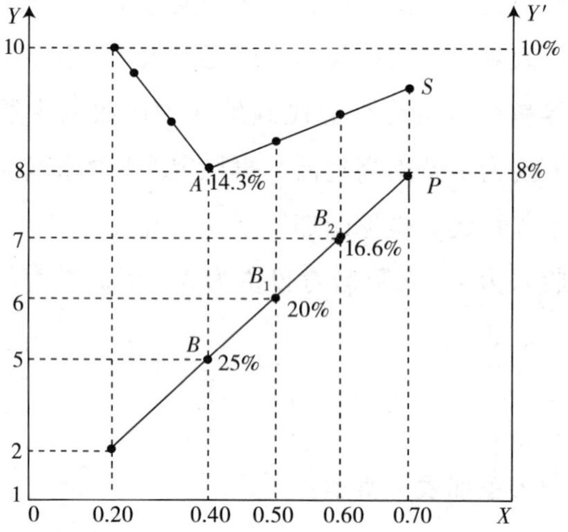

图6　民族教育投资与国民收入的坐标图

上述推论，仅仅是一种尝试，是在抽象的假设中进行的。但可以肯定，它完全符合民族教育与经济发展相衔接的内在规律。在建立民族教育与经济发展相衔接的动态平衡的过程中，上述抽象推论仍不失其现实意义，但愿它能指引我们走出“沼泽”。

民族教育的新价值观[①]

我们正在步入一个全新的时代。民族教育的发展虽然呈现了历史的连续性，但是不可能墨守成规。时代发展越来越强烈的系统思想和对社会发展动因的重新审视，也给予民族教育的地位、作用和职责以新的评价，并赋予民族教育以新的功能。因此，民族教育发展的价值取向客观上面临着一种新的选择。

一、民族教育传统价值观的局限性

伴随着民族的进步与繁荣和民族教育的发展，民族教育的传统价值观不可避免地暴露出它的局限性。这主要表现在以下两个方面。

1. “象牙之塔”与社会整体发展之间的矛盾

传统教育对社会漠不关心，犹如“象牙之塔”，远离现实，自命清高。民族教育的传统价值观同样反映了这种局限性。人们把教育视为光宗耀祖、个人社会地位升迁、摆脱社会基层生活的途径。如果“象牙之塔”塑造的“文化人”在封闭的社会中尚属奇货可居，那么在现代社会的整体发展过程中则已明显地表现出不适合了。现代社会发展所呈现的整体性把社会各领域日益紧密地联结起来，要求民族教育作为社会整体运动的一个环节，纳入统一的运行轨迹，并在错综复杂的社会联系中充分发挥其对人的培养在社会发展中的重要作用。但是，反映传统价值观的“象牙之塔”恰恰远离社会实践过程，主要作为传播语言文字

① 本文原载于《民族教育研究》1991 年第 3 期。

和满足仕途需要的方式，表现出明显的功能缺陷，即没有形成应有的经济、文化、政治、社会变革、完善人格等功能。这些功能缺陷体现在：民族教育的内容与社会生产实践联系少，教育不是为本民族社区的生产活动服务，而恰恰是通过升学脱离本民族社区的经济生活，教育没有通过适用、有效的教育内容、形式去提高社会劳动力素质和促进科学技术在生产过程中的推广应用。相应地，民族教育的投入也就被视为单纯的消费性支出；民族教育只完成了少数人的政治社会化过程，没有培养社会广泛的政治生活参与意识和民族自治能力；民族教育只侧重于对语言文字的传授和对本民族文化传统的整理、保存，忽视了对其他民族科学文化的吸收，表现出明显的封闭性；民族教育更多地从维护现存社会秩序出发，进行社会道德伦理的宣传教育，相应地，也就不能对社会发展进行更深层的思考，不能为社会改革作出更多的贡献，突现出保守性；与其他社会功能的缺陷相联系，民族教育对具体人的培养不是侧重于人的全面发展、人格的完善，而是以少数人的升学需要取代多数人的实际需要，单一为升学服务的教育模式置多数学生不可能升入更高层次教育的实际而不顾，片面追求升学率，忽视了学校教育、社会教育对学生进行人格塑造的基本职责。这样，“象牙之塔”便失去了社会整体发展的基础，在现实生活中显得格外不协调，甚至产生了负效应。

2. 机械的教育模式与社会活体之间的矛盾

民族教育传统价值取向的重要特点之一，就是机械地进行教育组织和管理，从教学内容到教学方式、教学制度等都缺乏因地域、民族、人口分布、文化传统等制宜的灵活性。相反，社会发展却是千变万化的。一个具体民族社区的发展尤其生动，社会发展犹如一个活的有机体，各要素、各环节之间不断演化、相互调适。虽然在这一运动过程中民族教育具有周期长、相对稳定的特性，但是不可能以不变应万变。机械、僵化的教育模式不能及时地为社会提供适用的人才和知识，二者之间的矛盾必然日益加深。

二、对民族教育功能的重新认识

民族教育的功能不是外加的，而是伴随民族教育客观过程必然形成相应效应的机能。在传统价值取向下民族教育功能表现出了缺陷，并不是因为这些功能不存在，而是由于这种特定的价值取向限制了这些功能的正常发挥，表现出了功能压抑。因此，对民族教育功能的重新认识，不是对民族教育功能的杜撰或随意挖掘，而是从民族教育与社会发展相互作用的客观过程中考察民族教育功能的效应形式。

民族教育作为一个相对独立的系统，具有一般社会系统所具有的两个基本机能，即自我维持机能和对外适应机能，并体现了民族教育功能所具有的自然的和社会的特质。自我维持机能，表现为民族教育的内容和形式客观上保持着一种不断适应自身发展需要的状态。如通过语言文字特定的传承形式和教育制度形成相对独立、稳定的运行系统；通过对价值观念的传授、比较、评价，强化教育价值，争取教育的社会地位。自我维持机能是任何一个社会个体在社会整体中自我保存本能的表现。民族教育作为一个社会子系统要维持其系统形式和地位，必须协调系统内部的关系，并达成系统的社会目标。对外适应机能表现为民族教育的发展必须与社会运行的其他环节保持协调。这种协调关系既是民族教育自身发展的基本条件，也是社会运行其他环节的要求。因为民族教育作为一个社会系统而存在，绝不是孤立的，必须与处在同一社会层面的其他子系统互相联系、互相协调。只有在这种相互关系中，民族教育的社会价值才能更充分地体现出来，相应地，系统自我维持的需要和系统的社会目标才可能实现。民族教育的自我维持机能和对外适应机能包含着民族教育功能的自然特质和社会特质，形成了相互交叉的关系，如表1所示。

表 1　民族教育机能和民族教育功能的关系

基本机能	自然特质	社会特质
自我维持机能	系统运行	社会目标
对外适应机能	教育价值	社会互动

表1反映了这样的内容：其一，民族教育的发展，必须维持和谐的结构，保证系统的均衡运行；其二，民族教育的发展必须达成一定的社会目标，实现基本的社会职责；其三，民族教育的发展必须与社会价值取向相协调，并在这种协调关系中确认民族教育的价值；其四，民族教育的发展必须与其他社会环节相协调、相适应。这四个方面的内容从不同角度体现了民族教育的功能。当民族教育系统的自我维持功能和对外适应功能，以及所包含的自然特质与社会特质处于协调状态时，民族教育发展与社会发展之间的关系表现为正相关，民族教育的功能表现为正功能，即教育结构均衡、社会目标完成、教育价值得到确认、教育与社会互相促进。正功能产生正效应。正功能的发挥把民族教育与社会发展导入良性循环之中。相反，当民族教育发展与社会发展之间的关系表现为负相关时，民族教育的功能表现为负功能，则教育结构失衡、社会目标不能实现、教育价值得不到确认、教育与社会互相阻滞。负功能带来负效应，使民族教育与社会发展陷于恶性循环。以往民族教育过程中的种种教育浪费、教育投资低效甚至无效、“读书无用”观念的流行、脱离实际片面追求升学的目标模式、与社会发展相脱节的封闭状态等，都是民族教育负功能所产生的效应。负功能的效应使民族教育沦为社会发展过程中的不合理行为和包袱，甚至成为社会改革的阻力。

上述对民族教育功能的重新认识可以归纳为以下两点。

第一，民族教育的功能具有系统性，既体现了系统自我维持需要的自然特质和社会特质，又体现了系统对外适应的自然特质和社会特质。因此，民族教育的功能不是在封闭系统中自我确认，而是在广阔的社会背景中体现的。

第二，民族教育的功能不仅表现为产生正效应的正功能，也可能表现为产生负效应的负功能。因此，民族教育的发展不是一个任意过程，而是一种包含着社会发展的理性选择。民族教育发展的战略抉择在本质上就是为了充分发挥民族教育正功能的效应，避免形成民族教育负功能的效应。

三、建立民族教育的新价值观

民族教育的新价值观是相对于民族教育的传统价值观而言的。新价值观所包含的价值选择要求摆脱传统价值观的局限性，根据民族教育发展和社会实践的客观要求重新确定价值取向，健全民族教育的功能系统，扩大功能的正效应。

民族教育的新价值观贯穿具体民族社区的实践过程，主要通过以下五个具体功能表现出来。

1. 政治功能，即完善民族社区政治制度的功能

民族教育的发展在很大程度上有赖于政治制度为之提供的条件，民族教育对政治制度的演变，尤其是对具体民族社区政治制度的完善作用同样显而易见。民族教育的这种政治功能主要表现在两个方面。第一，理性地传播社会的政治意识，形成与之相适应的思想意识和行为方式，通过民族教育在广大少数民族中树立民族平等、民族团结的观念。这一过程便是政治社会化过程，即通过课堂政治教育、社会政治教育培养政治意识。第二，选择和培养满足现代化建设需要的民族干部。通过大批具备良好政治素质的民族干部，提高民族自治能力和少数民族参与国家政治生活的能力，促进具体民族社区的政治稳定和完善。

2. 经济功能，即加快民族社区经济发展的功能

随着教育经济学研究的深入，教育的经济功能已日益清晰，民族教育的经济意义也如此。民族教育加快民族社区经济发展的功能是通过提

高少数民族社会人口的职业素质，进而影响其具体的经济活动体现出来的。这一功能效应具体反映在三个方面。第一，通过民族教育提高劳动者的劳动能力，完善生产力系统，调整生产关系，形成生产力与生产关系相适应的、生产力系统高效率运行的、创造较高劳动生产率的社区经济运行工程。第二，通过民族教育，提高劳动者就业选择的能力，完善就业结构，调整产业结构，促进产业技术结构逐渐向更高的经济成长阶段转变，形成日益合理的社区经济结构。第三，通过民族教育改变民族社区旧的社会生活方式，培养良好的生活消费习惯和科学的社会生活方式；同时，通过倡导现代商品经济观念，拓宽经济发展思路，冲破自然经济观念的禁锢，实现对自然经济观念的改造。这些功能效应，最终通过经济增长、个人收入增加和生活质量提高等具体经济指标反映出来。

3. 文化功能，即传播民族优秀文化的功能

民族教育与民族文化之间的紧密联系，决定了民族教育在传播民族优秀文化中的显著作用。首先，民族教育在社会知识的传承过程中不断地选择、整理、传递和保存着民族文化，并代代相传。每一个民族所遗留的传统文化都必然良莠不齐，有精华也有糟粕。因此，民族教育对民族文化遗产的传承也是有选择的，是一个扬弃过程，即弘扬优秀的民族文化，抛弃一些不利于民族发展的文化糟粕。其次，民族教育对民族文化的传播包含着创造和更新，每一个民族的文化结构都会随社会实践不断变化、调整。民族教育在与社会生产实践相协调的过程中也必须不断地进行相应的民族文化创造和更新，包括价值观念的变革、科学技术的发展、文化艺术的创造、政治制度和经济制度的调整等。最后，民族教育的发展过程促进了不同民族文化之间的交流。现代民族教育的开放性决定了这一过程不可能固守一隅，偏执一见。现代化教育设施的运用、人员货物的往来、影视产业的发展等，客观上加速了民族文化之间的碰撞和民族教育过程中对不同民族文化的比较，进而促进了文化的吸收、融汇。

4. 促进社会改革的功能

社会总是发展的，社会改革是社会进步的自然趋势。促进社会改革的具体动因有很多，而教育则是其中的基本动因。民族教育促进少数民族地区社会改革的最根本方面，就是唤起了民族的现代化意识，提高了民族的社会素质和能力。在这一基础上进行了合理的社会人口流动、社区发展规划、生产力组织、生产关系调整、社会关系变动、社会管理制度的调整等。40 年来，民族区域自治制度的逐渐完善，就是与民族教育培养少数民族干部，从而提高了自治能力相联系的。在未来新的历史时期，民族教育的这种功能必将表现得更加充分。民族教育的启迪与社会改革的热情和进程成正比。

5. 实现人格完善的功能

民族教育不仅通过“智育”使受教育的少数民族学生获得知识和技能，还通过“德育”和“体育”使学生的身心得到协调发展，使社会成员形成良好的社会伦理道德观念，使受教育者形成更加完善的人格。如养成良好的生活习惯、锻炼百折不挠的毅力和坚强的意志、树立对前途的信心、善于独立思考、尊重别人、热爱真理、追求真实、尊重和珍惜友情、培养公共道德观念、热爱国家和民族等。高尚的品质和情操所凝聚的民族精神，将成为民族发展最重要的动力。

民族教育的上述功能表明，民族教育的价值取向绝不在于满足少数人的私欲，不是为了少数人摆脱社区户籍制度约束，也不仅仅表现为升学比率等；民族教育的价值在于增强民族整体的生存和发展能力。因此，民族教育的发展必须在社区发展的实践中汲取养分，在这一基础上协调民族教育的内容和形式等内部结构，确定合理的社会目标，实现教育价值，建立民族教育与民族社区其他环节相互促进的良性循环。

民族教育的新发展观[①]

在民族现代化的进程中，民族教育越来越显著地表现出促进民族进步繁荣的重大作用，同时这一进程也对民族教育提出了更高的要求：民族教育的发展必须与时代发展的步伐相协调；必须为民族振兴作出更大的贡献。因此，民族教育的发展不能沿袭历史的模式，必须突破传统教育的保守性和封闭性。为此，必须站在新的时代高度，重新审视民族教育的发展思想，建立民族教育的新发展观。

一、民族教育发展的效益观

不同层次、不同社区民族教育的发展特点表明，民族教育发展的具体形式和内容不仅直接影响着少数民族地区社会运行的状态，也决定了民族教育在这一社会运行过程中的地位。因此，民族教育的发展不是随意和自发的，而是可选择的并具有明确目标倾向的。在世纪之交的新的历史时期，为适应时代的发展需要与挑战，民族教育应发展什么？这是民族教育发展首先面临的理论思考。

1. 最优与实效的选择

民族教育是否存在最优的发展模式？如果加入时间概念，应该说在不同时期中必然存在符合具体时代标准的最优模式。人们也希望其行为和投入符合最优标准，获得最圆满的效果。但严格地说，最优模式不是现实模式。从民族教育在社会运行中的动态过程来看，最优结构即使存

① 本文原载于《贵州民族研究》1991 年第 4 期。

在也是瞬间的、非常态的。而从哲学的观点来看，优劣是相对的，在无限的发展变化过程中永恒的最优是可望而不可即的。

那么，民族教育的发展模式假如舍最优模式退而求先进模式呢？我们似乎向现实迈进了一步。先进是相对于落后而言的。当民族教育的发展尚处于较为落后的状态时，要求民族教育尽快摆脱落后并发展为先进的状态，这无疑表达了一切心地善良的人们的热切祈望。问题在于，同样的教育设施、内容、方式以及组织管理，应用于不同的民族社区，结果可能相去甚远。不同民族社区的社会生态环境对教育的具体需求及教育的方式和组织管理具有特殊性。只有满足这种特殊性，具体的教育行为和投入的有效性才可能实现。为什么世界上教育发达地区的成功样本不能被成功地移植于其他地区？原因就在于不同社区社会生态环境对教育的要求不同，教育发达地区的成功样本在移植后脱离了原来的特殊性而与新的社会生态环境不相适应。当这种先进的或成功的教育模式与某一地区的要求相悖时，事实上已经表现出这种先进的或成功的教育模式的局限性。当然，民族教育的发展要求改善设施、调整内容、应用科学的方法及管理制度，但这不可能靠移植先进的教育模式来解决。

让我们回到现实中。我们放弃了最优模式并否定了“先进”模式的普适性，并不是为民族教育的发展渲染悲观情调，而是为民族教育的发展提出更加灵活的权变原则。既然“最优”不可即，“先进”的万能模式也不存在，那么民族教育的发展就必须适应不同民族社区社会生态环境的特殊性，民族教育的发展模式只能从实际出发，因地、因时、因民族制宜，权衡利弊，注重实效。

放弃“最优”，重新评价“先进”，选择实效，绝不是“吃不到葡萄说葡萄酸”之类的自我欺骗，而是以科学的态度去评价民族教育发展的可能途径和形式，重视民族教育在具体民族社区的社会进步过程中对物质文明建设、精神文明建设和民族繁荣起到的实际效益。这种实际效益不是简单地表现为民族教育的规范化程度或某项发展指标的变化，而是把民族教育放到少数民族地区社会发展的广阔社会背景中去考察、评价其作用和有效性，透过一般的教育模式去进一步揭示民族教育的发展本质，体现民族教育供给与需求的深层关系和民族愿望。

2. 民族教育与社会需求的衔接

民族教育的地位和作用是在民族繁荣的社会过程中体现的。正是由于民族教育是社会运行整体的重要环节之一，缺少这一环节会使“民族进步之链”脱节，因此民族教育的实效性不是孤立的自我认定，而是以特定的社会需求为参照系，在民族进步的社会过程中加以评价。这样，民族教育发展实效性的具体形式就必然表现为民族教育与社会需求的衔接，反映出民族教育发展对社会需求的适应和在社会实践过程中的适用。

社会对民族教育发展的需求复杂多样。我国有众多民族，不同民族有不同的民族文化背景、人口结构、社会现状，对教育的需求千差万别。这就要求民族教育的发展灵活多样，必须根据具体的需求结构，发展具体的适用教育。

适用教育不是直观或局限于某种专门教育，而是内涵丰富，存在于整个教育过程的各个环节，有各种形式、类型、规格的，充满活力，显示出鲜明社会适应性的教育。适用教育的内涵要求教育结构与社会结构（包括人口结构、就业结构、政治结构、经济结构、文化结构等）相适应，教育内容与社会实践相适应，教育方式与社会环境相适应，教育目标与社会发展目标相适应。如根据少数民族地区社会经济发展的现实条件和进一步发展的状态，确定民族教育的结构体系；根据具体民族社区的生产生活特点，首先教授在该社区常用的词汇及与之联系密切的科学技术和生活常识；根据具体民族社区的自然环境和生活方式，选择教育途径、办学形式及管理方式；等等。总之，适用教育的根本特点就是反映了社会对教育发展的内容、形式、类型、规格、结构等方面的要求，与各个民族的具体社会生活紧密相关。在民族教育发展的总进程中，有些民族社区的教育获得成功，有些民族社区的教育深陷困境。尽管原因可以归结于许多方面，但教育对具体民族社区的适用程度是不容忽视的。

如果民族教育忽视了社会规定性而简单地照搬全国统一教材的内容，照本宣科地向学生讲述一些可能一辈子都无法感受到的、无异于天方夜谭的概念，则这种教育内容便很难为家庭所接受。理由很简单，如果所学知识与现实生活及今后前途毫不相干，那么与其把时间、精力、费用投入在课堂学习上，不如让孩子去劳作更有益。如果这是教育自身的失误，那么我们便不能指责该家庭成员目光短浅。一种毫无用处的知识又学之何用呢！倘若我们改变教育方式和内容，针对该家庭成员的生产生活环境和职业前途，结合基础教育传授生产常识及技术，或结合所在生活环境教授常用词汇，则这种教育便可能受到欢迎。因为这种教育不是远离生活的无效行为，而是能够介入生活并带来利益的有效行为。在这里，群众对教育适用性的要求是明确的。反思民族教育 40 年的发展和部分民族社区教育的困境，我们不能不引以为鉴的就是忽视民族教育的适用性而导致民族教育与社会需求相脱节，尤其在一些边远农牧区。当然，自然环境也造成了教育发展的困难。因此，重视民族教育的实际效益、发展与社会需求相衔接的适用教育并非权宜之计，而是重塑民族教育形象、增强发展活力的具有战略意义的发展思想。脱离社会需求、不适用的教育必然要被淘汰。

3. “近期适用”与“长期适用”的协调

严格地说，适用是一个模糊的概念，适用是相对的。在少数民族地区的社会发展过程中，适用教育的内容、形式也将相应发展变化。适用教育具有明确的时效性，即某种教育内容、形式在少数民族地区社会发展过程中的某一时期是适用的，超过这一时期便不适用了。这样，在少数民族地区社会发展的动态过程中，民族教育要具备适用性，就不可能以不变应万变。尽管教育本身由于周期较长而具有相对的稳定性，但这种相对稳定性并不能赋予民族教育任何特殊权利；相反，这种相对稳定性对民族教育的适用性提出了更苛刻的要求，即教育必须具备前瞻性，必须能够适应未来的社会需求。而这种未来的社会需求本身也存在不同的发展阶段，有近期与长期之别。这样，适用教育的重要性和任务便不仅仅体现在适应现实各民族社区发展的需要，还体现在必须适应各民族社区近期和长期的发展需要，具备近期适用和长期适用的特点。

民族教育近期适用和长期适用的特点虽然没有明确界限，却差异显著。体现近期适用性的民族教育只与近期内的社会需求衔接，其实效是就近期社会发展而言的；体现长期适用性的民族教育只与长期的社会需求相衔接，其实效着眼于长期社会发展。虽然民族教育的近期适用性促进了社会的近期发展并为社会的长期发展奠定了基础，却不能随之转化为长期适用性。这样便可能在社会的持续发展过程中出现民族教育与社会需求之间的断层。根据近期社会需求而选择的教育目标、结构、内容、方式随着社会需求的变化必将变得不适用，民族教育在满足近期需求的同时，也为自身的长期发展和对社会需求长期目标的适应设置了障碍。同样，为了适应社会发展的长期目标，民族教育的目标、结构、内容、方式也不能以社会需求的现状为依据，其近期适用性必然较差。

但是，民族教育的近期适用性与长期适用性又被统一在发展适用教育的同一过程中。不能适应近期社会发展要求的教育，既然不能有效地促进社会发展，那么其对未来社会需求的适用性也是值得怀疑的。因此，发展适用教育实际上肩负着双重使命：一方面为现实服务，提供适应现实社会发展需要的民族教育；另一方面为社会进一步发展对未来教育的需求作准备，在民族教育和社会需求的近期适用与长期适用之间建立互相协调的关系。民族教育的发展不仅要考虑到各民族社区的现实需求，巩固基础教育，大力发展职业技术教育和成人教育，还要考虑到各民族社区的未来需求，在民族教育系统中确立比较合理的层次结构与类型结构，适度发展师范教育和高等教育，在民族教育系统内形成多层次、多类型相协调、相衔接的结构体系。

实现民族教育对社会需求的近期适用和长期适用之间的协调，除了形成合适的层次、类型结构外，还必须结合成人教育大力倡导继续教育。继续教育的基本特点就是走出传统上把学校教育视为终结教育的误区，根据社会发展对教育的需求，通过灵活多样的教育形式实施对社会就业者的再教育，及时纠正前期教育的不适用部分，弥合民族教育与社会需求之间的断层，继续在民族教育与社会需求之间维持互相衔接、互相促进的状态。

4. 建立民族教育的效益观

与社会需求相衔接发展适用的民族教育，目的在于提高民族教育的实际效益。传统的民族教育由于忽视了与社会需求的关系，与社会运行其他环节存在脱节现象，其实际效益也必然较差。这正是传统民族教育的根本失误。事实上，民族教育作为社会运行的重要环节之一，正是以其特有的作用形式促进了社会的发展。在这一作用过程中，其地位与产生的效益成正比，效益越显著，地位也越显赫。祈望民族教育摆脱发展困境并获得社会的确认和共识，就要求民族教育纠正传统的片面性，发展适用教育，建立效益观，提高实效性。

建立民族教育的效益观，关键是正确认识民族教育的社会属性。传统的社会观念把民族教育等同为简单的社会福利事业，甚至把民族教育开支视为纯粹的消费支出，因而把民族教育视为消极的社会行为或社会支出负担。实际上，民族教育作为社会运行不可缺少的环节之一，承担着提高民族素质和劳动者职业素质的功能，其地位和作用极其重要。没有民族教育，没有良好的民族素质，就没有生产力的提高、社会的发展和民族的繁荣。民族教育开支作为社会投入的一部分，与物质生产领域投入的不同之处仅仅在于前者的生产对象具有活性，而后者的生产对象则是缺乏活性的产品。从这种意义上看，民族教育的投入同样属于生产性投入。伴随这一投入所形成的产出对社会发展同样具有显著效益。

民族教育的效益表现在受教育者身上。从经济方面来看，可以直接给受教育者带来经济利益。受教育者由于较高的劳动素质在劳动过程中创造了较高的劳动生产率，根据按劳分配的原则，受教育者与未受教育者相比将获得更高的劳动报酬。从人格完善方面来看，有效的民族教育将使受教育者在智力、道德、身心健康等方面获得全面发展，使之成为较完善的人。

民族教育的效益对民族社区的发展意义十分重大。通过提高劳动力素质，可以创造出较高的劳动生产率，实现少数民族地区经济增长；通过受教育者素质的普遍提高，德、智、体的全面发展，可以促进社会发育的完善，实现政治、经济、文化各领域之间的协调发展；通过各民族成员人格的普遍完善，可以形成科学、合理的行为方式和思想意识，在少数民族地区建立比较合理的经济结构、政治结构和文化结构，创造比较和谐的社会政治、经济、文化发展环境，在这种环境中实现民族、社会、自然的和谐统一，从而实现民族的发展繁荣。

二、民族教育发展的整体观

联合国教科文组织国际教育发展委员会编著的《学会生存——教育世界的今天和明天》中这样写道："在一个不公平的社会里，希望有合理的、人道的教育，这将是徒劳的。一个官僚主义的、惯常脱离生活的体系会感到难于接受这样的想法，即学校是为儿童而设立的，而不是儿童为学校而生存的。上面发号施令，下面唯命是听，建筑在这样基础上的政权，不可能发展自由教育。在工作一般处于隔绝状态的社会经济条件下，要想培养学生爱好创造性的工作，这将是困难的。人们又如何能够想象由特权和歧视构成的社会可能产生民主的教育体系？"①

现代教育与传统教育的重要区别之一，就是教育系统逐渐摆脱保

① 转引自：厉以贤．现代教育原理[M]．北京：北京师范大学出版社，1988：15.

守、封闭的状态而呈现出开放特征。教育不再在一种远离现实的“忘我”境界中“静修”，不再是超凡脱俗般地谋求自我发展，而是成为现实生活中许多相互关联的社会动因之一，必须在社会动因的互动过程中确立其地位和作用。因此，当民族教育走出传统教育的局限而步入现代教育的进程时，与之相适应地，也必须确立发展的整体思想。

1. 民族教育社会关联的整体性

民族教育发展历程遇到的种种障碍和制约表明，民族教育的发展不是在一个孤立的系统内实现的。民族教育的发展提高民族素质和促进少数民族地区社会进步的事实也表明，民族教育的发展是社会发展的重要组成部分。在世界开放已成潮流的人类发展进程中，不仅区域间、民族间的交流趋于频繁，各个社会领域之间相互交叉、相互影响的特点也日益显著。人类社会的发展呈现了鲜明的整体性。正如马克思和恩格斯在《共产党宣言》中指出的：“过去那种地方的和民族的自给自足和闭关自守状态，被各民族的各方面的互相往来和各方面的互相依赖所代替了。物质的生产是如此，精神的生产也是如此。各民族的精神产品成了公共的财产。”① 人类社会发展的整体性，一方面要求民族教育的发展突破民族的片面性与局限性，吸收各民族教育发展的经验和科学方法；另一方面也要求民族教育的发展突破领域的局限，与社会运行其他环节互相协调。

民族教育的社会关联，揭示了民族教育在社会运行过程中与其他环节之间相互制约、相互促进的内在联系。民族教育与其他社会环节之间相互制约、相互促进的内在联系所呈现出的整体性，既赋予了民族教育在社会运行中的地位和作用，又规定了民族教育的发展只能在与其他环节相互协调的过程中实现。短板理论的简单道理告诉人们，木桶容量取决于最短的一块木板，只有当所有木板等高时，每一块木板的效用才能

① 马克思恩格斯选集：第一卷[M]. 北京：人民出版社，1972：255.

得到充分发挥。社会关联的整体性也有如短板理论，任何环节的短缺都将限制其他环节的作用，制约社会发展的进程。社会运行作为一个由各环节组合而成的有机整体，客观上要求互动过程的各环节相互协调、不可偏废。因此，民族教育作为维持社会均衡发展的基本因素，其重要地位和作用的确毋庸置疑。事实上，民族教育发展滞后导致的民族素质偏低，已经成了少数民族地区社会发展最严重的障碍。民族教育发展滞后、民族人口素质较低约束了劳动生产率的提高，影响了经济结构的合理化和经济发展总量的增加；约束了社会管理能力的提高，影响了社会管理和组织制度的科学性；影响了人们的生育观和人口结构的合理化，导致教育落后与人口膨胀的恶性循环；影响了对民族传统文化的扬弃；等等。民族教育犹如木桶最短的那块木板，成为社会发展整体过程中最显著的缺口，少数民族地区社会发展的能量正由此缺口源源流失。为此，人们由衷地发出“治贫先治愚”“社会要发展，教育须先行”等的呼声。

民族教育的地位和作用是在社会运行的整体过程中确认的，那么民族教育的发展就不可能脱离其他社会环节，必须与其他相关因素求得和谐。

其一，民族教育的发展必须与民族区域自治制度的完善相促进。民族区域自治是我国少数民族聚居地方政治制度的基本形式之一。民族教育通过培养大批符合现代化建设需要的民族干部和对广大少数民族群众进行马克思主义民族观教育，为民族自治地方的政治管理奠定了干部和理论基础，增强了民族平等团结的观念，有利于维护政治稳定。民族区域自治制度则为少数民族人民享受平等的受教育权利提供了保证。当前，在我国各民族的政治生活中，社会主义现代化就是最大的政治。民族教育的发展客观上要求围绕社会主义现代化进程展开，而社会主义改革则为之创造了良好的政治环境，并通过教育法的贯彻、落实为之提供了法律保障。

其二，民族教育的发展必须与民族经济的发展相衔接。民族教育以提高民族素质为基本内容，民族经济以物质生产为基本领域。民族教育和民族经济作为民族地区社会再生产过程中两个相互关联的领域，通过人和物的形式结合在一起，二者之间的相互作用难以分解。因此，民族教育的发展既要求与经济的发展需求相衔接，为之提供适用教育，又要求经济的发展为之奠定物质基础，在社会资金的分配及民族教育经济意义的评价上重新确立民族教育的地位。

其三，民族教育的发展必须与民族文化氛围相协调。民族教育的发展是民族文化扬弃的基本途径之一。有效的民族教育不能不充分考虑各民族的历史知识、宗教信仰、道德伦理、风俗习惯、法律形式等，并选择相应的教育规范。而弘扬各民族优秀的传统文化，倡导良好的风俗习惯、真善美的道德伦理、科学的生活态度、规范的法律形式，在社会发展过程中加强对宗教教育的引导、促进其向积极方面转化，这些都构成了民族教育健康发展的文化背景。因此，民族教育的发展与民族文化氛围相协调包括两层基本含义：一层是民族教育的发展方式必须与民族文化的物质相适应；另一层是民族教育的发展要求民族文化的扬弃为之创造良好的文化背景。

其四，民族教育必须与少数民族社会人口均衡发展。我国目前的基本事实是社会人口教育素质越低，增长速度越快，人口膨胀与教育落后互相恶化。改变这种恶性循环不仅要求民族教育的发展应该适应少数民族社会人口数量增加及素质提高的需要，相应地扩大教育规模，提高教育质量，还要求人口增长与民族教育的发展相配合，提倡科学的生育观，贯彻落实计划生育政策，保持比较合适的人口发展速度。少数民族社会人口的适度发展不仅会减轻各民族社会生活的压力，对民族教育发展的积极意义同样一目了然。人口的适度发展在获得了教育保障后，将纠正传统的生育偏见，在教育发展与人口发展之间寻找到均衡点。

2. 民族教育系统的整体性

民族教育作为社会运行的环节之一，虽体现了社会关联的整体性，但这并不能否定民族教育系统的相对独立性。实际上，民族教育自身所体现的特点、规律及社会功能无不表明其领域的相对独立和完整的系统特征。

民族教育系统的整体性从广义的角度考察，突出表现为学校教育与社会教育（指学校教育以外的非正规教育）之间的相互关联。尽管人类教育起源于社会生活实践，首先以社会教育的形式出现，其次才发展成学校形式的教育，但是传统的教育观却轻视社会教育，把教育发展的眼光局限在学校教育的形式上。这无疑把教育发展引入一条狭窄的胡同。现代社会过程的开放性使人们不能无视社会教育的重要影响和作用。如学龄前儿童的家庭教育、乡规民约、社会道德观念和行为方式、社会观念中对知识的评价等，无不影响着社会发展过程和学校教育的发展。

学校教育与社会教育之间的相互关联是一种发展变化的辩证统一关系。良好的社会教育可以为学校教育的发展创造重视教育的社会环境，进行必要的教育准备和继续教育的补充。如通过家庭教育对儿童的启蒙，使之分清是非、区别美丑、辨别善恶、认识荣辱，初步了解生活和社会，形成良好的道德伦理观念和行为方式；通过广泛、灵活、多样、即时的社会教育弥补学校教育的不足，为广大社会成员提供更多的受教育机会；等等。相反，不良的社会教育则可能酿成不良的道德观念和行为方式，或在社会上形成对学校教育的错误评价。如迎合错误的社会思潮，传播“读书无用论”；轻视师范教育、农牧技术教育；等等。

学校教育与社会教育之间的相互关系表明，要加强民族教育系统的整体性，就必须在学校教育与社会教育之间建立相互衔接、相互促进的关系，用系统的观点分析和协调二者之间的联系，增进互补，避免内耗。

民族教育的整体性从狭义的角度考察，突出表现为学校教育自成体系的组织形式和系统特征。

学校教育随着现代社会的发展，一方面与社会教育及其他社会环节发生千丝万缕的关系；另一方面自身的系统结构也日臻完善，形成完整而又稳定的学校教育体系，拥有相对独立的组织管理机构，形成具有内在联系的层次、规格、类型结构和系统运行规律。学校教育的这一系统特征，要求在初等教育、中等教育、高等教育各层次之间，普通教育、职业技术教育、成人教育各类型之间以及专业程度的各种规格之间建立互相作用、互相依赖的有机联系。在层次调整、专业设置、招生、分配、教学等各个具体方面，不仅要考虑层次关系上年级抬升与生员递减、层次递进与连环推动的基本结构特征，还要在了解民族地区近期社会发展对民族教育需求结构的基础上，合理确定基础教育、职业技术教育、成人教育、高等教育等的结构比例和发展重点。

3. 建立民族教育发展的整体观

民族教育发展的整体观，就是把民族教育的发展看作社会发展有机整体中具有特定功能并相对独立的组成部分。民族教育作为社会整体的子系统，既要求民族教育内部结构的有序性，又要求与社会其他环节协同发展。民族教育只有在内部结构有序、外部环境和谐的状态下才可能形成活力。

不管人们承认与否，在以往民族教育发展的过程中事实上存在一种与整体观相悖的倾向，就是既不注意民族教育对社会发展的适应及与其他社会环节的衔接，也不重视社会其他环节对民族教育的支持；既忽略了学校教育与社会教育之间的互补，也缺少学校教育系统内部层次、类型、规格等结构之间的协调。这种状态导致了民族教育在社会运行过程中既孤立又分散。因此，建立民族教育发展的整体观，首先必须抛弃社会分析的机械方法论和单一因果关系的思想，用系统论的观点重新认识社会发展的整体特征与民族教育在这一整体结构中的特定功能、相互关系，以及相应地在内部结构中体现的有序性，在社会整体发展和各环节互相作用、互相依赖的过程中协调民族教育与社会其他环节的关系，并完善民族教育的系统结构。

从民族教育发展的角度来看，民族教育的发展规模、速度、结构变化必须与其他社会环节的发展相适应，其层次、规格、类型结构应该考虑到社会发展的客观需求和承受能力，并结合教育周期的特点确定民族教育高、中、低三大层次的比例，职业技术教育与普通教育的比例，专业的规格结构、内容和方法，以及近期目标与长期目标的协调方式。

从社会其他环节的角度来看，社会各领域应该在考虑到民族教育可能为之提供的服务数量和质量的前提下，制定发展规划，及时地向民族教育系统传播社会发展信息，并在财力、物力上尽最大可能支持民族教育的发展，包括在社会上树立尊师重教的良好风尚等。根据许多国家和地区的经验，教育结构及与社会发展衔接的良好状态一般呈现为总体水平基本协调、教育发展略为超前的状态。如英、美、西德、日本等发达国家的社会发展，特别是其经济所取得的成效基本都是在教育发展并培养出了良好劳动力素质的基础上实现的。因此，美国政府的科学、教育部门提出“教育是美国未来力量的基础”，加拿大也提出“对策的基础是教育”的类似观点。中国则把教育列为发展国民经济的三大战略重点之一。[①] 这些经验和观点对于经济社会发育滞后、民族教育水平较低的少数民族地区，尤其值得借鉴。

三、民族教育发展的效率观

据报道，我国教育投资不仅总量少，其浪费之大、效率之低也是世界上罕见的。按国家教委的规定，高校教职工与学生之比应为1∶3.1，专任教师与学生之比应为1∶6.6；而1984年这两个比例的实际情况分别是1∶1.8和1∶5.9。世界银行于1986年对中国136所大学的调查结果是平均师生比为1∶3.7；而同期太平洋地区的其他国家的这一比例是1∶12，美国

① 厉以贤．现代教育原理[M]．北京:北京师范大学出版社,1988:14.

是1∶15，法国是1∶25。[①] 如何使有限的人力、物力更充分地发挥应有的作用，对于我国这样一个教育投入总量较少的国家，讲求效率的实际意义和紧迫性就更加显著了，尤其是发展滞后的民族教育。

1. 民族教育的效率内涵

民族教育的效率，就是民族教育各组成部分之间、各组成部分内部在单位时间内和一定教育规模下所投入人力、物力的损耗及有效利用程度。一定教育规模单位时间内人力、物力的损耗越大，有效利用程度越低，则表明效率越低；反之，人力、物力的损耗越小，有效利用程度越高，则效率越高。

广义的民族教育效率，包括社会教育人力、物力的损耗和有效利用程度。狭义的民族教育效率，具体指学校教育在单位时间内人力、物力的消耗，相应培养出的少数民族合格学生的数量。在一定量的人力、物力的投入下，培养出的少数民族合格学生数量越多，表明人力、物力的有效利用程度越高。学生产出的单位成本消耗越少，则效率越高。本节考察民族教育的效率，重点是考察学校教育的效率。

民族教育效率在具体的学校教育过程中主要通过特定教育管理体制下的学校规模、师生比例、阶段递进比例、教育质量、设施使用、损耗程度等形式表现出来。

学校规模是指通过在校生数量、教职员工数量、班级、专业、系科结构、建筑面积、固定资产等形式反映出的学校教育的教育能力和教育资源的综合利用能力。虽然学校规模的大小并不直接表明效率高低，但其对教育效率的高低有着直接的影响。一般情况下，学校规模大有利于提高师资、设施的使用率。

师生比例是指通过教师数量与学生数量之比反映出的教师的利用率和工作效率。师生比例的具体状态因学校规模、班级规模、教育规格、

① 《科学时报》1990年1月4日。

类型、方式的不同而不同。在同等条件下，师生比例越大，则教师的利用率越高。

阶段递进比例是指根据学校教育的年级抬升和层次递进规律，各个年级学生和升学人数与辍学、留级学生的比例。通常用巩固率、升学率和合格率来表示。在一定的就学规模中，辍学、留级学生的人数越多，则学生的巩固率、升学率、合格率越低。

教育设施损耗程度是指校舍、仪器设备、教学用具、图书资料的使用损耗情况。在同等使用频率下，设施的损耗越严重、使用期越短，则表明教育设施的使用效率越低。

另外，全社会教育资源的动员程度、学校教育各层次与各类型之间的配合程度、民族教育力各要素之间的协调状态等，也影响并反映了民族教育系统效率的状况。

总之，民族教育作为一个与社会各环节紧密相关的有机整体，其效率的形成和表现也复杂多样，充满变化，对其评价必须具体情况具体分析。

2. 民族教育的效率分析

效率和速度是两个互相联系的概念。民族教育发展滞后与民族教育的效率状态有着直接的关联。从总体上看，效率偏低是民族教育发展现状的基本现象之一。民族教育数量有限的人力、物力投入未能充分发挥其效应，而是在其使用过程中打上层层折扣。如以云南省为例，该省某少数民族自治州 1976—1986 年追踪学生递升入学的比例为：1976 年一年级小学生共有 50976 人，读完小学三年级的有 21132 人，占 40. 1%；读完小学毕业的有 8372 人，占 16. 4%。据说该州民族教育的发展状态已属中等水平。[①] 偏高的退学率、留级率和不合格率构成了民族教育效率偏低的最突出表现。楚雄彝族自治州 1987 年小学语文、数学统考，

① 孟铸群，陈红涛．中国民族教育论丛（三）[M]．北京：中央民族学院出版社，1989：110.

两科及格率为24.7%；初中升高中统考，各科平均及格率为22.8%。[①] 我们对教学内容、考试标准、及格学生的真才实学姑且不作深究，仅如此低的及格率就已足够反映其合格程度。大批学生因考试不及格而留级、复读，这种状态势必加剧学校教育能力与需求之间的矛盾。1986年，大理白族自治州小学在校生共有47万人，其中7~11周岁适龄儿童仅有35.3万人，12周岁以上超龄生则达11.7万人，约占24.9%。[②] 反复的留级和复读不仅耗费了学生宝贵的时光，也挤占了校舍、设备、师资及教育经费。

那么，是否是学校规模和师生比例较大导致教育质量低下才出现留级、复读现象呢？恰恰相反，民族学校的规模和师生比例比全国一般学校的规模和师生比例要小得多。如上文提到的楚雄彝族自治州，1987年全州共有小学4684所，在校学生达32万人，每校平均约有68人，共有1.12万个教学班，每班平均约有28人。其中，大姚县有120所学校，每个学校学生不足10名，有17所学校校均学生不足5名，学生最少的学校仅有2名学生。而据世界银行1984年经济考察团的考察，我国初等教育的师生比例是1∶25，发展中国家的平均水平为1∶34。[③] 这表明我国教育的师资利用率比发展中国家的平均水平还低，而其中民族教育的师资利用率就更低了。

民族教育效率偏低的原因是多方面的。从客观环境来看，少数民族聚居地区多属山区、草原，交通不便，人口分布稀疏，民族教育发展难度更大，这便限制了学校规模和师生比例。如上述大姚县总人口为26万人，有小学683所，平均约380人拥有一所小学，即使人口中有1/5为适龄儿童并全部入学，每所学校的学生数量也不过76人而已。与这种状态相联系，首先，民族教育结构内部存在缺陷和层次之间、社区之

---

① 孟铸群，陈红涛．中国民族教育论丛（三）［M］．北京：中央民族学院出版社，1989：287.

② 孟铸群，陈红涛．中国民族教育论丛（三）［M］．北京：中央民族学院出版社，1989：248.

③ 世界银行1984年经济考察团．附件一：教育问题和前景［M］//中国：长期发展的问题和方案．北京：中国财政经济出版社，1987：29.

间的封闭性也比较明显。尤其在部分边远牧区、山区，学校分散、一师一校，学校难以达到一定的规模，层次之间、社区之间的民族教育力不能互相调剂，民族教育力未能形成整体效应，其效率必然偏低。其次，民族教育师资力量较弱，质量较差，加上滞重的传统观念的影响，民族教育显得更加缺乏活力和主动性。学校教育不仅有效性成问题，对学生的规范能力也极为有限。

从主观因素来看，对民族教育效率理解的偏颇，把效率等同于数量规模和升学率，一方面加深了学校教育与社会实践的隔离感，忽略了学校教育与社会教育的互补作用，不能有效地借助各种社会力量发展民族教育；另一方面则产生了中小学教育围着少数升学的学生转、多数学生处于“伴读”状态的现象。这样反映在每个在校学生年均分摊的经费上或许不多，而反映在各年级升学或毕业生人数上的人均经费和开销却不少。如果留级率为50%，那么学生人均经费开支的成本实际已经加倍。

另外，由于民族教育发展的社会历史基础薄弱，学校教育的系统管理能力及与社会教育的衔接协调能力较弱，也不可避免地限制了民族教育效率的提高。

当然，我们不能无视这样的事实，即民族教育在特定的自然环境、社会背景下所形成的效率与一般地区的教育效率不可一概而论。

3. 建立民族教育的效率观

我们处在一个发展的时代。民族教育的发展需要讲求效率。效率与效益相辅相成，缺乏效率和效益的教育是难以发展的。指出民族教育效率的内涵并对其现状进行分析不是目的，而仅仅在于引起人们对民族教育效率的重视，建立民族教育的效率观。

建立民族教育的效率观，要求形成对民族教育效率的自觉意识，并把效率作为基本准则去衡量和评价民族教育的发展成效，指导民族教育的行为方式。传统的民族教育被束之高阁，孤立于社会实践过程之外，其投入一方面被视若纯粹的消费支出，另一方面又存在不计成本、忽视效率的倾向。无视效率的行为方式在现代发展理论中虽然已被批驳得体无完肤，但是作为一种根深蒂固的传统要把其在具体的行为方式上彻底清除干净，将困难重重。何况我们面对的是民族教育这一特殊领域。民族教育的低效率状态实际上已经表明了民族教育效率观的淡薄。因此，建立民族教育的效率观是民族教育发展的要求。

应该承认，民族教育效率的高低是相对而言的。在民族教育的高成本中，实际上存在两种情况：一种是必然性的超常规成本；另一种是非必然性的超常规成本。

必然性的超常规成本来源于少数民族聚居地区特殊的自然环境与人文环境，限制了学校规模、师生比例及教育设施和其他教育要素的利用率，增加了民族教育的单位成本。如有些民族社区人口的分布极其分散、自然环境的阻隔十分明显，民族教育的开展势必面临着“平等与效率”的两难选择，即如果满足在该社区民族平等的教育权利，则一般的效率水平无法得到保证；如果仅仅以效率为发展标准，则平等的教育权利受损。社会主义的民族教育当然不应该因为自然环境的恶劣和人文环境的特殊性而不顾各民族平等的教育权利。这样，民族教育的发展客观上便存在着超常规成本的因素，其成本开支要比其他地区的教育开支更大。我们只能在满足教育需求的前提下考虑学校规模和师生比例等，绝不能因达不到一定的学校规模、师生比例或费用开支水平提高而放弃这些地区的民族教育。这便规定了民族教育超常规成本的必然性。

我们也不能因民族教育中必然性超常规成本的存在而忽略了非必然性超常规成本的存在。严格意义上的民族教育低效率正是因为非必然性超常规成本的存在，并且构成了民族教育发展的严重障碍。非必然性超常规成本是一种浪费性的支出。过高的留级率或不合格率、管理不善造成的设施损耗及追加的经费开支等都是非必然性超常规成本的具体表现。建立民族教育效率观的本质意义就是要通过科学合理的组织管理去纠正民族教育的行为方式，减少浪费，努力避免非必然性超常规成本的形成，促进民族教育的加速发展。

民族教育的效率比一般社会生产过程中的效率要复杂得多。它面对的是活的人和更为复杂的表现形式。民族教育的投入包括有形物质的投入和时间的投入。民族教育过程中的高留级率、扫盲性教育中偏高的返盲率，既反映了师资、设施、经费等支出的浪费，也反映了社会时间的浪费。因此，建立民族教育的效率观，不仅要重视有形物质的投入成本，还要重视时间成本的投入。应该通过科学的教育管理制度和方法，提高民族教育阶段递进的实际效率和民族教育设施的利用率。具体包括调整升学规模，提高合格率和巩固率，降低留级率和退学率；提高校舍、教学设施的利用率，延长使用期；提高物质投入和时间投入的有效性，减少浪费。同时，还应该依据民族教育的客观规律和具体民族社区的特点，采取多种办学形式，合理进行学校教育的布局，保证各民族人民在获得平等的教育机会的前提下使学校教育的规模和师生比例趋向合理。另外，还必须重视学校教育与社会教育的协调，为提高学校教育的效率创造良好的社会环境，并广泛调动全社会的教育资源，充分发挥民族教育力的作用。通过有效的教育、和谐的配合、良好的社会文化氛围，保证民族教育效率达到较高的水平。

21 世纪民族教育的大趋势[1]

我们能够选择未来吗？我们不是万能的神，但当我们一步一步地向前迈进时便在塑造未来。我们迈出的每一步都充满着机遇和选择。对这种机遇和选择的把握，取决于我们自己的能力——与教育程度相联系的智力水平。因此，如果有人说“21 世纪是教育的世纪”，我们不必惊讶，这是时代对教育的厚望和赋予其的使命。

一、21 世纪的召唤

10 多年的改革开放打破了少数民族地区社会的封闭状态，经济建设的热潮中，回响着一个越来越清晰的声音——发展民族教育。这是各民族在总结社会实践，经过冷静反思之后喊出的饱经沧桑的呼声。“治贫必先治愚”，发展经济必先开发心灵绿洲，其中浅显的道理已日益成为人们的共识——21 世纪少数民族教育要发展。

1. 西部地区的崛起

西部地区是我国少数民族最主要的聚居地区。近年来逐渐掀起的“西部热”，把西部地区的优劣展露无遗。应该承认，目前的西部地区社会发展仍然滞后。然而，随着保持社会经济发展因素的变化，我国东、西部地区的发展格局始终处在变动之中。2000 多年来西部地区逐渐被东部地区取代的社会经济地位，由于东部地区的资源局限和西部地区的资源发现等，又悄悄回归。到 21 世纪初，经济开发的重心将逐渐

---

① 本文原载于《未来与发展》1991 年第 4 期。

由东向西转移，着力开发大西北。现实已经展露了 21 世纪的曙光。

红水河流域、长江上游流域的水力开发、电站建设，使其正在成为西南能源基地。三江流域富集的铅、锌、金、银、锡、铜、铁等有色、黑色金属矿藏等也将成为开发大西南的主要原材料基地。

黄河上游多民族开发区的建设，将成为开发大西北的第一推动力。塔里木盆地富有传奇色彩的戈壁、沙漠所展示的“石油之光”，骤然间照亮西北大地，使人们不得不对该地区刮目相看。

西部边疆地区由于边境禁锢的解除、边境贸易的开展，已逐渐从社会经济生活的“沉寂”状态演变成社会经济关系最活跃的地带，多种机会和选择使边疆地区存在着率先发展的可能。

谁也没有理由怀疑 21 世纪我国西部地区的崛起。西部文明将与东部文明相媲美。西部地区的崛起不是单方面的，西部地区的发展也不可能仅仅是经济的发展，因为经济发展同其他社会方面的发展存在相互协调的内在联系。民族教育发展的历史表明，民族教育的发展动力存在于民族社区的发展需求之中。社会经济不发达的民族社区，其民族教育发展也滞后，而社会经济较发达的民族社区，其民族教育的发展也较充分的原因，就是民族社区的发展是由多方面因素相互促进的。西部地区的崛起虽然可能以自然资源的开发为先导，但是如果没有相应的智力资源与之匹配，也是不可想象的。

西部地区的崛起对民族教育的影响将通过两个主要方面体现出来。其一，西部地区的崛起将为民族教育的发展创造良好的物质条件。自然资源开发和经济振兴将为民族教育的发展奠定更为深厚的物质基础。其二，西部地区的崛起将对民族教育的发展提出更强烈的需求。西部地区经济的深层开发需要民族教育为之培养越来越多的人才。因此，西部地区的崛起也蕴含着民族教育的振兴。

2. 竞争和发展的本质

任何一个民族都希望在安宁、稳定的环境中生活，但在地球这个有限的空间里，要满足所有民族日益增长的消费欲望是十分艰难的。在这种大背景下，任何一个民族要维持安宁、稳定和消费水平逐渐提高的生活环境，都必须为之努力奋斗并付出更多的劳动。毫无疑问，21 世纪为我国各民族展示的前景是美好的，但这并不等于每个人都可以坐享其成；相反地，要争得美好的前景，我们只能加倍努力。况且，每个人把握机遇的能力不同，21 世纪为每个人带来的好处也不是均等的。21 世纪是一个竞争和发展的世纪。

社会竞争的形式多种多样，但在本质上都是人的素质的竞争。未来 21 世纪的一切挑战和压力，都将集中在人的素质上。人的素质固然有人种不同、体格素质不同等造成的差别，但在社会竞争中最具决定性的是受教育程度不同导致的智力差异。自 20 世纪下半叶以来，与日本教育和经济的迅速发展相比，一些美国人开始担心教育的失败会使美国降为二等经济大国，因此教育和国际竞争力成了 1988 年总统竞选中的重要问题。老布什在竞选总统时便许下了要当一位“教育总统”的诺言，他说：“教育是提高我们民族竞争力的关键，是增强我国人民精神的关键。”托夫勒对未来社会第三次浪潮的预测、奈斯比特对人类生活大趋势十个新方向的描述等虽然尚有待验证，但道出了一个不容置疑的真谛：未来社会是人的素质竞争的社会。

我国少数民族地区的经济发展不仅远远落后于世界经济发达地区，也落后于国内汉族地区。与经济发展相联系的民族教育，其发展状态同样落后。双重落后形成的巨大发展差距使该地区在国内外社会竞争中处于明显不利的地位。20 世纪脆弱的民族教育为 21 世纪留下的未解难题和 21 世纪人的素质的竞争对民族教育的压力，将使 21 世纪民族教育的发展责任更加重大。历史和现实所造成的紧迫感不容民族教育的发展有丝毫松懈。

21 世纪的发展在本质上也是人的发展。人，只有经历教育才成为人。这一简单的道理反映了人与一般动物的区别，表明人是社会化了的动物。人的发展是与教育的发展相一致的。人作为社会的人，是在受教育过程中完善、健全的。1986 年国际教育会议指出，应通过提供智育、德育、体育、美育和社会教育以及培养适应社会生活所需要的条件，并以和平、国际谅解、合作和互相尊重的精神教育青年，促进个人的全面与协调的发展。现代科技的突飞猛进、社会生活的迅速变化，要求教育承担起越来越重大的社会职能，要求每一个社会成员必须通过教育具备完善的人格和对社会发展的适应性。正如联合国教科文组织总干事姆博所说，教育确保人格的全面发展并使每个人都能充分参与社会、经济、文化进步。虽然生存在狭小的海岛上，身材也并不魁梧，大和民族却常常以令人钦佩的气魄把目光投向未来和更广阔的世界。日本政府在 1987 年的教育改革报告中便提出：为了实现教育的目的——人格的完善，必须在德育、智育、体育的相互协调中，培养宽广的心胸，强健的体魄，丰富的创造力，自由、自律和公共的精神，面向世界的日本人。因此，民族的繁荣绝不是简单地表现为民族人口数量的增加，更重要的是反映在民族成员文化素质的提高，德育、智育、体育等的全面发展上，具有完善的人格，能够适应社会竞争和发展的需要。民族的发展同样取决于民族教育的发展。

3. 物质和精神的双重开发

可以肯定，在 21 世纪，少数民族地区的社会经济文化生活将发生根本性的改变，社会物质和精神生活都将获得充分的开发。人们不必再为温饱问题忧心忡忡，现代化成为社会经济生活的基本内容，人们对生活中美的追求也进入更高的层次。

21 世纪的少数民族地区经济开发将随着西部地区的崛起和竞争能力的增强形成与今日迥然不同的格局：自然资源开发更加全面、系统、合理，单靠出卖自然资源和原材料过日子的时代已经结束；新兴产业替代经济技术落后的产业，有力地推动产业的技术进步和结构优化；工农业生产的生态设计得到普遍推广和实施，各民族的生活环境得到很好的保护和优化。经济发展所创造的物质财富使各民族的物质生活更加科学、合理和殷实，即使是生存环境较恶劣的民族，物质生活条件也得到极大的改善，逐渐步入小康阶段。

物质开发和实惠的物质享受仅仅是人类需求的一个方面，伴随着物质开发过程的还有各民族精神生活的完善。物质生活富裕、精神生活贫乏的组合虽然在某些社会历史时期的某些群体中存在，但这绝不是常态。当人们满足了某种水平的物质需求之后，自然而然地形成了相应的精神追求，而一定的精神生活状态又必然形成对物质生活的评价。尽管每个社会成员的具体组合千差万别，但从整体上看，物质生活和精神生活都是处于协调状态的。因此，在物质开发的同时也呼唤着精神开发，物质开发与精神开发互相呼唤。

21 世纪少数民族的精神开发，最主要的形式就是各民族的文化教育获得更深层的发展与普及，彻底扫除各社区的文盲现象，普及小学教育，在部分地区开始普及普通中学和中等专业技术教育，继续教育、终身教育广泛开展，智力开发收到显著成效，各民族的科学文化水平全面提高，各民族成员具有更高的道德品质、知识、能力、技术，树立更富有时代感的人生观和世界观，有着更丰富鲜明的个性和情感，精神生活更加充实、更加丰富，行为方式更富于理性。

然而，这一切都是上帝赐予的吗？不！这一切都要求民族教育付出加倍的努力。21 世纪物质和精神的双重开发，赋予民族教育更艰巨的使命。时代为民族教育的发展提供了一个良好的背景，同时也提出了更高的要求。

二、民族教育的使命

民族教育是未来民族进步最主要的支撑之一，其社会地位和作用甚至远远超过今天我们可能给予的评价。它不仅需要实现自身的发展、进步、繁荣，弘扬民族优秀文化，还肩负着促进民族进步、团结，协调社会运行，增强中华民族整体利益的责任。

1. 未来教育的趋势与民族文化的更新

现代化作为时代进程的潮流和趋势，在21世纪将更深入地渗透社会生活的各个领域，并更加充分地体现出来。民族教育的发展同样将踏上现代化进程。这一进程突出表现在如下几个方面。

——教育手段现代化。以幻灯片、投影、录音、录像、电视、卫星转播等设施和手段为主要形式的电化教育，将是21世纪民族教育最常规的手段。实际上，电化教育自20世纪70年代以来，已经在世界许多国家得到广泛应用。我国的电化教育从20世纪80年代开始起步，其中部分少数民族地区已经开始推广，并收到良好的效果。如内蒙古伊克昭盟，在1986年便已经拥有4部摄像机、72台录像机、近8000小时的录像带、900台微型发电机，安装了电教馆和卫星接收天线。电化教育可以借助现代化设施进行远距离教育，有效地克服了少数民族地区地广人稀、交通闭塞的实际困难，不仅覆盖面大、信息传播快，而且更加形象、适应性更强。

——教育内容现代化。现代科学技术的推广和高科技的发展不仅为民族教育的发展提供了基础设施，还将使现代科学技术知识、现代生产生活方式和价值观念等逐渐代替与自然经济手工生产方式相联系的祖传经验性的教育内容。现代科学技术知识，现代管理知识，现代政治、经济、文化理论等将构成全新的民族教育内容。

——教育目标现代化。教育周期比一般的物质生产周期更长，教育面向的是未来，本身就是社会发展过程中的长期行为。因此，教育目标的确定不可能仅仅着眼于眼前需要，更重要的是考虑社会发展的未来需要。由于我国少数民族地区在20世纪80年代前社会生活长期处于停滞状态，教育内容几十年如一日，所以相应的教育目标难以体现出时代进步和社会变革的要求。近年来随着我国改革开放，社会生活节奏加快，要求教育目标的确定必须满足社会迅速进步、变革的要求，与社会的现代化进程相适应，体现出教育目标的现代化。这一要求在 21 世纪将更加突出。

——教育形式多样化。21 世纪教育的广泛发展和社会的多样化，决定了教育形式也要更加多姿多彩。奈斯比特和托夫勒在对未来社会的展望中，都把“自助学校”视为更灵活、更富有生命力的教育形式。不管这一预言的精确程度如何，有一点是可以肯定的，就是因地、因民族制宜的教育原则将得到广泛提倡。与各民族社区社会生活方式的多样化相适应，民族教育的形式也必然呈现出多样化状态。从办学渠道、教育组织、学制管理，到教育的类型结构、层次结构、空间结构等都将拥有更充分的选择余地。学校教育、家庭教育、社会教育互相衔接，普通教育、英才教育、技术教育相互沟通。

——教育交流国际化。现代化教育手段的应用有效地打破了传统教育封闭的壁垒，开放性和广泛的教育交流成为现代教育的主要特征。由于特殊的地域和民族背景，民族教育的开放性和广泛的教育交流不仅表现在各少数民族之间、少数民族与汉族之间，也具有国际性。特别是部分跨境而居的民族和与其他国家民族有着民族渊源的民族教育，教育交流的国际化特征更加显著。教育交流突破了不同民族、区域、国别之间的保守性障碍，互相合作、协调发展、共同进步是 21 世纪教育现代化过程的一个基本趋势。

现代科技发展日新月异，既使时代的车轮快速地转动起来，也对每一个现代社会的成员提出了挑战，显然这一挑战最终将落到教育的肩上。未来教育在现代化进程中的基本主题将是教育终身化。自“二战”以来，知识的老化率急剧上升，据估计 1945 年为 41%，1955 年为 53%，1965 年上升为 68%。1970 年以来，人类知识总量每年以 8% 的比率增长。这一趋势预示着未来知识生产与应用周期将越来越短，知识更新速度将越来越快。为了适应这一趋势和社会的智力竞争，每一个社会成员都需要不断学习新的知识，不断接受新的教育，“活到老学到老”。为此，21 世纪教育的终身化将结束传统教育的状态。

民族教育的现代化给古老的民族传统文化注入了新的生机。民族教育作为民族文化的主要传承形式，既是民族文化的产物，又是民族文化的动因。民族教育所具有的文化功能包括对民族文化的继承和创新。现代科学技术的发展推动了民族教育的现代化，而现代化的民族教育以新的机能重新对民族文化进行选择和更新，以新的眼光对民族的风俗习惯、生活规范、价值观念、思维方式进行重新审视，以新的科学技术手段对民族传统文化进行筛选、整理、加工和再创造。特别是民族教育的终身化，将使民族文化的扬弃、更新成为更加自觉的过程。如一些落后的生产生活方式、陈规陋习，将被新的生产生活方式、新的行为规范代替；一些凝聚着民族智慧的生产生活方式、科学技术、文化艺术将得到倡导，并通过现代化技术手段进一步完善；一些新的价值观念、思维方式、生产生活方式、科学技术、文化艺术等将通过现代教育被引入各少数民族的社会生活中，并成为不可缺少的基本方面。如现代农业机械对木犁等生产工具的取代；精耕细作、生态保护技术对粗放经营、生态破坏等行为方式的纠正；合理、卫生的生活习惯对缺乏生活卫生常识行为的纠正，家用电器对家庭生活质量的改善；新的文化艺术形式对传统文化艺术形式的补充、完善；现代化的电声设施和技术对民族器乐、舞蹈的更新创造；电子计算机对民族文化的整理、保存；新的天文、医学等科学技术对传统的民族历法、医学等科学技术的补充、修正和更新；等等。显然，未来民族教育的现代化趋势不仅表现为民族教育自身的现代化，更重要的是这一现代化进程是与整个民族社区的现代化进程相协调的。民族教育的现代化将通过其特有的社会文化功能影响民族文化的发展，现代化进程不是泯灭各民族优秀的传统文化，而是借助现代化手段弘扬各民族优秀的传统文化，创造具有时代气息的新文化，并使优秀的传统文化和具有时代气息的新文化融汇为具有新的生命力的民族文化。

2. 民族文化的整合与中华民族的一体化

费孝通先生在瞻望中华民族多元一体格局时这样写道：“一个社会

越是富裕，这个社会里的成员发展其个性的机会也越多；相反，一个社会越是贫困，其成员可以选择的生存方式也越有限。”如果这个规律同样可以运用到民族领域里，那么经济越发展，越是现代化，各民族凭各自的优势发展民族特点的机会也越大。在工业化的过程中，各民族人民生活中共同的东西必然会越来越多，比如为了信息的交流必须有共同的通用语言，但这并不妨碍各民族用自己的语言文字发展有自己民族风格的文学。通用语言可以帮助各民族间互相学习、互相影响，进而促进自己文学的发展。21 世纪民族教育的现代化进程和对民族文化的更新将使各民族的文化得到更充分的发展，各民族的文化将更加充实、完美。民族教育的现代化趋势绝不是加深各民族之间的文化隔阂，恰恰相反，是在逐渐消除民族文化之间的隔离感。

现代化教育手段、内容和国际化交流，加强了各民族之间的文化接触，这不仅在各民族文化之间形成了比较，还促进了各民族文化之间的相互学习、相互吸收，把其他民族的优秀文化特质吸收到本民族核心文化的体系中。世界上许多民族就是在学习吸收其他民族优秀文化的过程中走向进步的，如日本明治维新时期向现代社会迈出的步伐，就是在大量借鉴西方先进国家文化成就的基础上，加速了现代化进程。由于我国 56 个民族悠久的历史渊源和少数民族长期形成的大杂居、小聚居的分布格局，我国各民族之间在 20 世纪上半叶仍维持相当程度的封闭性。但随着 20 世纪 50 年代以来各民族政治上的平等、经济文化的发展，特别是民族教育的迅速发展，各民族之间的社会文化交流日益广泛，各民族之间的社会文化发展有所互动。各民族文化互相借鉴、互相学习、互相促进，共同发展。今天，我国每一个民族都不可能维持与其他民族彻底隔离、毫无联系的社会生活状态，不可能维持自己纯而又纯的民族文化，即使部分民族仍保持有浓厚民族文化特色的核心文化体系，也吸收了其他民族优秀的文化特质。这一切基本上都应归功于教育的文化传播功能。由此可见，民族教育在促进民族文化更新的同时，也强化了民族文化的整合倾向。

民族文化的整合，将使各民族文化个体在相互协调过程中形成新的整体。新的民族文化整体不是民族文化个体的简单集合，而是具有内在联系和共同规范的。21 世纪的民族教育更加强烈的开放欲望和广泛的民族交流，不可阻挡地加深了民族间的文化相融，并在各具特色、绚丽多姿的民族文化的基础上结合成新的整体——中华民族多元一体的文化格局。

第五部分

双向开放与兴边富民

西部边疆地区经济双向发展的构想[①]

在我国经济建设的新的历史时期，“闭关锁国”的政策已被摒弃，对外开放已成为我国经济发展的基本政策。然而，如果对我国的对外开放细加分析就可以发现，这里的开放基本上是东向的，对外经济贸易基本是从东部通过沿海地区走向国外市场。这种单一东向的经济发展格局不利于西部边疆地区的经济发展，必须找出一条符合西部边疆地区经济发展实际的道路。这就是双向发展。

一、对西部边疆地区经济单一东向发展格局的分析

我国正在形成的由东向西逐步推进的经济发展战略布局，从我国国民经济发展的整体来看是比较合理的。正是在这种比较合理的布局的掩盖下，人们忽略了西部边疆地区经济发展条件的特殊性，而把东部沿海口岸城市作为对外开放的唯一门户；经济运行以东部沿海城市为中心，把东部沿海地区经济率先搞活并加速技术向西转移作为西部边疆地区摆脱贫困面貌的唯一出路。这种单一东向经济发展的模式对西部边疆地区经济发展的影响十分严重。

第一，它人为地割断了历史上长期形成的经济流向和经济关系。目前，我国西部商品经济不发达地区在历史上也曾是商业发达的地区之一。如新疆维吾尔自治区的阿克苏、喀什、叶城、和田就曾经是我国古代“丝绸之路”上的商业重镇；云南省的腾冲、盈江、畹町、龙陵等

① 本文原载于《经济研究》1988 年第 1 期。

县是西南丝绸之路上的商业重镇；喜马拉雅山下的普兰、吉隆、樟木、亚东是西藏与国外物资流通的主要门户。这些商镇、门户直到中华人民共和国成立前夕还很兴盛。但是，中华人民共和国成立 30 多年来，由于强调面向国内市场的东向发展目标而切断了西部边疆地区与邻国传统的贸易经济的自然流向，导致这个地区的各个贸易点日益衰落。

第二，它强化了西部边疆地区在我国经济发展格局中的边远状态。我国西部地区距离东部沿海地区十分遥远，在客观上导致了西部地区的边远状态。这种边远包含两层意思：一是自然地理位置上的边远；二是社会经济生活上的边远。二者相辅相成、互相深化，使西部边疆地区陷入更加落后的状态。在经济发展中，社会资金首先流向投资效益高、见效快的地区和行业。我国正在形成的经济发展战略布局表现出空间结构和时间序列的东西走向，经济技术的推移必然表现为由东向西的基本趋势。这就形成了这样的状态：在我国目前的经济发展布局中，西部地区为第三梯队。而在西部地区则首先发展各中心城市，其次是靠近各中心城市和中部地带的地区，最后才是边疆地区。因此，当其他地区已经沐浴在经济发展的“阳光”下时，西部边疆地区还忍受着不发展的“寒冷”。

第三，它突出了西部边疆地区经济发展过程中的交通障碍。西部边疆地区由于比较靠近南亚、西亚、中亚等地区的各口岸和交通枢纽，历史上形成的面向南亚、西亚、中亚等地区的经济联系在一定程度上减轻了交通运输不便对经济发展和商品流通的影响。然而，单一东向发展迫使西部边疆地区的经济交流不得不“舍近求远”，于是交通运输就成了西部边疆地区经济发展中最棘手的问题。约占国土面积 2/3 的西南、西北地区，1982 年铁路营业里程仅占全国的约 1/4，公路营业里程约占 1/3。具体到西部边疆地区，除了云南省文山壮族苗族自治州有滇越铁路通过以外，其他地区的铁路运输则是一片空白，公路运输也极为稀少。即使今后国家决心增大交通运输投资在国民经济总投资中的比重，并把这一比重提高到17%～18%，也很难快速改变西部地区交通运输不便的状况。交通运输不便成了西部边疆地区经济发展的严重障碍，而长期形成的单一东向发展格局更加突出了这一障碍。

第四，它加深了西部边疆地区的社会封闭性。西部边疆地区向西发展有边境“高墙”的阻挡，向东发展有崇山峻岭的阻隔。在同国内的经济交流中，由于运输线长、运费成本高，调往外区的商品缺乏竞争力，而调入边疆地区的内地日用品又价格昂贵，超过了当地群众的购买能力。因此，商品流通就失去了基本的供给动力和需求引力，经济发展只能被局限在一个狭小的区域里，在这一小区域中完成经济运行的全过程和满足社会经济生活的各种需求。这就必然表现出浓厚的自给自足的小区域自然经济特点。在这样一个封闭系统中，经济社会的发育必然营养不良，机能不健全，现代经济意识淡薄，经济发展缺少活力。以云南省德宏傣族景颇族自治州为例，1985 年商业系统库存商品积压 4833 万元，1986 年增加到 6143 万元；1986 年占用流动资金比 1985 年增加了27%，超计划高利息贷款增加了 75%。[①] 商品流通的滞缓是与区域的封闭程度呈正相关的。

上述分析使我们看到：一刀切地实行单一东向的经济发展是不合理的，它人为扭曲了边疆地区经济发展的自然流向，违反了经济发展的内在规律。因此，我们必须重新考虑西部边疆地区今后的经济发展格局。

二、迈向 2000 年的思考

可以肯定，如果继续贯彻单一东向发展的战略布局，西部边疆地区就仍将保持边远和落后状态，成为我国经济发展的“洼地”。以云南省澜沧拉祜族自治县为例，1980 年全县工农业总产值为 5182 万元，1984年增加到 7620 万元，平均年递增率为 10.2%。1984 年全县人均工农业

---

① 中国民族贸易经济研究会秘书处．全国民族贸易经济理论讨论会论文集[Z],1986:153.

产值为 129 元；如果到 2000 年人均工农业产值翻两番，则是 516 元；若翻三番，也仅为 1032 元。且不说届时能否翻三番，即使实现也是一个很低的水平。据国家统计局公布的数字推算，1986 年全国人均工农业产值约为 1400 元。可以看出，到 20 世纪末，即使澜沧县人均工农业产值翻三番，也仍低于 1986 年全国的人均水平。这是一个非常值得重视的现实。

那么，有没有解决的办法呢？当我们用开放的眼光重新认识西部边疆地区时，就会发现如下情况。

第一，西部边疆地区在不同的空间参照系中的地位不同，因而会产生不同的作用。对国内主要的经济中心而言，西部边疆地区是边远地区；而对南亚、西亚、中亚地区而言，它却是我国发展对外经济关系的前哨。云南的滇西地区紧靠缅甸，从德宏和保山等地到缅甸的密支那，然后经铁路到仰光出海口，就比从滇西到昆明再到东部沿海各城市要便利得多。西藏的经济重心在雅鲁藏布江河谷，与尼泊尔、印度等国只有一山之隔；由普兰、樟木、亚东等山口抵达巴特那、加尔各答、达卡、加德满都等城市，要比通过青藏、康藏等交通线与东部城市联系方便得多。新疆的边境地带与苏联各铁路枢纽的联系也比通过乌鲁木齐向东发展更方便。从阿拉山口到苏联的土西铁路是我国与欧洲市场距离最短的交通线。据统计，每吨货物从天津到欧洲的运费为 202 美元，而从阿拉山口到不来梅只需 119 美元。①

第二，西部边疆地区客观存在两个市场。在关闭边境以前，经济自然流向所形成的基本格局赋予了西部边疆地区对外经济交流门户的职能：国内的物资通过丝绸之路和西南丝绸之路流向南亚、西亚、中亚各地；国外的物资也沿着这条商道流入我国的西南、西北等地区。西部边疆地区同时面对国内、国外两个市场。这两个市场同时存在，国货与洋

① 《中国西部开发报》1987 年 3 月 4 日。

货交织，活跃了西部边疆地区的经济生活。如 1951 年，在云南省保山地区的芒市，国内日用品在市场上占比 20%，国内布匹在市场上占比 40%。

第三，边境对经济发展的双重影响。边境既可成为经济发展的门户，也可成为经济发展的障碍。当我们采取开放的对外政策时，边境就成为西部边疆地区经济发展的门户；当我们采取闭关自守的政策时，边境就是禁锢西部边疆地区经济发展的“高墙”。

在迈向 2000 年新的历史进程中，如果继续以往的封闭政策，那么对西部边疆地区的现代化建设是十分不利的。我们应打破障碍变通途，重新选择经济发展的趋向。

三、重新选择，双向发展

西部边疆地区要变“洼地”为“枢纽”，就必须变边境的禁锢为开放，让经济流向顺其自然，按其特殊的经济运行方式形成新的双向发展的开放态势。

所谓双向发展，就是既与国内东部地区市场建立联系，向国内其他地区开放，与整个国民经济的发展相衔接；又与南亚、西亚、中亚等地区市场建立联系，向国外开放，逐渐与国际市场相衔接。双向发展战略的原则是实行两种开放，面向两个市场，利用两类资源。这一原则有利于发挥西部边疆地区经济发展的相对优势，增加对市场与发展机会的选择。

西部边疆地区经济双向发展战略的基本格局如下。

1. 继续加强与东部地区的经济联系，发展多年来与东部地区已经形成的合理的经济联系，与整个国民经济发展的进程相衔接

30 多年来，单一东向发展虽然给西部边疆地区的经济发展造成了各种弊端，但是如果根本否定西部边疆地区与东部地区经济联系的作

用，不承认东部市场的积极作用，也是错误的。东部经济发达地区仍是西部边疆地区经济上最牢固的后盾，东部地区市场也是西部边疆地区区外的基本市场。因此，改变单一东向发展的状态，绝不是放弃与东部地区的经济联系，而是增强东向经济联系的效益，发展与东部地区合理的经济联系；重点是加强经济运行和市场运行的机制，加强经济技术交流和信息交流，使西部边疆地区的经济发展与东部地区经济技术推移相呼应，与整个国民经济的发展建立起一种内在的有机联系。

2. 积极占领南亚、西亚、中亚等地区的市场，恢复历史上合理的经济联系

从地理位置上看，西部边疆地区距离南亚、西亚、中亚地区市场最近，经济生活习惯也与这些地区比较接近。边境有不少民族是跨境而居的，他们在心理乃至文化传统等方面的联系往往突破了边境的阻隔。从经济发展状态来看，西部边疆地区的经济发展水平与南亚等地区比较接近，产品具有一定优势。如中亚地区轻纺工业落后，而新疆的轻纺工业产品很受欢迎。因此可以断定，南亚等地区将是西部边疆地区经济发展最理想的市场。如果在我国东部地区的市场竞争中，西部边疆地区的商品处于劣势，那么在南亚等市场上，西部边疆地区的商品就有可能在竞争中占优势。

3. 在两个市场中选择发展经济的优势，建立合适的产业结构

双向发展本身就包括了选择市场和选择资源的机会。把握住机会，就可能获得较高的利益，形成经济发展的比较优势。如云南省腾冲市有加工玉石的传统，若从缅甸进口玉石原料，在腾冲进行加工后销往港澳市场，便可获得丰厚的利润；从内地调往西藏拉萨的粮食每千克成本为0.96元，若改由尼泊尔进口，每千克成本只有0.85元。西部边疆地区的产业结构应该建立在市场和资源选择的比较优势上，所以其市场基础及策略应立足当地，面向国内、国外两个市场，也就是：西部边疆地区市场应成为对国外、国内开放并连接两个市场的枢纽；西部边疆地区市

场应建立在本地区新形成的产业结构的基础上；西部边疆地区产业结构的主体市场应是当地市场，并与国外、国内市场相交织；应充分体现市场在西部边疆地区经济发展和产业结构中的重要作用。

可见，实施双向发展战略，将使西部边疆地区的经济发展形成崭新的格局，并对本地区的经济发展和我国的对外开放产生新的效应。首先，重新确立西部边疆地区在国内外市场中的地位，能够在一定程度上改变西部边疆地区在我国经济发展过程中边远、闭塞的状态，通过开拓南亚、中亚、西亚市场，沟通边疆地区与国内外市场的经济交流，从而彻底扭转其经济发展的“沉寂”状态，使之成为经济开放和发展各种经济联系的活跃地带。其次，改单一东向发展为双向发展，将形成我国对外开放的两个扇面。一个扇面是传统的东部沿海口岸的对外开放，另一个扇面是内陆边疆地区的对外开放。后者具有较明显的区域性，可以提高边疆地区的经济发展能力和自给能力，减轻国内区际物资流通的压力。这两个扇面将形成由东向西和由西向东的两个运动方向，对于加速整个西部地区的经济现代化进程和减轻经济技术推移的压力有重要意义。

四、双向发展的关键：搞活边境贸易

实现西部边疆地区经济的双向发展涉及两种关系。一种是西部边疆地区与国内东部地区的经济关系，体现的是国民经济整体利益一致的前提下的区域利益关系。在国家的统一规划和调节下，这一关系比较容易解决。另一种是西部边疆地区与国外即南亚、西亚、中亚等地区的经济关系，涉及比较复杂的国际关系，是双向发展战略的主要难点。

从历史上看，我国西部边疆地区是有边境贸易传统的。西部边疆地区在未同东部地区形成较方便的交通网络之前，早已与南亚、西亚、中亚等地区建立了较频繁的经济联系。西藏的昌都、丁青、波密等地区，1952 年市场上的国外货物约占市场商品总量的 84.69%；在解放前夕，国外货物基本占据了云南省与越南、缅甸接壤的32个县的边贸市场，1959年保山地区芒市的国外货物约占市场商品总量的90%。由此可见，这些地区在解放初期边境贸易还是比较活跃的，今天要重新搞活这些地区的边境贸易也是有基础的。解放后虽然关闭了大部分口岸，但边民之间的贸易仍然不断。1951—1964年，云南省边民在边境地区进行的小额贸易和互市贸易额大约在800万元；1965—1976年，年贸易额约为600万元；1977年以后，对外开放政策略微放宽，边境贸易便显出迅猛增长的势头；1985年，边境贸易额达2.6亿元，边境贸易在边境地区直接或间接增加的财政收入达1200多万元。西部边疆地区的贸易倾向体现了经济发展过程的自然选择。

搞活边境贸易还将对西部边疆地区的产业结构产生深刻影响，使产业的组合和发展纳入市场运行的轨道，形成新的市场引力，通过贸易疏通经济发展的渠道。如云南省腾冲市在历史上就是“重要的翡翠集散地”，“向来珍异岔集商贾之册，载前来者辐辏于道，而此邦人民亦多计陶朱之术，故市镇乡场栉比鳞次，询西南一巨区地”。[①] 翡翠原产于缅甸勐拱，八关废弛以后，勐拱玉石大量流入腾冲，腾冲成了重要的玉石集散地，玉石业也随之发展起来。我国关闭边境之后，缅甸玉石转而流向距缅甸1100千米以外的泰国清迈镇，使清迈镇由不毛之地发展为泰国北部的第二重镇，我国腾冲的玉石业却由此衰落。这个事实充分说明了搞活边境贸易在西部边疆地区的重要作用。

近年来，西部边疆地区的边境贸易虽然出现了迅猛增长的势头，但是仍然存在着很大的局限性。这突出表现在：边境贸易发展受两国政治关系的影响较大，存在不稳定因素。如随着中苏关系的解冻，我国新疆同苏联的边境贸易前景较为乐观，特别是土西铁路接轨之后，边境贸易规模将进一步扩大。而中印边境问题由于长期得不到解决，直接影响了

① 见《腾越厅志》序。

我国西藏与印度边境贸易的开展，使我国西藏的边境贸易只能被局限在尼泊尔的狭小市场上。边境贸易点分布不均衡，点少、面窄。我国西部边疆地区的边境线达 1 万多千米，而边境贸易仅仅集中在几个点上。西藏边境贸易点按规定有 17 个，但目前实际开放使用的只有 4 个；我国新疆对苏联的贸易口岸只有 2 个。由于点少、面窄、分布不均，边境贸易的辐射面受到很大影响，作用也较小。对边境贸易的政治管制过多，经济管理太少。我国目前对边境贸易的管理主要体现在限定地点和限定贸易额两方面，而对贸易的税收、价格、货币、物资等方面缺少有效的科学管理，导致了边境贸易的混乱，影响了贸易的效益。如 1985 年初，云南省德宏傣族景颇族自治州边境小额贸易平均利润率为 10%，1985 年底降为 4.6%，1986 年初至当年 10 月继续下降为 3.2%。[①] 对贸易额和贸易地点的限制又制约了贸易规模的扩大。由于缺少对税收、价格、货币的有效控制，这种受限制的贸易规模难以充分发挥作用。要搞活边境贸易，就必须冲破目前的局限，落实相应的保证措施。

1. 国家对外政策的保证

我国与南亚、西亚、中亚等地区建立友好的睦邻关系，是搞活西部边疆地区边境贸易的社会前提。如果两国关系紧张，边民的自由贸易往来和外国市场的开放就不存在。因此，从双边经济利益出发，国家和地方各级政府宜采取比较积极的姿态，与南亚、西亚、中亚等地区开展广泛的经济文化交流，形成一种友好的国际环境和气氛，并逐渐使经济领域的交流相对独立，减少政治关系对经济领域的限制，以建立相对稳定的经济关系。

2. 取消对贸易额的限制，逐步用经济杠杆调节代替行政管制

目前，国家对边境贸易仍然采取比较谨慎的态度，对贸易额的限制就是一种突出表现。边民互市的贸易额，以前被限制在 20 元以内，近

---

① 中国民族贸易经济研究会秘书处．中国民族贸易经济理论讨论会论文集[Z],1986:157.

年来才扩大到100元以内。集体企业、部门的贸易则被定义为小额贸易。从经济发展需要的角度来看，扩大边境贸易规模利大于弊。把边境贸易分为边民互市、小额贸易、地方贸易等，并对其中的边民互市和小额贸易加以限制是缺少根据的。要搞活边境贸易，就必须取消对贸易额的限制。同时，针对各个具体地区，针对税收、价格、货币等重新制定出切实可行的管理办法，建立正常的边境贸易秩序，使我国西部边疆地区的市场逐步与南亚、西亚、中亚等地区的市场相衔接。

3. 建立多层次的边境贸易结构

对于边境贸易，不仅要积极发展与地方政府之间的贸易，还应减少对边民互市和小额贸易的限制，创造一个比较宽松的边境贸易环境，使官方贸易与民间贸易互相促进，多渠道、多形式、多层次地发展边境贸易，逐步扩大贸易规模，建立比较系统的边境贸易网络。目前，边境贸易形式比较单一，如云南省只有边民互市和小额贸易，我国新疆同巴基斯坦的边境贸易只有官方形式的地方贸易。这种单一的边贸形式显然不利于边贸规模的扩大。建立多层次的边贸结构不仅有利于各种贸易形式、各条贸易渠道之间相互补充，还可以产生相互促进的效果。如目前缅甸政府禁止私商在边境的贸易活动，把同我国云南民间的小额贸易视为非法。如果我国云南省与缅甸政府建立官方形式的地方贸易，就可以比较灵活地调整与缅甸政府的关系，使小额贸易与地方贸易相互促进，扩大贸易规模。

4. 多开口岸，形成边境贸易网点的合理布局，选择有发展前途的地方建立边境贸易特区

应根据西部边疆地区经济发展的特殊性和边民社会经济生活的需要，恢复传统的贸易通道，同时开辟新的贸易口岸，扩大边境贸易的辐射面，加强边境贸易对西部边疆地区经济发展的影响。除此之外，应该选择经济发展条件较好、交通方便的地方建立边境贸易特区，如云南的德宏、西藏的日喀则、新疆的伊宁等地。我国已有在东部沿海地区创办

特区的经验，在西部地区建立边境贸易特区可以少走弯路。建立边境贸易特区有利于我国西部边疆地区形成较大规模的边境贸易，扩大和加速与南亚、西亚、中亚等地市场的经济信息交流，形成比较完整的经济发展体系和比较活跃的贸易市场。这对加速西部边疆地区的经济发展将产生深远的影响。

沿边开放的“力”与“度”[①②]

我国广阔的内陆边疆地带（相对于沿海边疆地带而言）长期以来被冷落的历史正在结束，“冷线”瞬间变为热点。从北方的黑河到南方的瑞丽，在2万多千米的内陆边境线上，开放成了社会生活的最强音。沿边开放正从一个新的方向和角度同沿海开放展开竞赛。

一、沿边开放的市场力量结构

1. 一个市场多种力量

边境向来因山、河等自然屏障，远离传统的社会政治经济中心。20世纪80年代末，世界政治经济格局发生变化，和平与发展的需要使得我国与周边地区形成了缓和局势。从朝鲜半岛到中南半岛，从中越、中印关系到中蒙、中俄等关系，谅解和贸易往来代替了猜疑、敌视和军事冲突。相应地，沿边地区的经济发展和传统贸易通道的利用也被提上日程，沿边地区成为多种经济力量窥测和角逐的市场。边疆地区随着多种经济力量的介入而发育为新的市场，并成为国际市场整体的一部分。这种状态决定了沿边市场面对的不仅是区域范围内的力量对比，还是有多种力量介入的市场。

多种力量介入沿边市场往往表现出隐蔽的、潜伏在边境贸易商品背后的形式。如近年来通过中缅、中越边境贸易进入中国的商品，除了有

---

① 本文原载于《经济问题探索》1993年第2期。

② 未标明出处的资料来自笔者1992年6月在云南中老、中缅等沿边地区的实地考察和访问。

接壤的缅甸、老挝、越南等国的商品外，还有非接壤的如泰国、新加坡、马来西亚、日本、美国、欧洲等国家和地区的商品。新疆、内蒙古、西藏、黑龙江、吉林等省区边贸口岸的外国商品同样不仅仅来自邻国和邻边。这样，在沿边市场上，我国面临三个层次的产品：第一层次为邻边自产产品，以农林土特等资源型产品为主；第二层次为与邻边国家和地区有密切地缘关系的较发达国家和地区的产品，以轻工业产品为主；第三层次为工业发达国家的产品，如家电产品、汽车等。这三个层次的产品分别代表着三种不同的市场力量。这种状态表明，在边贸对象的背后，潜伏着第二、第三层次产品所代表的强有力的市场竞争对手。沿边市场的关系除了同周边国家的经济关系外，还有其他经济强国的所形成的经济关系。后者的介入，使沿边市场的力量结构发生了重大变化。

2. “顺差陷阱”

在我国周边国家和地区中，除了独联体国家的工业能力较强、收入水平较高外，其他国家和地区普遍工业能力较差、收入水平偏低。而独联体国家由于尚未改变工业结构偏重的状态等，迄今未能形成足够的日常消费品供给能力，对我国的轻纺工业产品有较旺盛的需求。这种状态暂时确立了我国轻工业产品在沿边市场上的优势地位。但这种状态不可能长久，周边国家不可能长期用原材料在沿边市场上与我国交换工业品。这便导致了边贸互补的失衡，即对方“无货可易”，边贸陷入顺差不能平衡的困境。如1991年，我国云南省勐腊县对老挝的边贸在账面上出口为2400万元，进口为1100万元，顺差为1300万元。边贸成绩斐然的德宏州的对缅边贸也面临着长期顺差的约束，贸易增长速度逐渐下降。对一个现代工业尚不发达的国家来说，顺差可能导致“顺差陷阱”，即为弥补顺差而诱发的进口变化和借口以及进而采取的贸易手段与内容，可能使顺差出现两难：或贸易萎缩；或为另一种力量的进入敞开市场，导致优势和利益落入第三者手中。如上文提到的，沿边市场潜在多种力量，贸易顺差恰好成为第二、第三层次产品进入沿边市场的机会。在中老边贸市场上，地方政府对解决贸易顺差的较典型的意见是进口日本汽车。笔者在老挝南塔市市场上看到的雀巢咖啡，英国和美国的香烟、发胶，以及泰国、新加坡、马来西亚等国的商品，便是专门为中国人准备的，老挝当地的产品则寥寥无几。

3. 市场若战场

日本向来把亚太地区视为理所当然的市场势力范围。中南半岛局势稍微缓和，日本便提出把该地区“由战场变为市场”的口号，在越南掀起一股投资热潮。“亚洲四小龙”及东盟国家的资金涌入越南。欧美各国也重新考虑在该地区的经济利益和投资政策。荷兰、比利时的石油公司同越南签订了开采顺化岸外油田的长期合同；美国商界努力游说政府尽早对越放开贸易政策。越南则流露出在21世纪来临前赶超中国的强烈欲望。在缅甸，自1988年10月缅政府实行全方位开放以来，许多国家的资金纷纷涌入，争夺缅甸资源开发权益。日本表现尤为突出，在1988—1989年占有缅甸33.2%的进口市场，而从缅甸的进口仅占缅甸出口市场的3.5%；在对缅的双边援助中，日本的援助规模达到2.87亿缅元，占缅接受双边援助总额的80.87%、接受各种援助总额的60.69%。日本事实上已成为缅甸最大的进口来源国和经济援助国。[①]泰国也充分利用地缘条件，加快对缅甸的商品渗透。我国的商品与泰国的商品在缅甸市场上遭遇竞争，迫使我国商品价格不断下跌，甚至出现从缅甸市场撤离之势。在腊戌市场上，中国产品的占有率从70%降为50%；在曼德勒，中国产品的市场占有率仅为15%。一些泰国商品及日本等国的工业品已借助边贸通道进入我国市场。

商品的市场争夺，本质上即国家经济实力的较量。随着周边各国纷纷实行改革开放政策，引进外资的速度加快、规模扩大，第二、第三层

① 云南德宏州经济研究所《经济信息快报》1991年6月5日。

次的力量在沿边市场所占的比重增大，沿边市场的竞争必然更加激烈。如果目前我国在沿边市场的力量对比中仍存有优势，那么这种状态所能维持的时间限度已越来越清晰：即使作乐观估计也不会超过一个五年计划的时间。若不能及时补充后备力量，目前的优势将丧失得更加迅速。如紧邻德宏州的缅甸掸邦首府东枝市在教育、环境、社会服务等方面均已经取得了很大发展，芒市与之相比已很难占有优势。

二、沿边开放的市场规模层次

1. 互补与结构均衡

沿边开放的思想发端于沿边区域市场的互补性。这种超越国家政治关系的区域市场关系，建立在沿边人民生活需要的深厚基础之上，有其悠久的历史渊源。随着现代商品经济的发展、市场运行规模和范围的扩大，沿边市场的封闭状态已无法维持，无法满足边民日常生活消费互相补缺的需要，进而包括区域经济发展资金、资源、技术及生产分工等方面的需要。

然而，区域经济发展互补性的需要却决定着市场竞争的程度。双方市场能力相对均衡，表现为双方进出口结构和总量的相对平衡。过于悬殊的力量对比可能影响互补规模和范围的扩大，或者导致一方寻求其他渠道和手段以替代和补缺。已经提到的我国云南对老挝、缅甸等国的边贸顺差，正是反映了沿边市场结构的失衡。互补结构的失衡并非互补双方利益的简单消长，而会导致另一种力量乘虚而入，于是酝酿了两难状态的“顺差陷阱”。

2. 优劣并存的区位事实

沿边开放使冷落多年的边城突然成为贸易门户，内陆边疆地区也从自卑情绪中解脱出来，产生出区位优势的自豪感。及时意识到沿边开放对边疆地区经济发展的作用和意义，果断采取促进开放和发展的政策措施，因为机不可失。但区位优势的内涵实际上比沿边的概念要复杂得多，并非沿边即具有区位优势。平心而论，我国内陆边疆地区在实施沿边开放战略中多处于区位优劣势并存状态。这不是人们的主观愿望所能左右的，而是由自然环境和商品的市场选择决定的。崇山峻岭、沙漠戈壁使一些沿边地区的商品市场难以发育，经济交流困难。如果在现代交通工具尚未出现之前，马帮开辟的商道在对外贸易史上尚可称雄一时，那么现代交通工具的普遍运用和海上贸易的繁荣便已注定了马帮贸易的衰落和局限。即使是已架通并投入运行的欧亚大陆桥，其形成的贸易规模在全国对外贸易规模中的比重，也不可能达到当年丝绸之路所占的比重。绝对作用的扩大阻止不了相对地位的下降。这种事实并不否定重振丝绸之路的需要和丝绸之路的作用，并不否定双向发展在全国对外开放态势中的互补性和所承担的责任。西南边疆地区的情况同样如此。滇西南丝绸之路古老驿站的重修也无法在中近期内使滇西南的经济发展超过滇东的经济发展或取代其东向经济联系。中老、中缅等沿边市场交流基本属于同种类型的内陆狭小市场的交流。当地产业层次落后，市场规模小。尽管有其他区域的力量开始介入，但连绵不断的高山为交通运输设置了严重障碍，当地经济的交流规模受到明显的自然环境约束。因此，沿边开放在发挥传统经济流向和市场互补的区位优势的同时，应正视区域局限和自然环境约束的区位劣势。特别是这种优劣势并存的结构近期内在部分沿边市场还很难被扭转的情况下，沿边开放的市场规模层次必然存在较明显的局限性，并对我方产生相当的影响。如滇西南重峦叠嶂，进入老挝、缅甸之后地势逐渐平缓开阔，日本、泰国等国的商品由老挝、缅甸进入中老、中缅等沿边市场比我国商品从昆明等地进入沿边市场更容易；此外，泰国可以利用海运的便利降低运输成本，扩大泰缅贸易规模和对沿边市场渗透的能力。这对于我国的沿边开放和边贸发展将构成强有力的挑战。

3. 沿边开放的目标

沿边开放的目的在于转变沿边的封闭状态，寻求社会经济发展。关键是沿边的经济基础并建立其上的发展实力。沿边开放的目标，就是释放发展能量，争取经济发展与国际安全的统一。

沿边开放的目标实现程度和效应，取决于沿边市场的力量结构和规模层次。如果我国在沿边市场上的经济力量强，处于市场决定的主导地位，则开放程度的扩大对我方有利。具体表现为在技经贸关系中取得主动和利益优势，在经济利益基础的支持下，边民心理内凝力和自豪感加强，沿边地区居民安居乐业、安定团结。相反，如果我国在市场力量对比中处于被支配地位，开放程度的失控则可能引起经济利益的流失和边民心理的动摇。市场规模和层次深度必须与市场能力保持相对统一。洞察市场竞争的力量结构，区分沿边开放的对象与竞争对手，合理选择和适时扩大市场规模层次，是实现沿边开放目标的基本程序和途径。

三、沿边开放的国家战略

继沿海开放之后逐渐形成的沿边开放态势，扭转了我国 30 多年来单一通过东部沿海地区发展对外经济关系，并进出口商品的格局。实践证明，沿边开放是我国对外开放总格局中不可偏废的一面。沿边与沿海的地位、环境、经济基础、开放条件等各不相同，在对外开放大局中各负重任，无法替代。因此，必须从国家战略的高度来认识和实施沿边开放。

实施沿边开放的国家战略如下。

首先，应该把沿边开放列为国力竞争的重要环节，加强对沿边开放的经济技术投入。必须清楚地认识到沿边开放伴随的市场竞争本身便是国力的较量。沿边市场力量结构的对比是一种消长关系，若不能争取其他区域经济实力的支持，仅靠目前沿边的力量很难在市场力量结构中取得优势。只有联合腹地技术力量，沿边开放才可能形成足够的推力和规模层次。

其次，从国家战略的角度来考虑和实施沿边开放，需要有一种国家对边疆地区的责任和承诺，即当边疆地区的社会经济发展水平较低、区域经济技术力量仍较弱时，国家有责任增加投入帮助其迅速形成较强的经济技术力量。这也是一种必要的对历史欠账的补偿。在以往的封闭年代，边疆地区作为国防前哨义无反顾地奉献了许多人力和物力，而国家在经济建设方面则对其投入较少，这在一定程度上影响了边疆地区的经济发展。随着沿边地区的对外开放，边疆从封闭的角落被推到对外经济协作和贸易的前沿，市场竞争代替了军事战备。在这种情况下，边疆地区的国防意义并没有随硝烟散去而降低。军事行为被经济行为所代替，经济利益的引力比政治宣传更有力。谁获得经济竞争的优势，谁的国防便拥有了牢固的经济基础。因此，应该在沿边地区建设牢固强大的“经济国防”。特别是在局势缓和、各国普遍推行改革开放政策的背景下，应该以“经济国防”充实传统的军事国防。

另外，还需要树立一种对周边国家的责任意识。根据我国的利益及边疆地区的经济发展要求，我国应该视促进邻边地区的开发为己任，应有帮助邻边地区发展经济的责任意识和气魄。我国沿边地区许多民族跨境而居，社会经济生活有极深的渊源。积极参与邻边的经济开发活动，包括通过技术经济贸易协作和交流为其提供适用的资金与技术，对增强边疆地区的凝聚力同样十分重要。

确立国家对边疆地区和邻边地区的责任意识，增加资金、技术的投入和政策、管理等配套措施的投入，确立沿边优势，形成边疆地区发展示范效应，争取经济发展和边疆安定的统一，是实现沿边开放国家战略目标的基本内容。

最后，加强内联与沿边开放的协调统一。沿边地区事实上多属于经济发展落后的待开发地区，比如我国云南省与周边国家的经济发展水平和经济结构相似，产业以农业为主，进出口结构以进口工业品、出口原材料为主。我国与周边地区的经济互补严格地说，是国内经济较发达地区与周边国家的经济互补。如云南省的边贸出口商品中，92% 的纺织品、88%的轻工产品、76%的化工产品、71%的药品、58%的食品及饮料来自其他省份；进口商品中，90%的优质木材、86%的海产品、75%的特种工艺品原材料、83%的橡胶及制品、84%的药材等销往其他省份。[①] 可见，在近期仅靠沿边地区的经济力量是难以推动沿边市场运行的。沿边开放必须依托深厚的内联基础，借助国内其他区域的经济能力，以补充沿边地区在沿边市场上力量的不足，使沿边开放真正实现从单一贸易型向技经贸全面协作型转变、从转口贸易型向加工出口型转变。

沿边开放跨越的地域比沿海开放更加辽阔，面临的市场结构更加复杂多样。加强内联的重要内容之一就是加强沿边开放的协调统一。各沿边口岸在对外开放的具体内容和形式等方面均从地方利益出发，客观上存在内部竞争。但这种竞争不应超越国家利益，应努力避免不必要的内耗，以形成和巩固相对统一的、富有竞争力的对外开放政策。

综上所述，伴随沿边开放而展开的沿边市场竞争与沿边各民族的发展关系重大，必须从民族利益和国家安全的高度来认识和实施沿边开放战略，密切关注沿边市场力量结构的变化，切实加强国家对沿边地区经济技术力量的投入，拓宽与周边国家的技经贸协作领域，争取优势，扩大规模，提高层次，使沿边开放高效率地构筑起强大的"经济国防"。

---

① 云南省经济研究所《经济研究简讯》1992 年 6 月 12 日。

论兴边富民的实业基础[①]

兴边富民行动是中国面向21世纪的边疆治理方略。兴边富民行动正式启动10年来，国家政策支持力度逐渐增大。2000—2009年，中央政府累计安排兴边富民行动专项资金达14.46亿元，有效地促进了边疆地区经济社会基础设施建设，改善了边民的生产生活条件。以内蒙古19个边境旗市为例，2008年，完成地区生产总值756.29亿元，固定资产投资达635.05亿元，地方财政收入达46.02亿元，分别为1999年的7.6倍、42.0倍、6.5倍；2008年，19个边境旗市中有14个旗市的农牧民人均纯收入超过内蒙古全区农牧民4656.2元的人均收入水平，也超过全国农村居民4760.6元的人均收入水平，而10年前的情况则恰恰相反。[②] 兴边富民行动在内蒙古边境旗市富有成效的实践，达到了国家民委“争取用10年左右的时间，使边境民族地区基础设施建设条件得到明显改善，人民群众生活有明显提高，经济和社会事业全面进步”的初步目标。[③] 但也必须注意到，内蒙古兴边富民行动的成效与全区10年来的高速发展脱不开关系。就经济社会的总体发展状况来看，中国边疆地区事实上还处于相对落后的发展状态，西南、西北边疆地区仍是中国经济社会发展最滞后的区域，是中国最贫穷人口主要分布的地区。如2006年，云南省怒江州福贡县农民人均纯收入为798元，贡山县农民人均纯收入为859元，仅分别为当年云南省农民人均纯收入的35.46%

① 本文原载于《兴边富民——兴边富民行动理论研讨会论文集》，中国经济出版社，2010年。

② 数据引自《中国民族报》2009年9月8日，国家统计局《中国统计摘要（2009）》第121页。

③ 赵显人．国家民委关于进一步推进兴边富民行动的意见[M]//兴边富民行动．北京：民族出版社，2000.

和 38.17%，分别为全国农村居民人均纯收入的 22.23% 和 23.95%。福贡县、贡山县的发展状况在西南边疆地区具有一定的典型性。这种状况表明，兴边富民行动要最终达到富民、兴边、强国、睦邻的目的，将是一项长期的任务，需要从国家发展战略重要组成部分的高度加强对兴边富民行动的基础研究和长期规划。本文正是基于这种考虑，从实业基础建设的角度探讨兴边富民的内在规定，具体论述框架由四部分构成：第一部分考察中国边疆地区治理的历史条件及方式方法，给出不同历史条件下不同治理方式方法的判断；第二部分分析兴边富民作为边疆治理新要求所具有的内涵，给出实业建设基础地位的判断；第三部分具体阐述兴边富民的实业建设策略，探讨兴边富民的实业建设导向和边区格局；第四部分对兴边富民实业建设的相关因素予以说明。

一、边疆治理的历史条件及方式方法

边疆，通常指靠近国界的本国疆土。因此，边疆治理必然与国家形态相关联。中国古代的边疆治理，从今天的角度来看，基本属于内政。华夷关系是大一统中的关系，大一统的结构层次为天子—诸侯—四夷，即《左传》所说："古者，天子守在四夷；天子卑，守在诸侯。"① 天子守在四夷，还是守在诸侯，取决于大一统权力中心的掌控能力。边疆治理状态反映的是中央王朝的权力行使能力，边疆实质上表现为王权能力的边疆。随着权力中心掌控能力的变化，边疆形态也发生变化，于是有了天子守在四夷与守在诸侯的区别。

近现代以来，随着国家形态和疆域趋于稳定，边疆的地域范围也相对稳定，中国边疆问题也随之演变成中华民族与境外民族的关系问题。②

---

① 转引自：马大正．中国边疆经略史[M]．郑州：中州古籍出版社，2000：448.

② 转引自：马大正．中国边疆经略史[M]．郑州：中州古籍出版社，2000：441. 本文探讨兴边富民实业基础的边疆治理也是当代中国疆域格局的边疆治理，而且具体指陆地边境地区的治理。

尽管古代边疆与当代边疆的国家形态背景有所不同，但在国家安全意识的边疆治理诉求上是相通的。安边疆，历来是国家大业不可偏废的方面。① 只是在不同的历史条件下，边疆治理的方式方法有所不同。如天子守在四夷，还是守在诸侯，便是不同历史条件下的边疆治理方式。边疆治理的方式方法与国家的权力结构及盛衰直接相关，国运决定边运。从边疆治理的历史脉络来看，总体趋向是从简单到综合。早期的边疆政策主要是武力征服，攻防是边治的主题。伴随着军事活动，戍卒成为边疆常住户，戍边军队的粮食问题促使戍边与屯田相结合，兵屯带动着民屯。② 汉文帝时期，晁错建议把屯田与防御结合起来，徙民实边，使屯田之民也成为边防队伍。③ 随后屯田世代沿袭，民屯规模超过兵屯，到清代已开辟多种形式的屯田。④ 清代统治格局相对稳定，边疆地区人口增加，除了农业开发外，其他资源的开发也逐渐被关注，如云南的铜矿、锡矿开采。⑤ 在边疆地区实行边疆开发政策，明确“屯垦开发，以边养边”的边疆经营方针，是清代边疆治理的政策特点。⑥ 现代中国政治格局和疆域稳定，边疆地区的发展建设已成为国家区域发展战略的重要组成部分。在新的历史条件下，边疆地区也进入经济社会发展建设的新阶段。

自古代至现代，中国边疆治理的基本形式和演变次序可概括为：①单纯的军事活动；②兵屯，耕战；③移民实边，以边养边；④边疆地区开发，壮大边防实力；⑤边疆地区经济社会全面发展（见图1）。

---

① “安边疆，制四夷，国家大业不可废也。”——《汉书》。转引自：马大正．中国边疆经略史[M]．郑州：中州古籍出版社，2000：440.

② 单纯的军事活动与边疆的具体形势有密切关系，近代仍然存在边疆的单纯军事活动现象，但总体上看具有局部性和特殊性。

③ 李大龙．两汉时期的边政与边吏[M]．哈尔滨：黑龙江教育出版社，1996：43.

④ 明代思想家李贽说：“屯田乃千古之策。”引自：赵予征．丝绸之路屯垦研究[M]．乌鲁木齐：新疆人民出版社，1996：17.

⑤ 陈征平．云南工业史[M]．昆明：云南大学出版社，2007：377－387.

⑥ 华立．清代新疆农业开发史[M]．哈尔滨：黑龙江教育出版社，1998：38. 马大正．中国边疆经略史[M]．郑州：中州古籍出版社，2000：268.

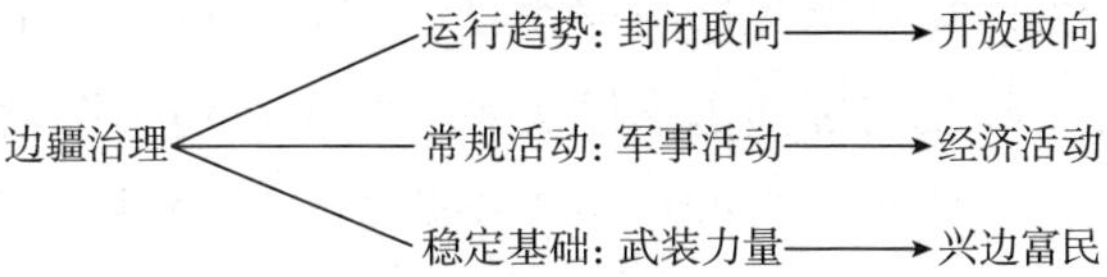

图1　边疆治理历史脉络的动态特征

二、兴边富民，边疆治理的新要求

传统的边疆治理政策立足于边患，边疆的稳定安全主要依靠国防建设，屯垦实边是辅助性的。即使中国改革开放前的边疆地区经济社会建设，也是封闭性的，即所谓闭关锁国。边境是一道禁锢的高墙，在封闭管制中求得稳定安全。

在中国实行改革开放、积极融入全球化进程的新的时代背景下，边疆地区以和谐发展为主导，扩大政治经济文化交流，激活族源、地缘关系，在走出封闭禁锢状态的同时，正成长为对外开放的前沿阵地，成为面向两个市场、利用两种资源的富有活力的地带。这种状态赋予了边疆稳定安全新的内涵，对边疆治理策略提出了新的要求。

1. 边疆地区稳定安全的新内涵

在开发条件下，边疆竞争机制中的军事竞争转换为经济社会发展竞争，边疆地区的稳定安全在开放交流的比较中被强化。开放对边疆地区稳定安全的积极作用，得益于形成经济社会发展优势和国民优越感及公民意识的强化。在这种情况下，边疆地区稳定安全的新内涵便具体表现为富民、睦邻和实业建设。

富民是边疆地区稳定安全的根本。边疆地区的稳定安全，在根本上取决于边疆地区居民的生活质量。边民生活富裕，与邻边居民相比生活质量更高，边民的向心力、爱国热情必然随之增强，满意度也提高，形成积极的心态，热爱生活，爱护家园，人际关系融洽。边民稳定是边疆地区稳定安全的集中表现和根本。

睦邻是边疆地区稳定安全的重要条件。边疆地区的稳定安全实际上是一种双边态势，涉及与邻边国家的关系。如果双边关系紧张，缺乏和谐相处的环境，那么边疆地区的稳定安全势必受到影响。和睦相处的邻边关系，是边疆地区稳定安全必不可少的环境和条件。因此，中国政府强调“与邻为善、以邻为伴”的睦邻原则。

实业建设是边疆地区稳定安全的经济基础。开放交流态势中的发展竞争，其具体内容就是边疆地区实业建设的竞争。边疆地区经济社会的发展是通过具体的实业建设表现出来的，边疆地区居民生活质量的高低也取决于边疆地区的实业建设能否为之创造就业机会、提供稳定的经济收入来源。如果稳定边疆可以通过稳定边民来实现，那么稳定边民则可以通过稳定就业、改善生活来实现。

富民、睦邻、实业建设作为开放条件下边疆地区稳定安全的新内涵，各环节之间相互支持。睦邻关系为边疆地区的实业建设创造了可能，实业建设是兴边富民的经济基础，边民富裕则有利于睦邻关系的发展。在这组相互关系中，实业建设是推动边疆地区发展稳定安全良性关系的基础。有实业，才能富裕边民，才能稳定边疆，才能兴旺边疆和形成积极的开放态势。

2. 现实边疆地区加强实业建设的迫切性

现实边疆地区加强实业建设的迫切性根源于边疆地区经济社会发展的现实状态。改革开放30多年来，边疆地区经济社会的发展建设发生了巨大变化，逐渐形成了有利态势，在与周边国家的比较中，边疆地区居民逐渐产生了国民自豪感。自20世纪90年代以来，我国实施的沿边开放政策有效地激活了沿边口岸的活力，带动了边疆地区的发展建设。但就中国经济社会的空间格局而言，边疆地区仍是发展相对滞后的地带。现实边疆地区经济社会面临的发展竞争问题，主要表现在以下三个方面。

其一，边疆地区经济社会的发展基础仍较薄弱。边疆地区经济社会的发展建设中积累了较多的历史欠账，近10年来，兴边富民行动的建设投入与积累的历史欠账相比仍有巨大缺口。事实上，边疆地区仍是全国基础设施建设最滞后的地区，交通运输条件、能源通信设施、边民生产和生活条件及设施等，都明显滞后于全国的一般水平，其基础设施的建设态势仍处在建设网络扩展的末端。随着建设网络扩展势能的减弱，末端的建设也成为最薄弱的状态。

其二，边疆地区的贫困问题仍然突出，脱贫攻坚任务依然艰巨。正如上文已经提到的，当代中国最贫困的人口主要分布在西南、西北边疆地区。从新疆的南疆地区到西藏的阿里、藏东南地区，云南的怒江州、滇西南、滇东南地区，广西的桂西边境地区一线，迄今仍是中国最贫困的地区。如云南省除上文列举的贡山、福贡外，沧源、江城、澜沧、西盟、双江、金平等边境县也是中国最贫困的县。这些地方生产生活条件艰苦、设施简陋，收入来源单一，扩大再生产能力不足，仍存在温饱问题，危旧房、茅草房仍是边境沿线的不和谐景观。

其三，边疆地区在现代化进程中趋于边缘化。在中国快速推进的以工业化、城市化、市场化为标志的现代化进程中，资源总体向东聚集，西部边疆地区处在这一进程的末端。而且在人力资源的动员上，边疆地区也存在较多困难，交通、信息、文化差异等因素，都构成了边疆地区居民融入现代化进程的约束条件。国土格局上的边疆同时成为社会过程中的边疆。这种状态尽管在倡导沿边开放的政策框架中在理论上被化解，但具体实践仍沿着现实的惯性运行，边疆地区经济社会发展在与工业化、城市化进程拉开距离的同时，事实上也正在被边缘化。

边疆地区经济社会面临的发展竞争问题，其根源在于缺乏实业基础的支持。边疆地区经济社会发育的历史基础原本就薄弱，经济开发存在较突出的历史局限和缺失。边垦虽然历史悠久，但是就边疆地区经济社会发展的历史而言，则可谓姗姗来迟。加之近代中国的弱势封闭状态，事实上无暇顾及边疆地区的开发建设。在建设布局的指导思想和实践上，我国也倾向于优先安排内陆腹心地带，寻求经济建设的腹地安全感，边疆地区则强化军事意义上的国防意识，这种状态直到20世纪80年代的改革开放以来才得以改变。因此，实业基础的薄弱直接导致边疆地区经济社会发育的“营养不良”，产业类型单一、资源配置效率低下、就业途径狭窄。在边疆地区人口数量自然增长、人口规模逐渐膨胀的趋势下，人地关系也趋于紧张，人均可耕地减少，生存压力增大。以云南怒江州边境县为例，1949年总人口为12万人，2005年总人口达到28.29万人。在没有其他生计出路的情况下，人口增长的直接后果就是加大垦殖力度，毁林开荒以增加耕地面积。贡山县1952年总人口为15987人，耕地总面积为3.72万亩；2000年人口增长到33904人，耕地总面积增加到6.63万亩，耕地总面积增加78.23%，但人均耕地反而从2.23亩减少为1.96亩。单靠陡坡垦殖维持生存的方式原本就存在严重的缺陷和局限性，单一地依靠垦殖谋生正是目前贡山县陷于贫困状态的重要背景。①

边疆地区实业建设基础薄弱，经济社会发育支撑力不足，边民就业、增收困难，兴边富民便无从体现。在这种情况下，影响边疆地区稳定安全的消极因素便会滋长，族群间的不平衡发展和民族文化差异便可能成为影响社会稳定的因素。因此，在开放条件下实施兴边富民行动，根本还在于边疆地区的实业建设。兴边富民，具体就是实业兴边、实业富民。促进边疆地区的实业建设，是兴边富民的基本途径。

---

① 贡山县资料来自贡山独龙族怒族自治县志编纂委员会．贡山独龙族怒族自治县[M]．北京：民族出版社，2006：60，233－235。实际上，1990年贡山县第4次人口普查的人口数为33395人，与1982年第3次人口普查的人口数29000人相比，8年增加4395人，从1990年到2000年贡山县人口不可能只增加509人，如果按照1982年到2000年每年的人口增长数量计算，总人口应不少于38888人，这样人均耕地便只有0.6亩。另据《怒江统计年鉴2001—2005》第21页，贡山县2001年总人口为34079人。这里作此说明，只因怒江州州志及统计年鉴、贡山县志都没有关于2000年第5次人口普查的资料。

三、兴边富民的实业建设策略

兴边富民的实业建设，建设什么？怎么建设？边疆地区居民正在从事产业活动，也可以说，正在进行着实业建设，但本文所强调的实业建设是指超越目前过于单薄、缺乏活力的产业活动形式，形成激活边疆地区资源环境潜力、产业特色和实效的产业发展局面。

1. 兴边富民的实业建设导向

边疆地区最突出的环境特征就是“边”。“边”是相对的。边疆地区一方面远离权力腹地及中心城市，成为相对权力腹地、中心城市的边远地区；另一方面靠近国界，成为政治经济文化关系最活跃、最敏感的地带，成为国家门户及与邻边国家交流的前沿。可见，“边”被赋予了丰富的内涵和功能，同时也形成了对经济社会发展、实业建设的内在约束。揭示其内在约束的实业建设过程能够更充分地发挥边疆地区的资源特色禀赋，实施更有成效的兴边富民行动。这也为兴边富民的实业建设提出规范，要求遵循其内在约束，有效动员边疆地区发展资源，因“边”制宜地推进边疆地区的实业建设。

因“边”制宜地推进边疆地区的实业建设，前提条件是要认识到“边”的特殊性。自然环境的交通条件总体较差、生态环境总体上受当代工业污染的影响较少、边民生产生活方式总体上维系着较强的农耕惯性、被赋予的超过一般地区的国防政治意义、民族文化和边境酝酿出的神秘色彩等，都构成了边疆地区的独特性并内含着实业建设适宜性的要求。根据这种要求，兴边富民的实业建设导向可以表述为以民生经济为基础，以强化比较优势为重心，以改善基础环境为着力点。

边疆地区的稳定安全落到实处，就是民生稳。民生稳，边境才能稳。民生稳的要求反映在实业建设上，就是应充分考虑到边疆地区的自然环境、交通条件对生产生活方式的约束，增强边民经济生活的自给能力和抗风险能力，夯实民生经济基础。从民生出发考虑边疆地区的实业建设，其资源配置的侧重点仍应放在与边民日常生活关系最紧密的环节上，改善边疆地区农牧业生产的技术结构、水利设施、管理水平，提高资源的利用率和配置效率，使粗放经营转变为集约经营，有效地增加边民的生产收益，特别是保障边民的粮食安全，提高边民的生活水平和质量。因此，兴边富民行动对边疆地区生产条件改善的支持，应因“边”制宜，增强其适宜性，提供适用技术。如山地综合经营、水土保持、能源、灌溉、农畜品种改良，以及对与当地居民消费紧密相关的工商业的支持等，使技术支持有效地为边民所认识和掌握，政策支持有效地带动当地经济发展。

边疆地区实业建设强化比较优势，就是充分发挥边疆地区的资源特色和面向开放市场的竞争潜力，努力把资源特色和竞争潜力培养为经济发展的比较优势；利用边疆地区地缘关系、族源关系和面向两个市场、两种资源的条件，通过市场交流和差异互补发挥比较优势，形成有活力的边疆地区产业发展态势。其重点产业领域如下。

其一，搞活边境贸易，深化区域经济合作。这一领域自实施沿边开放以来已经获得巨大成就，并仍在不断完善，这里无须赘述。这里要强调的是应避免产生单一的边贸思维。搞活贸易和经济技术合作，既要重视向邻边开放，也应重视向国内开放，特别是应重视营建面向国内市场的开放效应，发挥国内市场空间差异大的有利条件，借助国内市场的能力，促进边疆市场的建设。

其二，发挥边疆人文资源特色，促进边疆旅游业的发展。边疆旅游市场广阔，内容形式多种多样，边境口岸、名镇、山寨风光、民居民俗等，都潜藏着良好的旅游资源禀赋和开发前景。如贡山县丙中洛坐落于青藏高原南缘，扼怒江中上游，雪山、森林、草地、激流、点缀的田舍和民族风情构成一处典型的桃花源式景观，给人超凡脱俗的无穷遐想。同样具有无穷魅力的景观还有很多，这些都是比较优势鲜明的实业建设领域。

其三，以边境概念为资源，创新边疆经济形式。边境贸易、边境旅游都是以边境概念为资源发展起来的。其实除此之外，边境概念可挖掘的资源还有很多，边疆地区地域性的特色资源产业、地域性的民族手工业等都可以借助边境概念并配合贸易、旅游业进行发展。

边疆地区实业建设以改善基础环境为着力点，主要针对基础设施、社会环境、公共服务等薄弱环节。事实上，这些环节也是边疆地区与其他地区相比差距最大的方面。基础设施属于可见的硬件设施，是区域经济社会的物质基础。交通、通信、能源、水利、医疗、教育等基础设施建设不足，是边疆地区历史积累、迄今仍有待改善的严重问题，是一直制约边疆地区经济社会发展的现实问题。边疆地区基础设施建设短缺是直观可见的硬环境，而比这种硬环境建设更加不足的还有社会环境和公共服务的软环境，而且因其“软”而不易被看见。社会保障、医疗卫生、教育水平、科技知识、文化生活、公民意识、法制观念等反映区域社会精神气质的因素，既有赖于经济社会发育过程中的自发生成，也需要政府力量的积极培养。特别是边疆地区是跨越式进入现代社会的，政府对其现代性的培育、塑造便格外重要。边疆地区经济社会基础环境的现状，事实上已经构成其发展和稳定安全的制约因素。同时，边疆地区实业建设所期望的成效也需要基础环境的改善给予支持，改善基础环境是提高实业基础效率的重要环节。因此，以改善基础环境为着力点，为边疆地区经济社会构建一个良好的基础环境，为实业建设提供基础保障，也是兴边富民行动的内在要求。

2. 兴边富民实业建设的边区格局

现实的边疆地区发展格局基本沿袭历史惯性呈现点面二元结构，即以口岸为点，以无口岸地区为面，点与面之间较少发生联系，因而未能形成点带面的联动关系。同时，存在单一边贸的意识倾向，其表现形式和结果是沿边开放的政策主要配置于点上，更广泛的边疆地区未被政策所涵盖和带动，一些口岸尽管获得较快发展，但辐射效应有限，成长方式仍是点的封闭性运行。边疆地区的这种发展格局显然需要改进。

兴边富民实业建设的空间格局在关照历史基础的同时，还需要适应边疆地区现实的“兴边”要求，使更广泛的边民受到惠泽。因“边”制宜落实到实业建设边区格局的建构上，就需要重视边疆地区事实存在的三个发展层面，即县域、口岸、乡村。县域是一个与行政管辖相联系、结构复杂的层面；口岸与乡村结构相对简单，但结构与形态完全不同，乡村涉及更广阔的空间形式，口岸则聚集特征明显。兴边富民实业建设的边区格局从这三个层面来描述，就是以县域经济为框架，以口岸为重点，以乡村经济社会为根基。

实业建设以县域为框架，是考虑到现实的区域社会建制和管理组织已经形成了比较完善的县域制度框架和社会资源动员配置的组织管理系统；同时，县域空间形态有一定的腹地和纵深，可以为实业建设的资源配置过程和结构提供相对从容的平台。事实上，现行的政策便是以边境县为对象，在行政管理系统上，就是通过县级行政层面去落实边疆地区经济社会的发展建设。兴边富民行动的政策实施与发展县域经济相结合，以县域为框架推进边疆地区的实业建设。具体的政策实施应重视对县域产业发展的支持和对县域产业结构的改善。实业建设就是支持边境县县域产业实力的培育和结构功能的改善，使县域经济具有较强的自我发展能力、自我调节能力，乃至面向两个市场交流发展的能力。边境县的县域经济、产业结构和城乡格局除了具备一般的县域形式外，还具有边疆地区的特殊环境条件。这一点要求对与民生密切相关的产业及基础设施建设给予额外支持，通过实业建设切实夯实边境县县域经济的基础，切实形成强有力的实业支撑。有实业支撑的县域经济，才可能为边民创造更多的就业门路，才可能实现兴边与富民。大力促进边境县的县域实业建设，为边疆地区构建一个经济发展高地，这是边疆地区稳定安全的保障。

在实业建设的县域框架中，因“边”制宜强化比较优势，必然推动边境口岸的重点建设，在边区格局中形成口岸的重点发展。边境口岸总体上是凭借自然地理条件自发形成的。这本身已说明其自然的、社会的和历史的基础。实业建设对口岸发展的支持，便是充分发挥已有的基础条件，改善口岸的发展结构，强化口岸功能，使具有发展潜力的口岸进一步成长为新型边城，成长为边疆地区的区域性经济增长点，形成面向两个市场的枢纽。以口岸为重点建设新型边城，赋予了“口岸—边城”更丰富的发展内涵和成长为发展创新增长点的新要求。贸易、旅游、商务服务、经济技术合作、政治文化交流等活动，以及开发区、保税区、产品加工区和新型发展创新区等，是“口岸—边城”的重要建设内容。此外，还需要为之培育因“边”制宜的发展创新平台和机制，使“口岸—边城”成为边疆发展带上最具活力的增长点。

实业建设以乡村经济社会为根基，涉及兴边富民行动的目标实践问题。边疆地区更普遍的状态是乡村经济社会，大多数边民仍生活在乡村经济社会中，乡村经济社会的状态和质量是衡量兴边富民行动成效的基本依据。兴边富民行动在根本上就是针对边疆地区乡村经济社会的迫切发展要求提出的，任务和目标都是使乡村经济社会获得实质性的发展，其标志就是生产生活设施明显改善、粮食安全得到保障、民生质量提高、边民安居乐业；同时，随着交通通信条件的改善，乡村发展资源得到动员，特色资源得到挖掘并拓展出新的市场空间。如果“口岸—边城”是边疆地区发展带上的“红花”，那么乡村经济社会就是衬托红花的“绿叶”。只有充满生机的绿叶，才能映衬出红花的灿烂。因此，兴边富民的实业建设应巩固乡村经济社会这一根基，把改善边民生产条件和生活质量作为实业建设的支持重点，使边境乡村成为更具活力和发展特色的新型农村。

四、余论

强调兴边富民的实业基础，强化边疆地区的实业建设力度，建构强大的“经济国防”，并不意味着实施经济主义的兴边富民行动。兴边富民行动是边疆地区经济社会全面发展的行动，其理论思考是对边疆地区经济社会科学发展的思考，实业建设只是兴边富民行动的基本着力点和基础环节。

以实业建设为着力点推进兴边富民行动，需要同时关照到两个方面的需要。

其一，实业建设不能忽视边疆地区各民族宗教文化的习惯，应高度重视宗教文化因素的特殊性。这实际上涉及兴边富民行动具体实践行为的合理性。实业建设应该重视边民宗教文化生活的适应性，能够被其所理解。只有这样，实业建设才能内化为边民的意志与行动，使国家的行动与边民的行动有效地结合起来，形成合力，从而提高实业建设的效率并更充分地发挥其效应。

其二，睦邻的需要。和谐边疆从长期稳定性来看，是双边和谐。有必要重视对邻边国民性和族源关系的研究，以形成有针对性的政策措施，增强兴边富民行动的开放效应；通过实业建设促进邻边的建设互动与发展稳定，为兴边富民营建一个有利的环境。历史经验表明，兴边与富民只有在和谐稳定的发展环境中才易于实现，睦邻的需要也是兴边富民的需要。

边民权益论[①]

边民，即生活在边境地区的居民。边境的特殊性深刻影响着边民的生产生活方式。[②] 作为一个受边境特殊性约束的群体，其生存发展的正当权益如何保障，是一个需要引起高度重视的问题。

1998 年，由国家民族事务委员会倡议发起的兴边富民行动所传播的“富民、兴边、强国、睦邻”理念，经过 10 多年的实践，有效地强化了国家发展政策对边境地区经济社会发展的支持，切实帮助边民解决了生产生活中的一些难题。但从整体上看，政策支持力度与边民权益保障的现实需要仍存在较大距离，边民安全的权益基础仍很薄弱。本文正是基于这一现实，在对新疆维吾尔自治区南、北疆部分边境县实地调研的基础上，结合兴边富民行动的实践状况及“十二五”规划更加强调边民民生的新目标，由对边民内涵及边民地位问题的分析切入，考察边民生存现状及其权益保障状态，探讨边民权益保障公平的需要和实现途径。

一、边民的内涵

边民是与边境相关联的人口群体，是繁衍生息于边境地区的一个群体。边境地区的区间界定，是界定边民身份的一个标准。按照国家兴边

① 本文原载于《中国农村经济——理论与实践》，中国经济出版社 2013 年版。

② 欧阳修的《边户》描述了边民之苦：“家世为边户，年年常备胡。儿僮习鞍马，妇女能弯弧。胡尘朝夕起，虏骑蔑如无。邂逅辄相射，杀伤两常俱。自从澶州盟，南北结欢娱。虽云免战斗，两地供赋租。将吏戒生事，庙堂为远图。身居界河上，不敢界河渔。”王安石的《河北民》也直云：“河北民，生近二边长苦辛。”这里的“二边”即指当年辽国与西夏国的边界。

富民行动规划的政策框架，紧靠陆地边境线的136个陆地边境县、市、区（以下统称“边境县”）中的人口都可以统称为边民。136个陆地边境县的总人口至2008年底为2291.63万人。实际上，边境县人口还可细分为县城及口岸人口、非临边境线乡村人口与临边境线乡村人口三类，其中临边境线乡村人口是最典型的边民。这也是本文重点强调的边民。在边境县的上述三类人口中，县城及口岸人口的经济社会发展条件相对好些，是县域经济社会发展重心直接覆盖的人口。非临边境线乡村人口的具体情况比较复杂，经济社会发展条件明显差于县城及口岸人口，但相对强于临边境线乡村人口。临边境线乡村人口是边境县人口中的一线边民。①

临边境线边民的生活直接浸润在边境的政治、地理氛围中。这一氛围包括边境的地缘关系氛围和边境的自然地理环境。边境的地缘关系是由政治状态主导的关系，国家关系及边防管理的具体状态是边境政治状态的直接反映。睦邻政策导向下的国家关系营建了和平的边境环境，有利于促进边境地区传统经济文化关系的发展，但边境线的约束、边防的要求仍在。而一旦国际形势紧张，边境的地缘关系氛围便相应处于紧张状态，国防安全的政治意识主导着边境的地缘氛围。如“9·11”事件虽然发生在美国，但是“反恐”的国际紧张形势直接波及中亚地区，中国毗邻中亚国家的边境地区也随之笼罩在国际“反恐”的紧张氛围中。边境线的警戒防范管理加强，经济文化交流相应受到影响。与边境地缘关系氛围的不确定性不同，边境自然地理环境对边民生产生活的影响是一种对生存发展硬件的限制。边境线的形成总体上依托自然地理的屏障，高山大川是边境线的自然选择。边境这种自然地理环境对边民生

① 由于缺乏具体的统计数据，未能获得临边境线乡村人口的准确数据。但据人口分布的一般规律和一些省区的典型数据，可以大体估计其规模。如新疆边境县人口为523.17万人（至2009年底），412个边境村人口总计为39万人（数据引自吐尔干·皮达《自治区开展兴边富民行动十年工作报告》）。边境村人口占总边境县人口的7.6%，边境村人口基本属于临边境线乡村人口。按此比例，全国有约174.16万临边境线乡村人口。

产生活的直接影响，就是克服自然屏障、沟通市场关系的费用增加，导致边境地区相对区域经济社会发展中心的边远状态和封闭性。边民的“边”固然与边境相关，也与其远离区域经济社会发展中心的处境相关。

笼罩在边境氛围中的边民作为具有稳定内涵的概念，蕴含着边民特有的属性，即与“边”相联系的边民地位功能。边民首先作为国家疆域内的国民，拥有国民的一般身份、权利和道德；其次作为国家边境地区的国民，拥有边境地区居民的特殊身份、权利和道德。边民维护国家利益的实践，除了承担一般国民的道德义务外，还通过实边、养边、护边、守土固边的行为具体化。边民在边境地区的繁衍生息直接成为国家边防利益的组成部分。边境地区作为边民的家园，边民建设家园、守护家园的行为也是守护国土、稳定边防的行为。边民在守土固边中的作用被誉为“一个牧民就是一个哨兵，一座毡房就是一座哨所”。这是对边防建设中军民联防的典型描述，也充分说明了边民在边境地区的繁衍生息，既是个体利益的表现形式，也是国家利益的需要，是边防安全的重要环节。由此可见，边民已不是一般身份的国民，而是承载着特殊使命和职责的国民。边民的国民身份附着了不同于一般国民身份的地缘关系色彩，政治性和民族性是边民特殊性的两个重要方面。边民的政治性如上文所涉及的，与国家边防利益相关联，是边防安全的重要环节。因此，边民的政治性也表现为边民的边防性。边民是边防的根基，是边防建设的重要环节，是稳固边防的重要保障，没有边民的支持就没有稳固的边防。边民的民族性，则表现在边民中少数民族占有较大比重。如截至 2008 年底，中国陆地边境县中少数民族人口为 1074.52 万人，占边境县总人口的 46.89%。其中，广西、云南、新疆、西藏等省区的边民尤以少数民族为主。如少数民族人口占边境县人口的比重，广西为 81.68%、云南为 58.57%、新疆为 66.42%，西藏的边境县人口基本都是少数民族。边境地区少数民族跨境而居的现象也衍生出了边民的国家性。同一民族生活在国境的两边，族源关系表现出的国际性提升了边民的国际影响；同时，边民的生存环境也深受国际关系的影响。此外，边民还具有边境主体性。边民繁衍生息在边境地区，是边境地区经济社会建设的主体。边境地区就是边民的家园。

上述特点表明，边民是一个具有丰富内涵的概念和群体，与边境地区生存环境相联系的生产生活方式及政治敏感状态为边民塑造了非同寻常的形象。

二、边民问题的提出

边民的内涵表明，边民繁衍生息于边境地区对稳固边防具有重要意义。边民安全是边境地区安全的具体内容和基本保障。边境地区的安全必然具体表现、落实为边民的安全，边民的安全同时又是边境安全的保障。保障边民安全既是边民生存发展的需要，也是国家边防安全的需要。

边民安全的重要性客观上对边民安全保障提出了更高的要求，即从边民作为个体利益存在形式与作为边防利益组成部分的双重需要出发去关照边民安全。边民安全包括边民经济、社会、文化生态环境等方面的安全需要。安居乐业、生存发展的可持续是边民安全的具体表现形式，是评估边民及边境地区安全状态的重要标准。边民安居乐业、生存发展的可持续状态是在双重比较下呈现的：边民与邻近国家边民生存发展状态的比较，是两国边民的比较，涉及国家边境线两端发展竞争意识的优劣势；边民与国内其他地区居民生存发展状态的比较，涉及不同地缘条件下国民权益实现及福利安排的均衡问题。双重比较更加突出了边民的地位及其状态的影响作用，由此也提出了边民的地位问题。

边民的地位问题，即与邻国边民相比，本国边民的生存发展状态如何形成竞争意识的优势？与国内其他地区居民相比，边民的生存发展如何形成与边民内涵相一致的待遇？

本国边民生存发展状态与邻国边民相比是否形成竞争意识的优势，

在大背景方面取决于两国经济社会的发展水平。一个相对发达的经济社会总是支持相对有利的边民生存发展状态，形成竞争意识的优势；同时，国家从边疆发展战略方面考虑，也可能采取支持局部区域特殊安排的政策，扶持边疆地区优先发展，培育边民的国民自豪感。显然，邻国边民的生存发展状态对本国边民的影响作用也不容忽视。邻国的经济社会发展水平和边疆发展战略是一种外部环境。在应对外部环境的挑战中形成竞争意识优势，培育边民的国民自豪感，这是边民地位的国际比较和竞争。如何在边民地位的国际比较和竞争中取得优势，也是边民安全所内含的国家边防安全利益的需要。

中国经过20世纪80年代以来30多年的快速发展，国家经济实力明显增强。在评价其发展成就及国家竞争力方面日益充满自信，相对于陆地周边国家似乎已经形成比较有利的边民地位。但必须看到，中国快速发展的历史基础比较薄弱，快速发展过程中存在明显的区域不平衡。市场导向下的区域发展竞争支持了发展条件比较优越的地方率先发展；山区、牧区等远离中心城市的地方发展相对缓慢，边境地区仍然是区域发展格局中最薄弱的地带。中国的邻边国家中，除朝鲜、阿富汗、老挝、缅甸等国的经济社会发展比较滞后封闭外，其他多数邻边国家都与中国保持着比较强的发展竞争意识。特别是新独立的中亚国家及越南、蒙古等国，民族复兴所弥漫的民族主义意识强烈，这种状态也通过边境政策和边民意识表现出来。如越南加大对毗邻中国边境地区的建设投入，蕴含着与中国边境地区经济社会发展竞争的强烈意图。另一些被国内舆论看作贫困弱小的国家，如吉尔吉斯斯坦，[①] 其本国居民却并不这样认为。笔者于2011年7月12日在新疆乌恰县伊尔克什坦口岸调研

① 王桂芳著的《中亚战略格局与中国安全》提道："吉尔吉斯斯坦是一个又穷又小的山地国家。"（王桂芳．中亚战略格局与中国安全［M］．北京：军事科学出版社，2004：195.）蒋新卫著的《冷战后中亚地缘政治格局变迁与新疆安全和发展》也认为："吉尔吉斯斯坦基础薄弱，独立以来居民贫困化现象比较普遍。"（蒋新卫．冷战后中亚地缘政治格局变迁与新疆安全和发展［M］．北京：社会科学文献出版社，2009：110.）

时，与吉尔吉斯斯坦一货车司机普尔汗交谈。① 普尔汗说他到过喀什、阿图什等中国城市，认为这些地方要比吉尔吉斯斯坦落后 15 年，伊尔克什坦口岸及附近地方甚至落后更多，要比吉尔吉斯斯坦落后 20 年。普尔汗自称开货车月收入约 1000 美元。家中有两个儿子，一个当司机，另一个当店员。全家月收入 3000 ~ 4000 美元。普尔汗的看法或许带有个人色彩，不一定反映吉尔吉斯斯坦经济社会发展的总体情况，但这反映了一个往返于中吉边境地区的普通吉尔吉斯斯坦国民的认识。

普尔汗的判断提醒我们，邻边国家的发展比较充满竞争性，对邻边国家的发展比较应保持清醒的认识。在中国的邻国中，哈萨克斯坦、俄罗斯等国的经济社会发展水平明显高于吉尔吉斯斯坦，其邻边发展比较对边民安全的影响也强于吉尔吉斯斯坦。这种状态对中国维持自身在邻边比较中的优势地位事实上构成了较大压力。② 跨境民族边民的发展比较，竞争意识强化的认同感既是国家的又是民族的，其对边民安全的影响及意义尤甚。

相对于与邻国边民的比较，边民的生存发展状态与国内其他地区居民的比较体现出了国民权益实现状态的比较，即在平等发展权益背景下边民的实际发展状态。与国内其他地区居民相比，有诸多数据表明边民的生存发展质量总体上明显较差。如据可获得的 130 个边境县的统计资料（缺 6 个县级区资料），2008 年人均地区生产总值低于全国平均水平的有 103 个，占 79.23%；低于所在省份平均水平的有 93 个，占 71.54%；低于西部地区平均水平的有 87 个，占 66.92%。其中，在 112 个边境县（缺西藏 18 个边境县数据）中，2008 年农民人均纯收入低于西部地区平均水平的有 45 个；人均社会消费品零售额低于全国平均水平的有 100 个，低于所在省区平均水平的有 98 个，低于西部地区

---

① 借助乌恰县民宗局图拉提局长的翻译。普尔汗，男，56 岁，吉尔吉斯斯坦货车司机，家庭住址距中国边境约 260 千米。

② 2009 年人均国内生产总值：俄罗斯为 8659 美元，哈萨克斯坦为 6975 美元，中国为 3706 美元。（中国统计年鉴—2010[M]. 北京：中国统计出版社，2010：1023，1025.）

平均水平的有 82 个。如果把新疆天山以南的边境县划分为南部边境县，则从新疆温宿县到广西东兴市共有南部边境县 60 个，其中 59 个县人均地方生产总值低于全国平均水平，49 个县低于所在省区平均水平，58 个县低于西部地区平均水平。其中，在 42 个边境县（缺西藏 18 个边境县资料）中，农民人均纯收入低于全国平均水平的有 41 个，低于所在省区平均水平的有 37 个，低于西部地区平均水平的有 37 个；40 个县农民年人均纯收入在 4000 元以下，33 个县在 3000 元以下，18 个县在 2000 元以下；人均社会消费品零售额低于全国平均水平的有 42 个县，低于所在省区平均水平的有 38 个县，低于西部地区平均水平的有 39 个县。[①] 另据有关部门对“十一五”时期兴边富民行动实施情况的总结，2005 年，陆地边境县人均生产总值为 8731 元，与全国平均水平的差距为 5309 元；2009 年，陆地边境县人均生产总值为 18357 元，与全国平均水平的差距为 6768 元，其间差距拉大 1459 元。至 2009 年底，边境地区农民人均纯收入相当于全国平均水平的 77%，有贫困人口 442 万人。[②] 上述边境县数据是县域平均数，如果具体到临边境线的乡村人口，情况更不乐观。粗略估计仅边境一线乡村就有 100 多万贫困人口。笔者于 2011 年 7 月 10 日走访塔什库尔干塔吉克自治县（以下简称“塔县”）达布达尔乡。据该乡乡长介绍，达布达尔乡面积为 1.14 万平方千米，有 591 千米边境线，9 个通境外山口。全乡有 4 个行政村，共 520 户 2875 人。其中有 210 户贫困户，4 个村中有 2 个村未通电。在距乡政府约 2 小时车程的夏季牧场，手机、广播电视没有信号。踏进牧民恰拉拜伊的毡房，女主人盛情地端来酸奶和奶茶。毡房里没有电视机，没有收音机，最富有的就是主人的热情和纯朴。恰拉拜伊的两座毡房，一座住着已结婚的大儿子（30 岁）夫妇及 3 岁和 7 个月的两个女儿；

---

① 资料根据《2009 年中国区域经济统计年鉴》第四章中的县级统计资料整理。（2009 年中国区域经济统计年鉴[M]. 北京：中国统计出版社，2010.）

② 资料引自国家民委《“十一五”兴边富民行动实施情况》打印资料。

一座住着老汉夫妇和两个未结婚的儿子（分别为 27 岁、23 岁）。恰拉拜伊全家 8 口人，拥有 90 只羊、20 头牦牛，粮食用羊换。2010 年用 6 只羊换了 40 袋面粉（每袋 50 斤），家庭能源靠烧牛、羊粪，太阳能设施每天能提供 3 小时的低亮度照明。看电视要到村里，家离村委会约 35 千米。这些大概就是恰拉拜伊家——一个牧区边民家庭的素描。

将现实的边民生存发展状态与邻国和国内其他地区居民的发展状态作比较，大致可以看出边民在经济社会发展格局中的处境和地位。这种处境和地位与边民的地位和功能形成巨大的反差。内含边防安全并以经济生活质量为基础的边境安全，需要满足保障边防安全与保障边民经济生活质量的双重要求。保障边防安全，强调边民实边、养边、护边、守土固边的政治意义；保障边民经济社会质量，强调边民实边、养边、护边、守土固边的经济基础。边民地位正是由这一政治经济关系支撑凸显的。一旦边民的经济政治生活质量得不到保障，边民地位便失去经济基础的支撑，其由政治意义标高的地位便被虚置。

三、重新认识边民权益

边民地位问题的提出，相应带来边民的权益问题。边民的权益与边民内含的地位及功能相关联，作为个体利益的存在形式和作为国家边防利益的组成部分的二重性，赋予边民作为国民的一般身份与作为边民的特殊身份的利益双重性。作为国民的一般身份，边民享有国民的平等权益；作为边民的特殊身份，边民享有不同于一般国民身份的特殊权益。边民享有国民的平等权益是无差别的享有，而其特殊权益则是有差别的享有。这种差别就是边民与“边”的关系的差别。

除了某些移民实边的制度安排外，边境地区作为边民的家园是历史自发形成的。边境地区的当地居民多是生于斯、长于斯，这里就是其家园。但国家建构和边境线的界定，事实上把边境地区居民置于特定的政治约束之下，使当地居民成为“边民”。边民的特殊权益不可选择地被加之其上。这一特殊权益就是作为边防环节的权益。其具体表现为，边防必须有边民充实支持，必须有边民提供给养，必须有边民协助防护。

边民作为边防环节的权益，反映的是以国家边防利益为核心、个体私益与边防公益统一的权责利结构。边民以边境地区为家园，建设家园、守护家园既是边民的权利，也是边民的责任和生存发展利益所在。边民建设家园、守护家园的私益，同时铸就着实边、养边、护边、守土固边的国家边防公益。除了一些人类无法逾越的自然屏障外，边境地区并非无人区，边民的存在是强边、固边的基本条件之一。边民一直是保障边防安全的重要力量，甚至发挥着边防部队都难以比拟的护边、固边功能。事实上边境地区大多数的通外山口、河口都是由边民协助看护的。如新疆乌恰县边境线长达 480 千米，有大小通外山口 86 个、河口 11 个。其中，多数山口、河口由乌恰县临边境线边民中的护边员看护，通过军民联防来保障边防安全。其他县也是如此。如塔县 46 个通外山口中，有 44 个主要由边民协助保障其安全。笔者于 2011 年 7 月 18 日访问了新疆察布尔锡伯自治县琼博拉乡临边境线的一个小山村。这里居住着 18 户牧民，是常年协助边防站守护边防的守边户。其中，阿布都马纳甫老汉自 1980 年以来一直担任护边员，并以其积极出色的护边行动和高度的责任感获得了诸多表彰奖励。阿布都马纳甫有 5 个儿子，最大的 32 岁，最小的 22 岁，都已经结婚成家，也都继承了父亲的护边精神，担任护边员。边防站的买买提指导员说："护边员就是不拿枪的边防兵，依靠守边户的情报支持，是做好边防工作的基本要求。"边民就是边防的"眼睛"。

边民权益体现的私益和公益的统一，在具体的权益实现过程中表现为边民安全的满足。边民物质条件的丰裕、社会秩序的稳定安宁、精神文化生活的充实、生存发展环境的可持续等，都可以用来表述边民安全的满足。而这一状态同时是边防安全、民安边稳、民富边兴的景观，是国家边防公益的具体内容。边民权益中私益与公益统一的结构，赋予了边民权益超越边民私益的特殊性，边民权益直接构成国家边防公益。也就是说，边民私益的实现内含着国家边防公益，实现国家边防公益成为边民权益蕴含的责任。

边民维护国家边防公益的责任，从国民的角度衡量是无条件的国民道德。这一点，无论是边民还是非边民都是相同的。所不同的是，非边民的国民履行维护国家边防公益责任的国民道德，除服兵役及战争等非常时期的行动外，在日常生活中主要表现为意识、舆论层面的认同，对日常生活并不构成直接影响。而边民则是通过日常生活直接、具体地实践着维护国家边防公益的国民道德，承受履行维护国家边防公益责任的成本。由此比较可以发现，无条件的国民道德作为公平的正义，其具体实践在边民身上表现出了事实上的不公平。边民不可以选择的特殊权益影响了其日常生活的具体过程，边民在承担建设家园、守护家园的私益的同时承担了维护国家边防公益的责任。

边民权益表现出的结构特征，至今仍突出表现为国家边防公益高于边民私益。边民私益与边防公益统一的结构二重性在现实中展现出私益从属于公益的状态。边民私益虽是建构边防公益的基础，但这是服从于边防公益、由边防公益主导的基础。边民不可选择的特殊权益事实上内含着私益的奉献，是以物质生活质量为代价换取国民道德的赞许，即生活艰苦、精神崇高。有一句话可以概括这一状态："边民生活在边境地区就是对国家的贡献。"边民生活在边境地区的现实状态，既是边民的自发选择，又是国家的制度安排。边民的生存权自由，当然也可以适应生存发展的需要，在一定条件及范围内流动迁徙，但前提是必须满足边境地区稳定存在的需要，不能"人走边空"。即使一些被认为生存环境恶劣、生活条件十分艰苦的地方，从边防安全的公益考虑，也不允许"人走边空"，必须有边民的存在充实、支持边防。边民的存在就是边防安全的第一保障，这就是边民的特殊权益。

从一般国民身份追求生存发展利益的角度来看，生活在环境恶劣、条件艰苦地区的边民完全有权利选择更能满足其可持续生存发展的环境。这也是作为国民公平的正义。但边民权益内含的国家边防公益，要求边民实边、养边、护边、守土固边，要求边民克服困难、保障国家边防的公益。边民权益内含的私益对公益的奉献，赋予了边民权益一种精神高度。这种精神高度一点不亚于戍边官兵的奉献精神。任何讴歌戍边官兵的语言，都可以用来讴歌边民。况且戍边官兵还有服役期限，即所谓“铁打的营盘，流水的兵”，而边民则世居于此。边境地区的环境和条件是边民世代都将面对的，边境地区是边民永远的家园，边民是边境地区永远的主人。

边民权益内含的公益以及私益对公益的奉献，是其超越一般国民权益的特殊品质。但边民私益的基础性决定了国家边防公益与边民私益不可分离。若缺乏牢固的边民私益基础，边民私益对公益的奉献能力也必然受到影响，即所谓“皮之不存，毛将焉附”。重新认识边民权益，理解私益与公益统一的二重性结构特征，是尊重边民权益、维护边民权益的认识前提。尊重维护边民权益，必须高度重视边民私益的基础性和对国家边防公益的支撑意义，正确认识边民权益与国家边防公益的关系，切实维护、保障边民权益。

四、边民权益的保障

从边民权益直接构成国家边防公益的高度着眼，对边民权益的任何强调都不为过。但现实是，边民权益的实现、保障需要，与具体的权益实现、保障状态存在较大的距离。边民的经济安全、社会安全、文化安全是国民安全中最薄弱的环节。边民分享的国家经济社会发展成果相对其他地区居民仍然较少。其具体表现就是多数边民的生活质量明显差于其他地区居民，边民仍然是贫困人口相对集中的群体，边民守土固边的重要作用与生活质量的待遇明显不相称。

边民权益保障不充分的状态与边境地区经济社会的现实状态直接相

关。现实的边境地区，一是自然条件艰苦，二是人口居住分散，三是交通运输不便，四是发展建设滞后，五是社会关系复杂，六是政治敏感度高。这些特点的形成既有自然的原因，也有制度的原因。从自然环境来看，边境地区多山区、牧区，边境线的划定原本便多借助自然地理的屏障。客观上，自然条件给生产生活造成较多困难，提供的生存空间狭小，居住分散，交通运输不便。从制度方面来看，边境地区一直被视为边防前线，对其政治关系的重视强于对其经济社会发展的关注，因此经济社会建设投入较少、历史欠账较多、发展建设滞后的状态便不可避免。这些特征对边民权益实现的影响，相应地表现在诸多方面。

其一，边民生产生活消费成本高昂。边民由于居住分散，远离商品流通集散地，支付的交通运输费用也相对较高。如据新疆维吾尔自治区扶贫办的同志介绍，50 斤一袋的面粉在塔县县城的市场价格是 70 多元，在边境沿线的瓦罕走廊则高达 130 元。同样的面粉，生活在瓦罕走廊的边民需要支付高出县城居民近一倍的价格。

其二，边民生产生活设施供给不足。至今边境地区仍是经济社会建设投入最少、基础设施建设最薄弱、生产生活设施供给最不足的地带。截至 2009 年底，边境县有 615 个村屯不通公路，3255 个村屯不通自来水，557 个村屯不通电话，588 个村屯不通电，1675 个村屯没有卫生室，4682 个村屯没有文化室，1790 个村屯不通广播电视，173 万人居住在危房中。① 另以乌恰县为例，迄今尚有 3 个乡、10 个村未通电，4 个村未通公路。② 塔县的条件比乌恰县更差，有些临边乡村甚至难以要求通电、通路。由于地域太广、人口太分散、距离太远、地理太险，目前的建设能力实在是难以承受其成本费用。

其三，边民守土固边的重任与生活待遇不相称。边民在实边、养边、护边的过程中发挥着保障边防安全的重要作用，但其生活境况确

① 引自国家民委《"十一五"兴边富民行动实施情况》打印资料。

② 资料来源于乌恰县民宗局《乌恰县兴边富民行动调研汇报材料》,2011 年 4 月 20 日。

实相对贫困，物质生活质量较差。边民护边得到的经济补贴与作为“不拿枪的哨兵”作出的奉献很不相称。据新疆维吾尔自治区扶贫办的同志介绍，被纳入护边补贴范围的护边员每月的护边补贴标准，原先农区为 100 多元、牧区为 200 多元，最近分别提高到 200 多元和 300 多元。[①] 即使是如此低的边防补贴，新疆约 10 万护边户中也只有 1.7 万户被列入边防补贴范围。边防补贴范围小、数量少，未能有效改善边民的生活水平。如上文提到的琼博拉乡小山村的 18 户守边户，据当地领导介绍，80% 属于贫困户。该乡东买里村有 120 户边民，其中 60% 为贫困户。

其四，国家政策支持与边境地区实现能力不协调。边境地区基础建设超常规成本与地方财力弱小的矛盾十分突出，上级项目支持要求与地方资金配套能力不足的矛盾也十分突出。国家兴边富民行动针对边境县及边民的专项扶持资金，出发点很好，也发挥着积极作用，但也给一些贫困乡村和边民带来了“两难”。如边民危房改造，虽然边民只需支付较少的资金，但是对于处于贫困状态、缺乏现金收入的边民来说，这也是难以筹措的。边民危房改造有助于改善边民的居住条件，但新增了贫困边民的支付难题，使他们陷入了更深的债务困境。

上述状态反映了边民权益实现、保障的不足，尤其是边民私益实现、保障的不足。这种状态实际上也影响到对国家边防公益的保障。无论对于边民私益，还是对于边防公益，边民权益实现中的生存困难都是需要尽快改善的。边民为守护边境地区安全作出的贡献不能用生活贫困来回报。如果不能有效地大幅度改善边民的生产生活条件，边民安全就会受到威胁，边防安全同样也会受到威胁。一种以边民相对贫困为基础的状态，对国家边防安全的支撑也必然是虚弱的。边民安，则边境安。边境地区稳定的最深厚基础就是边民的安居乐业。

① 笔者于 2011 年 7 月 12 日在乌恰县吉根乡、斯木哈纳乡走访了两户牧民护边户，其至今每月的护边补贴为 153 元。

边民权益的结构特征表明，保障边民权益既是边民私益的要求，也是国家边防公益的要求。边民繁衍生息于边境地区，其存在发挥着实边、养边、护边的功能，相应地形成边民实边、养边、护边的权益，表现出边民权益中私益与公益统一的特有结构内涵。边民实边、养边、护边的行为通过边民生产生活的细节落实，直接表现为边民私益，这是边民权益的经济基础。因此，只有切实改善边民的生活质量、夯实边民的私益基础，才能形成对国家边防安全稳定的公益保障。边民权益保障的次序是通过边民私益保障进而实现边防公益保障。这一权益保障次序的内在要求是，必须把改善边民民生、夯实边民私益基础放在边民权益所内含的私益与公益统一的结构整体中来认识，保障边民私益，就是保障国家边防公益。在现实生活中，边民最迫切要求改善的民生问题，就是边民权益保障的根本问题和着力点。

边民权益的保障在宏观层面上应强化以下两个方面。

其一，需要确立以边民为本的边疆改革理念，实施以边民为本的边境地区发展政策。以边民为本，就是把边民安居乐业、可持续的生存发展利益放在发展建设的中心位置，充分发挥边民在边境地区经济社会建设中的主体积极性。发展政策应充分反映并适应边民的实际需要，以边民可持续生存发展的长远利益为依据并关照到现实生活的迫切问题，使发展政策为边民所理解、认同，自觉维护、积极参与、努力实施。以边民为本的发展政策，反映了边民在边境地区发展中的主体地位，政策效应的落脚点也就找到了最坚实的基础。边民的喜怒哀乐在边境地区发展政策中得到直接关怀，边境地区的发展政策也就是边民的发展政策。

其二，作为具有战略意义的兴边富民行动，应加大实施力度和投入强度。兴边富民行动从中央政府、地方政府到边境地区民众，获得了广泛认同和支持，但在具体的实施过程中仅仅作为协调式、参与式、小额补贴、配套式的状态出现，与其内含的战略意义及高度很不相称，与边境地区经济社会发展和边民权益保障的期望存在一定的距离。自国务院制定实施《兴边富民行动“十一五”规划》以来，对边境县的资金投入有所增加，但即使是重点支持县的年投入额也只有300万~400万元。如乌恰县在兴边富民行动专项资金中安排的额度，2007—2009年年均为300万元，2010年为400万元。其他县也大同小异。400万元能办什么事？大约能修15千米三级路或25千米沙石路面的乡村路，能建一个约40亩的牛羊育肥养殖小区（据霍城县兰干乡茹先巴克村养殖小区项目的预算）。要有效扭转边境地区目前发展建设滞后的局面，要真正达到兴边富民，还需要从战略性层面统筹边境县的建设投入，切实加大兴边富民行动的投入力度，保障边境县经济社会的发展建设先于其他地区，保障边民的生活质量优于其他地区居民，保障边境县的工作待遇优于其他地区。国家一直在倡导支持边疆建设、扶持条件艰苦地区的发展，那么与之匹配的投入和待遇就要相应跟上。国家财政重点、优先扶持边境地区等最艰苦、发展最滞后、战略意义最重大的地方，使边境地区真正成为吸引人才、稳定边民的家园。

关于边民权益的保障，可考虑如下具体措施。

其一，建立边民特保机制。边民特保机制，就是对生存环境恶劣、条件艰苦的临边境线边民实行特别保障。对这些难以通过发展生产改善生活的边民点，参照边防建设投入，增加边防补贴额度，补贴水平应参照全社会城乡居民收入水平，保障边民享受的福利不低于全国城乡居民收入的平均水平。事实上，这些生活在环境恶劣、条件艰苦地区的临边境线的边民，其繁衍生息发挥着实边、养边、护边的功能。从国家边防公益的需要着眼，他们不能后撤，他们的生活质量必须由国家来保障。这种保障也是对边民维护国家边防公益的必要补偿。

其二，实施边境地区社会福利优先。国家的社会福利优先关照边境地区，福利待遇向边境地区倾斜。在福利待遇上，边境地区高于非边境地区，条件艰苦地区高于条件优越地区，社会保障的稀缺资源优先安排于边境地区，把边境地区建设为相对于非边境地区的高福利地带。

其三，建立边境地区发展基金。通过发行边境地区建设彩票等方式，多渠道筹措边境地区建设资金。资金专项用于支持发展滞后的边境地区的公共设施建设。

推进兴边富民行动的扇形支撑结构[①]

自2000年以来，中国政府针对由内陆边境县构成的沿边境地带实施的兴边富民行动，经过试点阶段和两个五年规划的推动，已经从中央到地方达成对内陆边疆县域发展建设的基本共识。一片远离省区、国家政治、经济、文化发展中心的边缘地带被重新关注，成为理论和政策聚焦的热点。

兴边富民行动的实施深得边疆地区各民族之心，被誉为“德政工程”。该行动切实改善了边境县域经济社会发展的条件，边民收入水平逐年提高，与其他地区居民相比，差距总体上有所缩小。如2001—2013年，边境县域农牧民人均纯收入和人均消费品零售额年均增速分别为16.04%和15.59%，明显高于全国14.29%和14.28%的水平。其中，内蒙古、广西、黑龙江、辽宁、甘肃等省区边境县的农牧民人均纯收入与毗邻县相比，都呈现出较高的年均增速（见表1）。但也存在部分边境县农牧民人均纯收入增长与毗邻县相比仍较慢的现象，如云南为20.5∶20.8、新疆为14.4∶15.4、西藏为13.1∶14.5、吉林为14.9∶15.7。[②]特别是云南和新疆，边境县及边民数量规模较大，也是国家沿边开放最具战略意义的省区。因此，加强边境地区的发展建设、尽快改善边民生活质量仍然是一项艰巨任务，需要坚持不懈地推进兴边富民行动，并适应国家全面深化改革开放的形势，探寻深化兴边富民行动

① 本文原载于《中央民族大学学报》2016年第4期。

② 中央民族大学经济学院“兴边富民行动规划研究”课题组内部报告《兴边富民行动“十二五”规划实施效果研究》。

的新途径，培育兴边富民行动的新支点。

表1 2011—2013年农牧民人均纯收入年均增速 （%）

类别	内蒙古	广西	黑龙江	辽宁	甘肃
边境县	16.4	15.6	13.4	15.4	24.5
毗邻县	15.8	14.6	12.2	13.6	13.9

资料来源：中央民族大学经济学院“兴边富民行动规划研究”课题组内部报告《兴边富民行动“十二五”规划实施效果研究》。

本文认为，在国家提出“一带一路”倡议、全面推进扩大开放、提高开放水平、支持沿边重点地区开发开放的新时代背景下，具有战略意义的兴边富民行动应与沿边双向开放的态势相适应，建构与之相衔接的和更加有力的支撑结构，发挥边境地区、地州发展中心的聚集辐射功能，形成由地州中心城市面向边境县域和内地市场双向拓展与聚集的扇形支撑结构。

本文的逻辑框架以中国建构开放型经济体制、支持沿边重点地区开发开放为背景，探讨在新开放背景下兴边富民行动的内涵深化问题，分析兴边富民行动与时俱进的内涵、深化的支撑方式，提出超越边境县域的沿边开放支点并建构兴边富民行动新支撑模式——扇形结构，最后讨论完善兴边富民行动的扇形支撑结构的相关制度创新，提出制度创新的方向和相关安排。

一、新开放背景下兴边富民行动的内涵深化问题

自2013年习近平主席提出“一带一路”倡议以来，中国的对外开放在顶层设计上进入一种新态势，由政府推动的扩大开放新局面正在形成。2015年，来自顶层的一系列重要决策更加彰显了扩大开放的愿景。国务院印发《国务院关于支持沿边重点地区开发开放若干政策措施的意见》，提出以改革创新助推沿边开放，允许沿边地区在开发开放相关领域先行先试，大胆探索创新跨境经济合作的新模式，探索促进沿边地

区发展的新机制，探索实现兴边富民的新途径。《中共中央　国务院关于构建开放型经济新体制的若干意见》要求全面深化改革，建构开放型经济新体制，形成全方位开放的新格局，培育沿边开放新支点，加快沿边开放步伐。《中共中央关于制定国民经济和社会发展第十三个五年规划的建议》提出，坚持开放发展，开创对外开放新局面，丰富对外开放内涵，提高对外开放水平，完善对外开放战略布局，推进双向开放。国家强烈的扩大开放意愿为兴边富民行动的推进提供了有力保障，并赋予了兴边富民行动扩大开放的新内涵。

其实，兴边富民行动是沿边地区扩大开放系统的一个环节，扩大开放也是兴边富民行动的重要内容。《兴边富民行动“十一五”规划》列出的主要任务之一，就是“大力发展边境贸易，促进区域经济合作”，要求积极探索对外开放的新模式，大力发展口岸经济，积极开拓国际市场，提出支持边境贸易发展，推动建设出口加工区、保税区和边境贸易区的政策措施。《兴边富民行动“十二五”规划》更加明确“沿边开发开放水平显著提升”的目标，支持重点口岸和城市的建设，发展外向型产业，探索与周边国家建立产业发展协调机制，推动人民币在周边与其他货币共同流通，促进形成国际经济走廊和经济合作带，加快边境经济合作区发展，设立沿边开放重点工程项目，促进边民互市贸易发展。兴边富民行动也是推进沿边开放的行动。“兴边”是从地域空间建设的角度夯实沿边扩大开放的基础，成为沿边开放的载体；“富民”是以行动主体的状态支撑沿边开放，为沿边开放提供行动主体状态保障。如同沿边开放之于兴边富民行动的意义，兴边富民行动对推进沿边开放也有直接影响，二者相互促进。沿边开放的新背景要求兴边富民行动有与其相适应的表现。

兴边富民行动也与“一带一路”倡议紧密相关。丝绸之路经济带从西到东、从北到南，是全方位开放性的地带，将给内陆沿边地区经济社会的发展带来深刻影响，也对内陆沿边地区经济社会的发展提出新的要求。内陆沿边地区是丝绸之路经济带拓展的关键环节，其经济社会的发展质量、凝聚力、亲和力、安全性等状态直接制约着区域发展及与之连带区域的关系。丝绸之路经济带的拓展需要与之相适应的兴边富民行动的策应，边兴民富，沿边的社会稳定基础、发展基础夯实了，联结内外的市场秩序才能建立并更好地运行，人流、物流才可能顺畅。

中国正在建构的开放型经济新体制和提出的“一带一路”倡议表明，兴边富民行动应被与时俱进地发挥其在新开放格局中的作用，深化兴边富民行动的内涵。

深化兴边富民行动的具体内涵，一是要求兴边富民行动更具全局观与系统性。兴边富民行动应被纳入国家建构开放型经济新体制、落实“一带一路”倡议的整体框架中来考虑，成为开放发展系统中的一环。二是要求兴边富民行动体现与沿边开放政策相衔接的协调性。兴边富民行动是沿边地区经济社会建设的具体实践，是沿边开放政策的实践方式。通过兴边富民行动落实沿边开放政策，协调沿边开放政策在实践中的区域关系。三是要求兴边富民行动具有长期稳定性。这种稳定性并不是具体行动措施僵化不变的状态，而是行动持续推进、坚持不懈的稳定性，是从沿边地区长治久安的战略视角长期坚持的行动稳定性。四是要求兴边富民行动突出因“边”制宜的灵活性，即在具体的政策实践过程中善于适应时势，针对具体问题相机改进，发挥自主创新的积极性，考虑具体边情，适时适地完善兴边富民行动的政策措施，增强政策措施的针对性与实效性，扩大兴边富民行动的政策效应。

二、兴边富民行动内涵深化的支撑方式

深化兴边富民行动内涵，提出了适应开放发展形势、提高兴边富民行动水平的要求，同时也提出了兴边富民行动内涵如何深化的问题。

兴边富民行动从 2000 年启动的试点阶段到 2007 年编制第一个国家五年行动规划，再到持续推进的“十二五”行动规划，影响作用被逐

渐扩大，的确在一定程度上促进了沿边县域经济社会的发展，改善了边民的生产生活环境，提高了边民的生活质量。但如上文所述，获得兴边富民行动政策支持的边境县与相邻县域的发展相比，部分边境县的政策效应比较明显，也有很大一部分边境县的政策效应不明显。虽然也存在这样一种假设，若无兴边富民行动政策的支持，这些政策效应不明显的边境县的发展状态可能会更差，但不管如何，兴边富民行动事实上存在对政策实践效应的调整需求。

兴边富民行动的政策实践迄今在总体上呈现一种理念杠杆效应，也就是说，兴边富民行动根据政策支点的状态发挥效应。中央财政专项安排的兴边富民行动扶持资金逐年增加，从2009年的4.84亿元增加到2011年的9.18亿元、2013年的15.59亿元，若在136个边境县和58个边境团场平均分配，则2009年每个边境县、团场获得的专项扶持资金为249万元，2011年为473万元，2013年为729万元。① 尽管扶持资金的增长幅度很大，但也只有区区数百万元。数百万元对于基础建设仍较薄弱的边境县域来说，影响仍然十分有限。相对于基础建设的巨大投资需求，兴边富民行动扶持资金只是一笔“小钱”。现实的政策效应更主要的是发挥“小钱”的杠杆作用，使“小钱”变“大钱”，以兴边富民行动的理念杠杆动员更加广泛的社会资源，由中央财政的专项扶持资金带动地方财政资金的扶持配套，进而带动项目落实的资金配套。2011—2013年，云南省实施兴边富民行动项目达2861项，总投资达12.8亿元，其中兴边富民行动扶持资金达6.54亿元。同期，黑龙江省为边境地区投入兴边富民补助资金达3.77亿元，整合其他资金8347.5万元，建设项目274个；辽宁省实施295项兴边富民行动项目，以1.28亿元兴边富民补助资金配套形成13.9亿元的总投资；内蒙古实施404项兴

---

① 王文长．兴边富民行动理论与方法[M]．北京：中央民族大学出版社，2014：78.

边富民项目，以 5 亿元兴边富民补助资金配套形成 14.85 亿元的总投资。①

兴边富民行动以“四两拨千斤”的杠杆效应撬动资源配置对边境县域的支撑，但杠杆效应的大小也存在不稳定性，地方各级政府的认识及能力直接影响着杠杆效应的大小。地方政府若无力形成对中央财政兴边富民行动扶持资金的配套投入，则难以形成一定规模的项目建设，具体的兴边富民行动便难以开展。一些边境县兴边富民行动绩效不够显著也正因为此。数额较少、难以形成规模的资金扶持，所能实现的项目数量和规模极其有限，其影响力也就大打折扣，被赋予的战略性意义在局部地区未能很好地体现。这种状态实则反映出对兴边富民行动战略内涵的低估，把兴边富民行动等同于一项简单的帮扶行动或额外补助。

兴边富民行动的战略内涵被低估，行动未能提到战略高度，也就难以形成对边境地区发展建设的引领效应。同时，还可能衍生出边境县域的封闭思维，即仅就边境县域的县域经济社会结构谈发展，发展是边境县域封闭式的发展。边境县域的封闭思维视封闭系统内的市场、资源、技术、信息、组织为约束条件，以边境县域现实条件为行动和决策的依据，统筹发展建设。而封闭思维状态中的边境县域恰恰在自然环境、社会环境等方面都处于相对不利的边远状态。多数边境县经济社会发育相对滞后，发展基础薄弱，市场的资源配置能力相对弱，即便是拥有口岸的县域，口岸对县域的带动力度也不足，甚至存在口岸经济与县域地方经济的二元结构。如笔者在塔什库尔干塔吉克自治县调研时发现，红其拉甫口岸、卡拉苏口岸的口岸经济与县域地方经济关联微弱，口岸经济效应对县域经济的带动十分有限。边境县域的封闭思维使自身陷入孤立状态，边缘劣势进一步暴露出来，即处于远离发展中心的边缘孤立状态，信息不畅、市场狭小、技术陈旧，资源难以得到充分动员和合理配

① 中央民族大学经济学院“兴边富民行动规划研究”课题组内部报告《兴边富民行动“十二五”规划实施效果研究》。

置，导致创新潜能和潜在比较优势受到抑制。

兴边富民行动的内涵深化需要改善现有的支撑方式。其一，转变兴边富民行动战略内涵被低估的消极状态。真正从关系边民切身利益，关系边疆安定团结，关系国家建构开放型新体制、共建“一带一路”的高度去落实兴边富民行动，达成对兴边富民行动战略内涵的共识。其二，转变边境县域的封闭思维，走出边境县域自我孤立的思维局限状态。把边境县域纳入“一带一路”倡议的开放发展进程中，形成对边境县域经济社会发展开放思维的支撑。其三，转变边境县域的市场运行自我支撑的孤立状态。确定开放背景下边境县域区位条件比较优势，面向国内、国外两个市场，利用国内、国外两种资源，构建衔接国内、国外通道的开放型支撑结构。

三、扇形结构：兴边富民行动的新支撑框架

适应兴边富民行动内涵深化的支撑方式，应能够为深入推进兴边富民行动提供有力的支撑保障。扇形结构是落实到地域空间的新支撑框架。

1. 超越边境县域的沿边开发开放新支点

摆脱封闭思维的边境县域孤立状态，需要形成开放型的经济社会运行态势，寻找兴边富民行动的纵深支撑。根据中国的行政区划，边境县的上级行政区划是边境地州。国家对兴边富民行动规划提出的组织保障是，“十一五”规划要求“省负总责，县抓落实”，“十二五”规划要求“省负总责，地州配合，县市落实”。由边境县落实的兴边富民行动拥有自中央到省、地州上级政府的支持。在推进兴边富民行动的过程中，上级政府与边境县形成何种状态的协调、配合，直接影响边境县的行动绩效。上级政府更有力的协调和更积极的配合，能够帮助边境县域开展更大规模和更大力度的投融资与项目建设，提高由边境县域构成的边境

地带开发开放协调水平，形成更加活跃的兴边富民行动态势。不过，迄今为止上级政府对边境县域的支持并形成的兴边富民行动支点，基本上维持在边境县域格局内，由边境县域的城镇、乡村、边民构成行动网络。每一个边境县域自织一个网络，完成规划的“县市落实”要求。上级政府对沿边地区开发开放的协调也仍然基于边境县域的自织网络，难以形成超越县域的开放性协调效应和支撑保障。

建构超越边境县域的沿边开发开放新支点，加强对边境县域兴边富民行动的战略性统筹，从现实的沿边地区行政区划管理和区域经济社会发展格局出发，宜发挥地州中心城市的统筹、联动支撑功能，以地州中心城市支撑边境县域。如果省会城市在省级行政区划中具有政治、经济、社会、文化发展中心的地位，那么地州行政中心所在市则是地州的政治、经济、社会、文化发展中心，是地州的中心城市。地州中心城市在省域的地位，是省域中心城市联系县域城镇的枢纽。我国自古以来中央集权的传统及其对资源配置的影响，尤其是对中央财政权利和国有资源管理权的强化，形成了“自上而下”、由行政中心从大到小的统筹安排格局。这一格局也影响到市场在资源配置过程中的作用及运行，并影响到兴边富民行动项目的实施。在上述行政网络中，地州中心城市相对边境县域中的城镇，总体上拥有比较完备的经济社会基础结构和市场、信息网络，其经济社会结构功能相对完善，经济社会发展水平普遍高于边境县域。以云南省为例，从可得的数据来看，边境地州行政中心所在区、市的发展水平普遍高于其他边境县的发展水平。

除个别边境口岸城市的发展水平高于地州中心城市外，大多数边境县的发展水平均低于地州中心城市，甚至有较大的差距。边境地州中心城市在政治、经济、社会、文化等方面对边境县的发展具有导向性，加强边境地州中心城市对边境县的联动与引导，有助于形成边境县域开发开放的新支点。

2. 由新支点建构的新支撑框架

边境地州中心城市与行政区划所辖边境县在地域结构上普遍呈现以

地州中心城市为枢纽，向边境县辐射的扇形结构。

在这一扇形结构中，兴边富民行动政策供给和发展的能量由地州中心城市传输到边境县，边境县作为沿边开放的最前沿，则把周边国家信息传输到地州中心城市。同时，边境县的开发开放也通过与地州中心城市的协调，加强联系和合作，形成以地州中心城市为枢纽的沿边开发开放整体效应，走出县城孤立发展的封闭困境，拓展县域合作发展新空间。

边境地州中心城市—边境县的扇形结构强化了地州中心城市的支点功能，借助行政势能加强了对边境县兴边富民行动的统筹，增进了边境县之间的联动合作。地州中心城市成为扇形结构中政策供给、市场运作、资源配置、发展能量、信息传播的枢纽和面向边境县域的支点，使边境县域获得地州中心城市的资源支持与开放能力的纵深支撑。

以边境地州中心城市为枢纽的纵深支撑，在形成面向边境县的扇形结构的同时，也形成由中心城市面向内地市场的扇形结构。

如果把边境地州中心城市面向边境县的扇形结构称为外向扇面，把面向内地市场的扇形结构称为内向扇面，则以边境地州中心城市为枢纽，可以联结边境县与内地市场，形成双向开放的运行态势。边境地州中心城市成为双向开放的聚集与拓展中心。

由边境地州中心城市联动的内地市场承接沿边市场的信息，为内地市场拓展扩大开放的空间，而内地市场则成为沿边市场运作的纵深腹地，依托内地市场提升开放能力和水平。边境地州中心城市衔接内地与沿边两个市场，建构着以其为关键环节的开放型兴边富民行动新机制。边境县域通过地州中心城市联动内地市场，获得内向的纵深支撑，增强外向开发能力，形成内外市场联动、双向开放的新支撑框架。

3. 边境地州中心城市—边境县支撑框架的结构类型

以边境地州中心城市为支点构建的边境地州中心城市—边境县结构，因具体行政区划范围不同呈现不同结构状态，扇形结构是最具典型性的结构状态。以云南省为例，临沧市作为地州级行政中心，面向镇康、耿马、沧源等三个边境县呈扇形展开，文山壮族苗族自治州州府所在地文山市面向富宁、麻栗坡、马关三个边境县，红河哈尼族彝族自治州州府所在地蒙自市面向河口、金平、绿春三个自治边境县，都是典型的地州中心城市—边境县的扇形结构。云南另两类非典型扇形结构，一类是边境地州中心城市与所支撑的边境县在地理上不相邻。如普洱市面向的 4 个边境县——江城与孟连、澜沧、西盟之间隔着西双版纳傣族自治州，保山市面向的 2 个边境县——龙陵与腾冲之间隔着德宏傣族景颇族自治州。这一类的非典型扇形结构扇面相邻。另一类是地州中心城市就处在边境县域内。如西双版纳傣族自治州州府设在景洪市，连接勐海、勐腊两县，都在边境地带上；德宏州州府所在地芒市便是边境县，与盈江、陇州、瑞丽等县共同构成一个扇面结构；怒江傈僳族自治州州府所在地泸水县与福贡、贡山组成沿高黎贡山边境带。在非典型扇形结构中，地州中心城市面向边境县的支撑功能不变，并不会因直接处于边境县域内而削弱对辖区内其他边境县的影响力，但有可能强化其对中心城市所在边境县域的直接支撑作用，形成非均衡的支撑效应。

其实，由边境地州中心城市—边境县建构的扇形双向开放支撑框架，由于边境口岸设置的分布及口岸通关能力和等级的不同，其扇形结构之间的非均衡支撑效应存在普遍性。一些重要口岸和贸易通道所在边境县形成了较活跃的经贸关系，一些由口岸发展起来的边境城市形成了较强的开放辐射功能，直接由边境口岸城市担当起中心城市的双向聚集与拓展功能。如黑龙江省黑河市既是地级行政区的行政中心，又是临边境的口岸城市，被国家列为沿边开放城市，设立边境经济技术合作区，直接面向国内、国外两个市场，双向开放内外联动的功能对辖区边境县的影响作用也更为直接。一些虽在行政区划管理上被列为县级，但拥有重要口岸的边境县，借助口岸功能也形成了较强的开放效应，形成了与地州中心城市极点联动的支撑结构。如广西崇左市与行政辖区内的宁明、凭祥、龙州、大新四个边境县市构成的扇面，拥有凭祥铁路口岸、友谊关公路口岸、龙州水口公路口岸等国家一类口岸，中心城市与口岸城镇形成扇形结构的基本支撑框架，以口岸城镇为中心的边境市场与中心城市纵深支撑形成扇形结构的市场互动。边境县的开发开放借助面向两个市场双向开放的条件，不仅成为中国与东盟经济交流贸易通道的重要环节，也为进一步推进兴边富民行动拓展了新空间，构建了新支点。

四、完善扇形结构功能的制度创新

深化兴边富民行动的内涵，由边境地州中心城市支撑边境县，形成扇形结构的支撑框架，在具体的实践过程中需要推进有助于完善扇形结构功能的制度创新，从机制、理念、自主选择和家园建设等方面为扇形结构注入活力。

1. 在兴边富民行动实践中，完善扇形支撑结构机制建设

完善兴边富民行动的扇形支撑结构，在以往的行动框架基础上，需要在制度安排上确立支撑枢纽，强化支撑枢纽对边境县扇面的支撑能力。

一是应把边境地州中心城市面向边境县的支撑功能纳入兴边富民行动规划的目标作战略统筹。通过中心城市的支撑功能凝聚兴边富民行动的政府动力、社会动力、市场动力，进而形成对边境县边民动力的动员，完善兴边富民行动的动力机制及诸动力的协调互动。兴边富民行动的实践从试点到全面规划一直由政府主导，政府动力是兴边富民行动的第一推动力。政府动力的势能对社会动力、市场动力和边民动力的动员整合具有主要影响。发挥边境地州中心城市的支撑作用，借助地州中心城市政府动力的势能，有助于更广泛地动员、整合兴边富民行动的社会资源，完善兴边富民行动的动力机制及结构功能，形成更系统的动力机制支撑。

二是应发挥扇形结构面向两个市场的双向拓展功能，推动沿边地区，特别是口岸城镇经济运行的双向开放，建构兴边富民行动与沿边双

向开放的互动机制。以边境地州中心城市为枢纽与边境县形成的扇面，结合了枢纽的聚集、拓展功能与边境县的沿边区位条件，其结构蕴含的双向开放活力为兴边富民行动的机制创新提供了重要源泉，既赋予了兴边富民行动的开放内涵，又赋予了兴边富民行动完善国家开放战略布局的意义。获得纵深支撑的兴边富民行动直接构成扩大沿边开发开放的实践方式，并培育着沿边开放的口岸城镇与临边中心城市的新支点。在扇形结构的点面之间及其所衔接的国内、国外两个市场之间，经济合作的新平台营建着兴边富民行动的新机制，成为实现兴边富民行动的新途径。因此，推进兴边富民行动应被纳入沿边双向开放的战略布局，丰富兴边富民行动的开放内涵，把兴边富民行动的扇形结构作为推进沿边双向开放的基本环节，建构涵盖兴边富民行动的沿边开发开放新机制。

2. 确立以“边”为开放资源的新理念

中国构建开放性经济新体制、共建“一带一路”，对周边国家倡导亲诚惠容、开放交流、合作共享的理念，为内陆边境地带的经济社会发展带来历史新机遇，边境地带逐渐由封闭取向下的边缘状态逐渐转变为开放取向新格局下对外开放的前沿地带，边境口岸成为开放交流的门户和发展合作的平台，边境市场成为衔接国内、国外两个市场的枢纽，“边”在区域发展格局中的劣势正在转变为优势。兴边富民行动宜顺应时势，抓住机遇，发挥“边”的潜能，凝练地州中心城市—边境县扇形结构的特色和比较优势，针对所衔接的国内、国外两个市场的特点，调整边境市场结构，培育沿边特色产业和具有比较优势与持续发展潜力的产业，以“边”为根基，化“边”为资源，焕发“边”的活力，促进国内、国外两种资源在边境地带的聚集，从而形成对兴边富民行动的资源支持，形成边境县资源配置和市场培育的资源支撑。如以边境概念为资源，推动边境旅游，培育边境旅游市场，带动相关服务业的发展和边境县特色产品的开发；以边境贸易带动边境县的物流和市场关系的发展；以边境自贸区、经济技术合作区的建设，带动沿边的开发开放，促进沿边地区的开放性新体制建设。

3. 因“边”制宜，尊重区域协调与合作的自主选择

中国内陆沿边地区的区情各不相同，周边市场环境各不相同，各边境地州中心城市与边境县组成的扇形结构的具体状态也各不相同。每个扇形结构都有其具体的发展基础和约束条件，有其发展的可能形态和机遇形态。这就要求各扇形结构作为兴边富民行动的深化和“一带一路”倡议的开放环节，其建设也需要秉持因“边”制宜的原则，尊重各扇形结构发展方式的自主选择，在维护国家利益的前提下，由边境地州中心城市支撑的边境县的经济发展和区域合作能够根据具体的可能和需要自主安排、灵活行动。如内联方式、跨境合作方式、投融资方式、项目合作方式、人才交流安置方式、利益分享方式等，应切实体现、落实《国务院关于支持沿边重点地区开发开放若干政策措施的意见》的精神，允许先行先试，大胆创新，探索实现兴边富民的新途径。

4. 美化边民家园，推进口岸城镇化建设，提高扇形结构的城镇化水平

兴边富民行动的根本在边民，行动主体也是边民。“边”的建设要依靠边民，“边”的安全要依靠边民。边民安则边境安，边民富则边境兴。确立边民主体共识，以边民作为兴边富民行动的出发点和落脚点。边境地带就是边民的家园，兴边就是建设边民的家园。深入推进兴边富民行动就是要更加重视边民的家园建设，加大边民家园建设的力度，并以美化边民家园为标准。边寨的每一处景观，边民的每一座毡房，都是边民家园的具体标志。美化边民家园应落实到边民的具体生存空间上，尤其要重视生存在临边境线的一线边民的生存空间，优先保证一线边民的家园美化，保障边民安居乐业。

沿边地区的城镇化应体现边民生存空间的自洽，与美化边民家园相协调，适应沿边具体区情和开放发展的要求，加强主要边境口岸的发展规划和基础设施建设，依托口岸和边境经济合作区、自贸区建设，推进

口岸城镇化。如新疆霍尔果斯口岸，由口岸成长为霍尔果斯市。边境地州中心城市则应发挥其在扇形结构中的枢纽功能，强化对边境县城镇化的示范、服务及对城市文明的传播，带动边境县提高城镇化质量，促进边境县的城乡一体化和人地关系的协调，为美化边民家园提供更有力的保障。

后 记

本书可以说是人到缺乏创新力的年龄之后对年轻时光的自我怀念。但编辑说，这也是珍贵的资料。此说不管有多少安慰成分，自己倒是因此增添了不少信心。

在中国的经济发展研究中，少数民族地区被关注得相对较少，但相对少并不等于不重要。实际上，随着改革开放的深化，少数民族地区的经济发展日益呈现出重要性和全局意义。本书大部分内容发表于 20 世纪八九十年代，带有当年浓厚的理想主义色彩。记得多年前的一个中午，我在家中接到西部省区某杂志社编辑打来的电话，问我是什么地方的人。我说是广东汕头人。对方颇为不解，仿佛一个潮汕人不大可能这么卖力地为少数民族地区的经济发展呐喊。其实，这就是研究者的情怀。若问本书出版的价值何在，这便权当算是吧。当然，本书也提供了一些理念的研究线索，如双向开放、生态补偿等。

自 1982 年初从中山大学毕业并被分配到中央民族学院工作以来，我有幸走过少数民族地区的山山水水，领教了各族同胞的生活智慧。我自己从一个民族知识的无知者成长为获得一知半解的研究者，靠的就是各族同胞的滋养。因此，我深怀感恩之心，在此深表感谢。同时，也感谢中央民族大学科研处、经济学院对本书出版的支持，感谢为本书稿录入工作付出宝贵时间的 2016 级区域经济专业学生，感谢为本书编辑工作付出辛苦劳动的余静宜、耿园女士，最后还要感谢我的妻子孟延燕在当年写作时常给我灵感。